Katrin Sellin

Wenn Kinder mit Legasthenie Fremdsprachen lernen

Mit zahlreichen Übungsvorschlägen

2., überarbeitete und erweiterte Auflage

Ernst Reinhardt Verlag München Basel

Katrin Sellin, Lübeck, langjährige Erfahrung als Englischlehrerin, Zusatzqualifikationen als Legasthenie-Therapeutin, in der Neuropsychologie des Lernens und in der Psychomotorik. Private Praxis für integrative Lerntherapie für Schüler mit Legasthenie in Deutsch, Englisch und Französisch. Katrin Sellin hat vier eigene legasthene Kinder betreut.

Titelfoto: gajatz©www.fotolia.de

Die Fehleranalyseblätter auf den Seiten 173 – 175 finden Sie als Kopiervorlagen auf unserer Homepage www.reinhardt-verlag.de

Bibliografische Information der Deutschen Bibliothek

Die Deutsche Bibliothek verzeichnet diese Publikation in der Deutschen Nationalbibliografie; detaillierte bibliografische Daten sind im Internet über <http://dnb.ddb.de> abrufbar.
ISBN 978-3-497-01986-1
2. Auflage

Printed in Germany
Reihenkonzeption Umschlag: Oliver Linke, Augsburg
Satz: Rist Satz & Druck GmbH, Ilmmünster
Druck und Bindung: CPI – Ebner & Spiegel, Ulm

Ernst Reinhardt Verlag, Kemnatenstr. 46, D-80639 München
Net: www.reinhardt-verlag.de Mail: info@reinhardt-verlag.de

Inhalt

Vorwort

Dieses Buch wurde für Betroffene, Eltern, Lehrer und Förderkräfte geschrieben. Es soll dem Verständnis der Problematik von Legasthenikern, der Unterrichtspraxis in den Schulen und dem Förderunterricht dienen und dazu beitragen, eine psychische Sekundärproblematik, die durch Entmutigung und Misserfolge entstehen kann, zu vermeiden. Erfahrungen aus familiären und beruflichen Bereichen flossen ein. Sie stammen aus meiner Ausbildung, meiner Tätigkeit als Gymnasiallehrerin für Englisch, den Gesprächen mit Kollegen, dem Erfahrungsaustausch bei Lehrerfortbildungen und Elternseminaren sowie dem Studium der Fachliteratur. Ebenso entspringen sie der Unterrichtserfahrung mit Erwachsenen in Englischkursen an der Volkshochschule und dem privaten Förderunterricht von legasthenen Schülern in meiner Praxis für integrative Lerntherapie.

Einige Autoren sprechen von „Lernern" der Sprachen. Da der Fremdsprachenerwerb weitgehend in der Schule stattfindet, verwende ich den üblichen Begriff „Schüler", der die Bezeichnung „Schülerinnen" der Einfachheit halber einschließt.

Die schulischen Bedingungen für den Fremdsprachenerwerb für Legastheniker, Schüler mit anderen Teilleistungsstörungen und nicht-sprachlichen Begabungsschwerpunkten, jedoch mit ebenfalls durchschnittlicher oder überdurchschnittlicher Intelligenz, können durch wenig aufwändige Maßnahmen im Unterricht und Ratschläge für die häusliche Arbeit verändert und für diese große Gruppe von Personen mit Lernbesonderheiten zur Vermeidung von Fehlern und zum Strategiegewinn beim Fremdsprachenerwerb erheblich verbessert werden.

Daher sollte die Vermittlung von Basiswissen in der Neuropsychologie des Lernens und Verhaltens sowie von Grundkenntnissen über Störungsmuster bei Legasthenie neben Beratung und Förderung fester Bestandteil in der Aus- und Fortbildung aller Lehrer werden. Diese Kenntnisse sind unerlässliche Voraussetzungen zum Verständnis des Lernverhaltens, des Erfolges oder Misserfolges von Schülern beim Erwerb von Fremdsprachen und wesentliche Unterrichtshilfen für die Betreuung aller Schüler mit Besonderheiten beim Wissenserwerb.

Dieses Werk kann als Handbuch für die Praxis keine neue Sicht von Legasthenie präsentieren, es enthält vielmehr kritische Überlegungen zum Umgang mit Legasthenikern und Ideen für vielfältige Hilfen. Im Folgenden werden Denkanstöße gegeben, unter bestimmten Gesichtspunkten über den Erwerb von Fremdsprachen und die hiermit verbundenen Schwierigkeiten für Legastheniker und für Menschen mit anderen Teilleistungsstörungen und Begabungsschwerpunkten nachzudenken und um angemessene, in den Unterricht integrierbare Maßnahmen für ihre Unterstützung auszuwählen. Es werden weiterhin unmittelbar umsetzbare Vorschläge für den Fremdsprachenunterricht, den Fremdsprachenerwerb, die Sprachenwahl, die Förderung und die Beratung gemacht. Kopiervorlagen für Lernhilfen, Übungskarteien für Englisch, Französisch und Latein sowie Anregungen für Aktivitäten und Spiele, die Spaß machen und den Fremdsprachenerwerb unterstützen, runden den praktischen Teil ab.

Danken möchte ich allen, die mich bei der Entstehung des Manuskriptes mit fachlichem Rat unterstützt und ermutigt haben. Besonderer Dank gilt Helga Schmidt-Römhild für ihre Geduld, Scharfsinnigkeit und Akribie bei der Vorbereitung der zweiten Auflage.

Einleitung

Für viele Berufe sind gegenwärtig gute Kenntnisse mindestens einer, möglichst mehrerer Fremdsprachen Einstellungsvoraussetzung. Wegen der internationalen Verflechtungen ist dies eine Notwendigkeit. Der Erwerb von Fremdsprachen gelingt aber einer Reihe von Menschen nicht befriedigend, obwohl sie ausreichend intelligent und fleißig sind, wofür es verschiedene Gründe gibt: Einige Menschen haben ihren Begabungsschwerpunkt im mathematisch-naturwissenschaftlichen, andere im kreativ-künstlerischen Bereich; wiederum andere haben Lese- und Rechtschreibschwierigkeiten oder sind, was schwerer wiegt, Legastheniker. Ihre andersartigen Lernvoraussetzungen sind vor allem beim Erwerb von Fremdsprachen erschwerend. Warum ist es für diese Menschen schwieriger als für andere, Wissen und Können in einer Fremdsprache angemessen zu erwerben?

Die Vorgänge beim Sprach- und Fremdsprachenerwerb eines Menschen sind ein individuell geprägtes Ganzes, bei dem tief liegende, unserem Zugriff entzogene und der menschlichen Einflussnahme leichter zugängliche Bereiche in Funktionszusammenhängen stehen. Der Fremdsprachenerwerb setzt vielfältige individuelle Fähigkeiten, Erfahrungen und erworbene Fertigkeiten voraus, bevor Gehörtes verstanden und angewandt, das heißt gesprochen, gelesen oder geschrieben werden kann. Der Spracherwerb erfolgt nicht nach dem Input-Output-Prinzip, er ist kein linearer, sich geradlinig entwickelnder Prozess – der Lehrer lehrt, die Schüler erwerben Wissen und Können und wenden es an – sondern er ist komplex und in vielen Aspekten nicht fassbar (Bleyhl 2000, 18).

Schüler haben keine Schwierigkeiten, wenn ihnen das Eintauchen in die fremde Sprache im handlungsorientierten Unterricht und der damit verbundene Erwerb umsetzbaren Wissens für Verstehen, Sprechen, Lesen und Schreiben gelingt. Ein weitgehend kommunikativ gestalteter und die individuellen Bedürfnisse teilleistungsgestörter Schüler und Legastheniker nicht berücksichtigender Unterricht kann jedoch zu großen Schwierigkeiten beim Fremdsprachenerwerb führen. Können die einzelnen Schüler nicht genügend individuell verwertbare, sprachliche Erfahrungen machen und Konzepte erwerben, entstehen Defizite. Aus Hilflosigkeit neigen Schüler dann unter Umständen dazu, die gewohnten Muster der deutschen Sprache hinsichtlich der Rechtschreibung und der Sprachstrukturen auf die Fremdsprachen zu übertragen, was nicht zur Problembewältigung, sondern zu fehlerhaften Strategien und Ergebnissen beiträgt, die sie in den meisten Fällen ohne fachgerechte Hilfe nicht nachhaltig korrigieren können.

Einige Darstellungen isolierter Probleme beim Fremdsprachenerwerb und beim Fremdsprachenunterricht bei Legasthenikern wurden veröffentlicht: Doerenberg zur Betreuung von Legasthenikern in der Sekundarstufe (1978), Atzesberger und Paulsen zu Laut- und Wortverarbeitung sowie Förderungsvorschläge (1989), Sellin zu multisensorischem Vorgehen und Strategieerwerb (1995), Nührig zu prinzipiellen Erwägungen zum Fremdsprachenerwerb anhand von Fallbeispielen (1999), Jungmann zu kreativen Aufgaben (1999). Samu zeigte 1998 in seiner Dissertation, dass bei Legasthenikern die intermodalen Leistungen der auditiven Differenzierungsfähigkeit, des Arbeitsgedächtnisses und der phonetischen Verarbeitung gestört sein und den Fremdsprachenerwerb behindern können. Training dieser Bereiche führt zu Verbesserungen. Landerl legte eine Dissertation über „Legasthenie in Deutsch und Englisch" vor (1996); sie beschäftigte sich mit den abweichenden Lesestrategien für die deutsche und englische Sprache; Schneider publizierte 1999 ihre Dissertation zum Deutschunterricht bei amerikanischen Legasthenikern und betonte, dass sich Strategieerwerb zusammen mit multisensorischen Vorgehensweisen günstig auf Vokabular und Formenwissen auswirken. Sambanis stellte in mehreren Aufsätzen Überlegungen und Vorgehensweisen für den Fremdsprachenfrühbeginn mit Französisch vor (2002). Bleyhl legte theoretisch fundierte und mit praktischen Beispielen illustrierte Ausführungen über den Fremdsprachenfrühbeginn mit Englisch vor (2000). In England entstand der Sammelband von Aufsätzen zum Fremdsprachenerwerb und zu Problemen der Zweisprachigkeit (Peer/Reid 2000). Ganschow und Sparks formulierten in zahlreichen Aufsätzen zum Thema die Bedeutung der sprachlichen Verarbeitung in der Muttersprache (1995). Nicht eine geringe Intelligenz, Mangel an Interesse an der Fremdsprache oder übertriebene Ängste sehen sie als auslösende Faktoren, sondern Kodierungs- und Dekodierungsprobleme in der Muttersprache, die sich beim Fremdsprachenerwerb fortsetzen. Die Autoren fanden phonologische, syntaktische und semantische Kodierungsdefizite und befürworteten multisensorische, gut strukturierte Aktivitäten zur Kompensation beim Fremdsprachenerwerb. Buda (2005) und Nieberle (2005) untersuchten die englische Rechtschreibung; Reid (2005, 2007) und Pollak (2005) widmeten sich ideenreich der Situation an Schulen und Universitäten Großbritanniens, was den erheblichen Vorsprung in diesem Land im Umgang mit Legasthenie dokumentiert.

Im Folgenden werden aus dem Wirkungsganzen des Fremdsprachenerwerbs einige weit verbreitete Probleme von Legasthenikern bei der Arbeit mit einfachen fremdsprachlichen Sätzen herausgelöst und exemplarisch erläutert, um einleitend Laien zu verdeutlichen, welche Schwierigkeiten beim Fremdsprachenerwerb dieser Gruppe und vergleichbar gelagerter Fälle auftreten können. Diese Erläuterungen sollen Überlegungen zur Förderung vorbereiten. Nicht legasthene Schüler haben diese Probleme ebenfalls vorübergehend, lösen sie aber selbstständig mittels ihrer, der Mehrzahl der Bevölkerung entsprechenden, Lernvoraussetzungen.

Die Beispielsätze stammen aus dem Anfangsunterricht des Englischen, Französischen und Lateinischen. Die Reihenfolge der Beispiele entspricht der Häufigkeit des Unterrichtes dieser Sprachen an deutschen Schulen.

Englisch: „John ha**s** **some** orange j**u**i**ce**. He ha**s** **got eight** **s**au**s**age**s**. He**'s** eati**ng** them in the kitchen **at the moment**." „John hat etwas Orangensaft. Er hat acht Würste. Er isst sie gerade in der Küche." Diese Wörter und Strukturen kommen im englischen Anfangsunterricht vor. Die hervorgehobenen Wortteile oder Wörter weisen auf einige Schwierigkeiten hin, die beim Erwerb des Englischen auftreten können.

- Rechtschreibung: „juice, eight, sausages"; maximale Schwierigkeiten bei den Laut-Buchstaben-Zuordnungen für den Anfangsunterricht.

- Die Übereinstimmung von Subjekt und Prädikat bei der unregelmäßigen Verbform „has“, das zu „John“ und „he“, 3. Person Einzahl, passen muss, sodass es richtig lautet „John has“ und „he has got“; für alle anderen Personen ist „have“ die richtige Verbform.
- Kurzform „he's“ für „he is“; „he's“ kann auch „he has“ bedeuten, wäre aber die falsche Zuordnung bei der vorliegenden „progressive form“.
- Gebrauch der „progressive form“, „Verlaufsform“, „he's eating“; sie muss gewählt werden, weil es der Ausdruck „at the moment“ für ein gerade ablaufendes Geschehen verlangt; im Deutschen gibt es die Verlaufsform nicht. Im Englischen ist das Gegenteil die „simple form“, die Gewohnheiten bezeichnet.
- Die „progressive form“ wird mit den entsprechenden Formen von „to be“ (sein) gebildet, wie „I am, you are, he, she, it is, we are, you are, they are“. Schüler neigen dazu, bei der Verlaufsform die Form von „to be“ wegzulassen, weil es im Deutschen keine entsprechende Zeitform gibt, an der sie sich orientieren könnten.
- Bei „have/has“ kann in Aussagesätzen und muss bei Fragen und Verneinungen das Stützwort „got“ hinzugefügt werden, ohne dass es eine erkennbare Bedeutung trägt oder mit übersetzt wird. Für Anfänger ist es schwierig einzusehen, dass sie ein Wort verwenden müssen, das sie nicht entsprechend ins Deutsche übertragen können.
- Hinsichtlich der Satzstellung muss es heißen, „in the kitchen at the moment“, weil die Ortsbestimmung vor der Zeitbestimmung stehen muss. Auch dies weicht von der freien Satzstellung im Deutschen ab.
- Wortwahl im Zusammenhang mit grammatischen Überlegungen: „John has **some** orange juice.“ Im Aussagesatz muss es „some“ heißen, in Fragen oder Verneinungen würde „any“ stattdessen verwendet werden. „Orange juice“ ist eine unbestimmte Menge oder ein nicht zählbares Nomen, das nicht ohne das Beiwort „some“ gebraucht werden darf, wie es im Deutschen möglich ist: „Er hat (etwas) Orangensaft.“

Französisch: „J'ai un**e** **é**toil**e** bleu**e**. Tu n'**en** as pas. Il**s** on**t** de**s** pantalon**s** rouge**s**.“ „Ich habe einen blauen Stern. Du hast keinen. Sie haben rote Hosen.“ Die Hervorhebungen weisen auf den Akzent und auf Elemente hin, die beim Sprechen nicht zu hören sind, aber beim Schreiben wegen grammatischer Beziehungen beachtet werden müssen. Der Akzent steht bei „l'étoile“ für den offenen „e“-Laut, wofür es im Deutschen keine Entsprechung gibt.

Ein gutes Arbeitsgedächtnis und Grammatikkenntnisse sind Voraussetzungen für die folgenden Anpassungsleistungen, die als „Akkordieren“ bezeichnet werden:

- Die Endungen der Verben bei „tu a**s**“ und „ils on**t**“ müssen beim Schreiben passend zu ihren Subjekten „tu“ und „ils“ gewählt, dürfen aber nicht mitgesprochen werden.
- Die stumme Endung „e“ für das weibliche Wort „étoil**e**“ muss bedacht und die Wörter „un**e**“ und „bleu**e**“ müssen an „étoile“ angepasst werden. Bei den Pluralwörtern „il**s**, de**s**, pantalon**s**, rouge**s**“ verhält es sich gleichermaßen, wobei die „s“ zur Bezeichnung der Mehrzahl ebenfalls nicht gesprochen werden.
- Die Verwendung des Partikels „en“, vergleichbar dem englischen „some“, weicht von den Spracherfahrungen im Deutschen ab. „En“ steht zur Kennzeichnung der Tatsache, dass man von einem Gegenstand etwas hat, hier „l'étoile“.
- Die Satzstellung muss beachtet werden, da „en“ vor dem Prädikat „as“ stehen muss. Beide werden von der Verneinungsformel „ne ... pas“ eingerahmt, was wiederum keine vergleichbare Entsprechung im Deutschen hat. Das „ne“ von der Formel „ne ... pas“ muss mit einem Auslassungszeichen/Apostroph versehen werden, weil das folgende Wort „en“ mit Vokal anlautet: „Tu n'en as pas.“
- Der Plural des unbestimmten Artikels „des“ muss verwendet werden bei „**des** pantalons rouges“. Im Deutschen gibt es keinen Plural des unbestimmten Artikels.

Latein: „Rom**a** condit**a** erat. – Agricol**a** bon**us** est. Ancill**a** bon**a** agricol**am** bon**um** videt.“ „Rom war gegründet worden. Der Bauer ist gut. Die gute Magd sieht den guten Bauern.“ Die Hervorhebungen in den Beispielsätzen beziehen sich auf die Anpassung der Fälle und der Geschlechter bei Nomen und Adjektiven, die Kongruenz, und auf die Übereinstimmung der Nomen und der Verbformen bei Subjekt und Prädikat, die stets beachtet werden müssen.

Da es zum Erwerb des Lateinischen keinen kommunikativen und handlungsorientierten Unterricht gibt, sind gutes Formenwissen und grammatisches Beziehungsdenken eine wichtige Voraussetzung für die Mitarbeit im Unterricht und zum Verständnis von lateinischen Texten, wie folgende Ausführungen zeigen:

- „Agricola“, der Bauer, ist männlich, aber „ancilla“, die Magd, weiblich. Beide gehören zur a-Deklination, bei der die meisten Nomen weiblich sind. Die Adjektive richten sich mit ihren Endungen nach dem Geschlecht der Nomen wegen der geforderten Kongruenz. Folglich erhält das männliche Nomen „agricola“ die männliche Endung „us“ für den Nominativ/1. Fall des Adjektivs „bonus“ (der gute Bauer) und „agricolam“ die männliche Endung „um“ für den Akkusativ/4. Fall bei „bonum“ (den guten Bauern), aber das Nomen „ancilla“ erhält für den Nominativ/1. Fall des Adjektivs die weibliche Endung „a“ bei „bona“ (die gute Magd).

Im Lateinischen gibt es keine feste Satzstellung und keine Artikel, die das Geschlecht und den entsprechenden Fall der Nomen bezeichnen und die Beziehungen zwischen den Wörtern verdeutlichen. Stattdessen existieren verschiedene Deklinationen (Veränderungen der Nomen durch Endungen, die die verschiedenen Fälle anzeigen), deren Endungen typisch „weiblich“, „männlich“ oder „sächlich“ „aussehen“ können, bei denen es aber auch Ausnahmen gibt, sodass eine weiblich anmutende Endung, „agricola“, ein Nomen männlichen Geschlechts bezeichnen kann.

– Grundvoraussetzung für die Sinnentnahme ist ein sorgfältiges Beziehungsdenken hinsichtlich aller Formen und Satzteile. Bei der Auflösung eines Satzes ist die wichtigste Regel, mit dem Prädikat zu beginnen, um das Subjekt, den Handelnden im Satz, zu ermitteln. Im zweiten Satz lautet es „videt“; das ist die 3. Person Einzahl, also „er, sie, es“, was an der Endung des Verbs, „videt“, zu erkennen ist. „Videt“ ist das Präsens von „videre“, bedeutet also „er, sie, es sieht“. Wer sieht? Um das herauszufinden, ist die Kenntnis der verschiedenen Fälle und ihre Bedeutung für die Satzkonstruktion Vorbedingung. Das Subjekt steht im Nominativ/1. Fall und wird durch die Frage „wer?“ herausgefunden. In dem Beispielsatz heißt das Subjekt „ancilla bona“, folglich lautet die Übersetzung: „Die gute Magd sieht ...“. Objekte können im Dativ oder Akkusativ stehen, die durch entsprechende Endungen gekennzeichnet sind. Im vorliegenden Fall lautet die Frage: „Wen oder was sieht die Magd?“ Das Objekt im Akkusativ/4. Fall ist „agricolam bonum“, „den guten Bauern“. Die Übersetzung heißt folglich: „Die gute Magd sieht den guten Bauern.“

Die Beschreibung des Übersetzungsvorgangs – hier als Ausschnitt der im Gehirn automatisiert ablaufenden Prozesse dargestellt – klingt komplizierter als er in der Praxis bei diesem einfachen Satz ist. Die Demonstration sollte verdeutlichen, dass Schüler bestimmte Arbeitsstrategien anwenden, Strukturen erkennen, im Arbeitsgedächtnis die verschiedenen Endungen und Beziehungen präsent halten und die richtigen Verknüpfungen herstellen müssen.

Lesegenauigkeit wird in diesem Zusammenhang vorausgesetzt. Manche Menschen verstehen lateinische Sätze erst durch die Übersetzung; die Sinnentnahme bei englischen und französischen Sätzen erfolgt zumeist durch einfaches Zuhören.

Die Sprachbeispiele weisen auf komplizierte Vorgänge beim Fremdsprachenerwerb hin und verdeutlichen, warum wir großen Respekt für die Schüler haben müssen, die aufgrund von Teilleistungsstörungen Legastheniker sind oder die keine Sprachbegabung haben und sich dennoch um Bewältigung der Fremdsprachen bemühen. Sie leisten sehr viel.

In dem Kinderbuch: „Winnie-the-Pooh" von A. A. Milne zeigt „owl", die Eule, wie schwer es ist, sich schriftlich fehlerlos mitzuteilen, obwohl sie den Vorteil hat, in ihrer Muttersprache zu schreiben: „Underneath the knocker was a notice which said:

PLES RING IF AN RNSER IS REQUIRD

(Please ring if an answer is required [Bitte klingeln, wenn eine Antwort gewünscht wird; Anm. der Autorin]).
Underneath the bell-pull there was a notice which said:

PLEZ CNOKE IF AN RNSR IS NOT REQID

(Please knock if an answer is not required [Bitte klopfen, wenn keine Antwort gewünscht wird; Anm. der Autorin])" (1926, 43).

Es fällt auf, dass Wörter auf unterschiedliche Weise falsch geschrieben wurden, wie „ples" und „plez" für „please", was lautgetreu ist, dass die Wortdurchgliederung nicht vollständig gelang wie in „rnsr" und „rnser" für „answer" und bei „reqid" oder „requird" für „required", dass ein Grammatikfehler vorliegen könnte, weil bei „requird" die „ed"-Endung für das „past" nicht bedacht wurde. Die gleichen Fehlertypen können wir bei deutschen Legasthenikern beobachten, wenn sie sich bemühen, Englisch als Fremdsprache zu erwerben.

Das Wichtigste kurz zusammengefasst

Sprachkenntnisse haben gegenwärtig einen hohen Stellenwert. Legastheniker können fremdsprachliche Kompetenzen vielfach nicht ohne besondere Unterstützung erwerben. Einfache Sprachbeispiele aus dem Anfangsunterricht des Englischen, Französischen und Lateinischen zeigen einige der möglichen Schwierigkeiten beim Fremdsprachenerwerb. Legasthenie, andere Teilleistungsstörungen sowie nicht-sprachliche Begabungsschwerpunkte können den Erwerb aller Sprachen in unterschiedlicher Weise negativ beeinflussen.

1 Lernvoraussetzungen und Schwierigkeiten beim Fremdsprachenerwerb

Bei Legasthenie bestehen Lernschwierigkeiten aufgrund individuell ausgeprägter Teilleistungsstörungen. Zum besseren Verständnis der Problembereiche und ihrer Tragweite für den Einzelnen werden die allgemeine Lernentwicklung des Kindes und die wesentlichen Lernvoraussetzungen für den Erwerb von Fremdsprachen erörtert. Anschließend werden mögliche Störungen mit ihren Auswirkungen dargestellt, bevor auf den Erwerb der drei am häufigsten unterrichteten Sprachen Englisch, Französisch und Latein eingegangen wird. Der theoretische Vorspann wurde gewählt, um größeres Verständnis für die Schwierigkeiten von Legasthenikern sowie von Schülern mit anderen Lernbesonderheiten zu wecken und um Lesern Basiskenntnisse und Anregungen für die Entwicklung individueller Förderstrategien und Unterstützungsangebote zu geben, damit die Arbeit mit Betroffenen befriedigender und besser wird.

Der Spracherwerbsprozess wird nicht geradlinig verlaufen, sondern es wird, entsprechend den individuellen Stärken und Schwächen und den schulischen Bedingungen, Leistungssprünge und Phasen des vermeintlichen Stillstands geben. „Gute Rezepte“ oder fertige Programme für den Unterricht oder die Förderung gibt es nicht. Wir müssen realistisch und nüchtern feststellen, dass Betroffene mehr zusätzliche Arbeit leisten müssen als Nichtbetroffene, um Teilleistungsstörungen zu kompensieren und den Fremdsprachenerwerb zu bewältigen. Legastheniker müssen auch mehr Enttäuschungen ertragen und sich stets erneut überwinden weiterzuarbeiten. Lehrer und Betreuer sind aufgefordert, ihre Entwicklung sensibel, gut informiert und motivierend zu begleiten.

Jean Piaget stellt die kindliche Lernentwicklung dar. Seine Erkenntnisse geben für den Fremdsprachenerwerb hilfreiche Einblicke in die Entwicklung der Sinnestätigkeiten, der Bewegung, der

Sprache und des Denkens. Er teilt die kindliche Entwicklung folgendermaßen in Stufen ein, die aufeinander aufbauen und sich gegenseitig durchdringen:

- 0 bis 2 Jahre: Entwicklung von Wahrnehmen und Bewegen; sensorische Reize werden verarbeitet, Bewegung unterstützt diesen Prozess, Sprachentwicklung findet parallel statt; Erkennen und Üben muttersprachlicher Laute; schon die zweite Lallphase enthält den Lautbestand der Muttersprache,
- 2 bis 4 Jahre: vornehmlich Entwicklung der Sprache; gleichzeitig Weiterentwicklung von Wahrnehmen und Bewegen,
- 4 bis 6 Jahre: Lernen durch Handeln, vorbegriffliches Lernen,
- 6 bis 12 Jahre: Lernen noch weitgehend an die Erfahrung gebunden, es ist erlebnisorientiert, Lernen durch konkrete Vorstellungen, die Sprache wird vermehrt eingesetzt,
- ab 12 Jahre: Lernen weitgehend losgelöst von der Anschauung, Abstraktion – wie bei grammatischen Strukturen – Vermittlung der Lerninhalte vorwiegend durch Sprache.

Beim Fremdsprachenerwerb geht es, schematisch betrachtet, um drei grundlegende Bereiche:

- den sensorischen, das heißt, den der Sinnestätigkeiten und der daraus resultierenden Wahrnehmungen (für Sprache und den Fremdsprachenerwerb ist hier der lautlich-phonologische Bereich besonders wichtig, da er mit der Aussprache und der Rechtschreibung verknüpft ist),
- den morphologisch-syntaktischen (sprachliche Formen, Grammatik) und
- den semantisch-lexikalischen Bereich (Wortbedeutungen, Wortschatz).

Beim Erwerb der Sprachen entwickeln sich die Ebenen nicht getrennt voneinander, sondern durchdringen sich gegenseitig; auch Störungen können sich in allen drei Bereichen mit unterschiedlicher individueller Ausprägung zeigen.

In der folgenden Darstellung sollen Leistungen von Sensomotorik, Artikulation, Sehen und Hören beim Lesen und Schreiben an zwei englischen Wörtern veranschaulicht werden, um einen Ausschnitt aus den vielfältigen Vorgängen und Fehlerquellen zu geben, die unseren Blicken verborgen bleiben. Fehler beim Sprechen und Schreiben im Englischen und die möglicherweise zugrunde liegenden Wahrnehmungs- oder Produktionsfehler sowie Gedächtnis- oder Bedeutungszuordnungsprobleme werden durch die Beispiele „think“ und „read“ verdeutlicht.

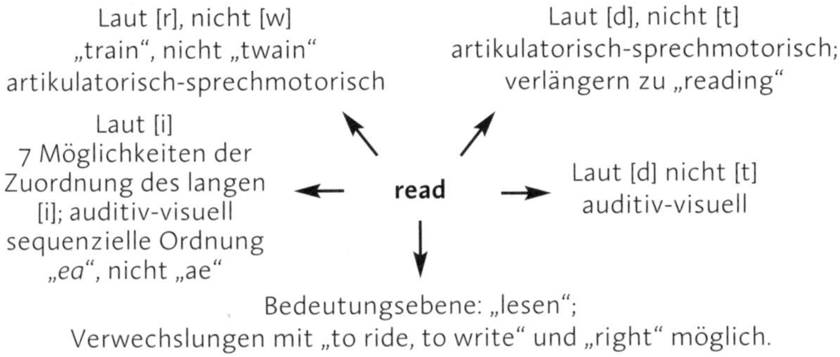

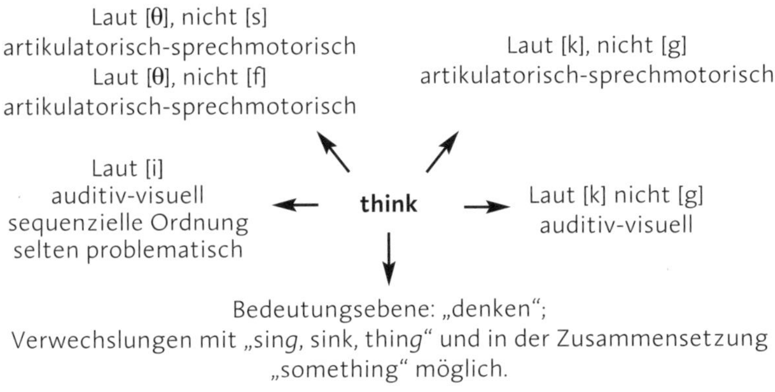

Die Schüler müssen in ihrem Inneren, ihren individuellen Lernvoraussetzungen entsprechend, ein eigenes Abbild der Erscheinungen der Fremdsprache schaffen. „Das eigentliche Lernen findet im Verborgenen statt“ (Bleyhl 2000, 27). Daher kann man nicht erwarten, dass Lernangebote geradlinig in Wissen und Können umgesetzt werden. Diese Umstände setzen auch den Förderangeboten und den Erfolgserwartungen Grenzen.

Um sinnvoll über den Fremdsprachenerwerb im Allgemeinen, über den gezielten Einsatz von Fördermaßnahmen und den richtigen Beginn von Interventionen nachzudenken, werden einleitend die allgemeinen Vorbedingungen für Lernfähigkeit erörtert. Lernfähigkeit setzt voraus:

- Eine ausreichende *geistige Wachheit und Aufmerksamkeit,* deren Niveau durch gezielte sensomotorische Aktivitäten (Wahrnehmen und Bewegen) gesteigert werden kann, um für einen begrenzten Zeitraum Wachheit und Aufmerksamkeit zum Fremdsprachenerwerb zu schaffen. Vorschläge zur Aktivierung sind im Anhang beigefügt.
- Eine angemessene *Anzahl an individuell nötigen Wiederholungen,* abhängig von der Geschwindigkeit der Festigung von Gedächtnismustern, bis der Stoff beherrscht wird.
- Die *Speicherung aller Reizmuster* von den Erfahrungen des Tastens, Sehens und Hörens *zu guten Gedächtnisspuren,* sodass Schüler die Informationen nach der Überführung *vom Kurzzeit- oder* Arbeitsgedächtnis in das Langzeitgedächtnis bei Bedarf abrufen können. Zuverlässige Gedächtnis- oder Erinnerungsspuren entstehen, wenn Lernkanäle benutzt werden, die für den Einzelnen eine gute Speicherung des Gelernten gewährleisten, wenn die einströmenden Reize/Informationen individuell bedeutsam sind. Eine positive gefühlsmäßige Gestimmtheit unterstützt die Speicherung.
- Ein *angemessener Umfang des verbalen* Arbeitsgedächtnisses. Die Verweildauer der Informationen im sprachlichen Arbeitsgedächtnis verlängert sich durch lautes oder inneres Sprechen beim Arbeiten, durch das Wiederholen von Regeln oder das Aufsagen von Eselsbrücken. Folglich bleiben den Schülern die Arbeitsinhalte länger präsent, weil sie sich zahlreiche wichtige Gesichtspunkte zur Lösung einer Aufgabe vergegenwärtigen. Dazu gehören beispielsweise die Beziehung von Subjekt und Prädikat in einem lateinischen Satz, das Akkordieren/Anpassen der Formen im Französischen, die Übereinstimmung der Formen/Kongruenz im Lateinischen oder die Regeln für die Frage mit „to do“ im Englischen.
- Ein *umfangreiches Langzeitgedächtnis,* das *deklaratives Wissen* enthält, das Wissen von Fakten, der Semantik (Wortbedeutungen) und der Grammatik. Auch ein gut entwickeltes *prozedurales Wissen* ist wichtig, erworben durch das Üben von Fertigkeiten wie Hörverstehen, Lesen, Schreiben und Rechnen. – Die Gedächtniskapazität nimmt vom frühen Kindesalter bis in das Jugendalter an Umfang zu, sodass Lernzuwachs durch geschickten Strategiegebrauch möglich ist.
- Die *sichere Verfügbarkeit des Erarbeiteten* bei Abruf aus dem deklarativen und dem prozeduralen Gedächtnis, sodass sich Schüler unmittelbar an die Lerninhalte erinnern und sie ohne Hilfestellungen angemessen wiedergeben können.

- Die *Automatisierung des Gelernten,* die sich vollzieht nach dem Verstehen der Lerninhalte und nach ausreichendem Üben und der Stoffbeherrschung in der Anwendung, sodass von sicher verfügbarem Wissen ausgegangen werden kann. Folglich müssen die Lerninhalte nicht stets von Neuem mühsam erarbeitet werden. Vollzogene Automatisierungen setzen Energien für den Spracherwerbsprozess frei und sparen Zeit beim Arbeiten. Zum Beispiel sollte ein Schüler nach dem zweiten Unterrichtsjahr im Englischen die Formen des „simple present“ und „present progressive“ unterscheiden und zusammen mit den entsprechenden Signalwörtern richtig anwenden können, ohne nach der entsprechenden Form von „to be“ für das „present progressive“, „he is going, we are reading“, suchen zu müssen. Im Französischen sollten beispielsweise nach dem zweiten Unterrichtsjahr die Regeln des Akkordierens (des Aufeinanderabstimmens), von Subjekt und Prädikat, von Nomen und Adjektiven bewusst sein, auch wenn gelegentlich Fehler auftreten. Die Automatisierung des Einmaleins ist ein passendes Beispiel aus der Mathematik.
- Einsatz von *Arbeitsstrategien,* das heißt, gezieltes Nachdenken über planvolle Vorgehensweisen und deren Einsatz beim Fremdsprachenerwerb.
- Das *Erkennen und Erinnern von sprachlichen Strukturen,* was die Einsicht in die zugrunde liegenden sprachlichen Ordnungen und Beziehungen bedeutet und Lernzuwachs unterstützt. Die Strukturerfassung erleichtert das Erfassen von Gliederungen wie bei „tomorrow“ aus „to“ und „morrow“, „always“ aus „all“ und „ways“. Der Einblick in solche sprachlichen Strukturen führt zu richtigen Ergebnissen wie beispielsweise zur Bildung des „present perfect“, das aus der Präsensform von „to have“ und dem Partizip Perfekt/3. Form gebildet und zumeist von Signalwörtern begleitet wird (till, until, up to now, since, for, ever, never).
- *Die Freude an der Arbeit beim Fremdsprachenerwerb.*
- Die *Motivation,* sich mit dem unter Umständen mühsamen Spracherwerb zu beschäftigen. Lehrer und Betreuer müssen Motivation stets von Neuem unterstützen.
- Den Willen, etwas zu leisten.
- *Konzentration* und *Ausdauer.*

Damit einige *Lernvoraussetzungen für Fremdsprachen* im Einzelnen verständlicher und die Ansatzpunkte für Förderung deutlicher werden, folgt die Beschreibung der wichtigsten Bereiche:

1. Angemessenes **taktiles Empfinden** (Berührungsempfinden) im Mund ist nötig beim Kontakt der Zunge mit den empfindlichen Schleimhäuten und den Zähnen. Das Berührungsempfinden signalisiert dem Sprechenden die Intensität der Berührung, zum Beispiel schwache, behutsame Berührung bei stimmhaften Konsonanten wie bei „b, d, g", starke Berührung bei den stimmlosen Konsonanten wie bei „p, t, k". Jeder Mensch schreibt so, wie sein Berührungsempfinden im Mund es ihm vermittelt, entsprechend den zuvor gespeicherten Informationen. Die Verarbeitung taktiler Reize unterstützt die Bildung des Sprachgedächtnisses. Beim Fremdsprachenerwerb sind einige Berührungen im Mund anders als vom Deutschen her gewohnt, beispielsweise beim englischen „r" und „th", sodass Legastheniker sie vielfach als besonders schwierig erleben.

2. **Mundmotorik** und Berührungsempfinden gehören eng zusammen. Die Beherrschung der Mundmotorik ist wichtig beim Zusammenspiel der ungefähr hundert Mundmuskeln, da in den Fremdsprachen vom Deutschen her anders beanspruchte Muskelgruppen zusammenarbeiten, um die neuen Laute hervorzubringen. Im Englischen sind Beispiele hierfür das stimmhafte und das stimmlose „th" und das „Zungen-r"; im Französischen sind es unter anderem die Nasale „an, en, in, on, un".

3. Berührungsempfinden und Mundmotorik ermöglichen die **Artikulation** (Aussprache): Die Menschen neigen dazu, so zu schreiben, wie sie artikulieren, weil das den von ihnen gemachten Erfahrungen entspricht. Ist die Artikulation falsch, wozu auch kleine Ungenauigkeiten gehören, ist die Orthografie gefährdet. Die angemessene *Schnelligkeit der Artikulation* ist eine Voraussetzung beim Fremdsprachenerwerb.

4. Die **Beherrschung der Augenmotorik** ist eine Grundvoraussetzung für richtiges und angemessen schnelles Lesen. Die Augen müssen die Zeilen geschmeidig abtasten, ohne unkontrollierte Sprünge vor und zurück oder nach oben und unten zu machen. Die Augen müssen abwechselnd Buchstaben oder Buchstabengruppen fixieren und sich mit Blicksprüngen weiterbewegen. Diese Vorgänge müssen genau und gut aufeinander abgestimmt verlaufen. Die Arbeitswerkzeuge, Augen und Ohren, sollten von Fachärzten, die

Erfahrungen mit Lernproblemen haben, hinsichtlich ihrer Funktionstüchtigkeit überprüft werden. Hinweise zur Untersuchung der Augen und Ohren:

! Grundsätzliche Empfehlung zur Untersuchung der Augen und Ohren

Folgende Untersuchungen nimmt ein Augenarzt oder eine Orthoptistin (Augenarztpraxis/Klinik mit Sehschule) vor:

- Untersuchung des einäugigen Sehens inklusive objektiver Bestimmung der optischen Verhältnisse (Fehlsichtigkeit) mit pupillenerweiternden Mitteln
- Untersuchung des beidäugigen Sehens mit den unterschiedlichsten Methoden
- Okulärer Belastungstest – Untersuchung des ein- und beidäugigen Sehens unter Belastung des Sehens

Ein Ohrenarzt (Arzt für Hals-, Nasen-, Ohren-, Stimm- und Sprachstörungen) kann u. a. folgende Fähigkeiten untersuchen:

- Festlegen der Hörschwelle
- Richtungshören
- Dichotischer Lautdiskriminationstest nach Feldmann
- Lautdiskriminationstest.

Nicht alle Tests gehören zum normalen Untersuchungsprogramm.

5. Die **visuelle Wahrnehmung** (Wahrnehmung über das Auge) muss gut ausgebildet sein. Das Auge verarbeitet die Lichtreize, deren Wirkung im Gehirn mit bereits erfolgten Seherfahrungen und deren individueller emotionaler Bedeutung verglichen und mit Wahrnehmungen aus anderen Sinnesbereichen, zum Beispiel der auditiven (hören) oder der taktilen (tasten und berühren) Wahrnehmung, vernetzt werden. Folgende Bereiche sind wichtig:

- Die *Formkonstanz* bedeutet, dass ein „a“, gleichgültig, wie es gestaltet worden ist, „a, a, a, a, a, a, a, **a**, a, *a*“ als ein „a“ erkannt wird. Haben Schüler Probleme mit der Formkonstanz, finden sie es schwierig, individuelle Handschriften zu lesen. Sie sind bei fremdsprachlichen Briefen in Schulbüchern von den angeblich typisch französischen oder englischen Handschriften irritiert.

- die Beachtung der *Unterschiede zwischen formgleichen, aber richtungsverschiedenen Buchstaben,* wie „b/d, p/q, b/p, d/q, W/M“ ..., als Grundlage für die Zuordnung des richtigen Lautes. Schwierigkeiten können beim Lesen der formgleichen, aber richtungsverschiedenen Buchstaben „b/p, d/g“, „e/a“ und „u/n“ in diesen Drucktypen entstehen, weil diese möglicherweise als horizontal und vertikal gekippt erlebt werden; aus „dog“ kann auf diese Weise „god“ werden oder anders herum. Folglich können Probleme bei der Sinnentnahme entstehen, ohne dass der Betroffene es merkt. Auch beim Schreiben entwickeln sich gelegentlich vollkommen ungewollt und meistens unbemerkt Vertauschungen der genannten Buchstaben. Man sollte diese Fehler nach kurzer Korrektur übergehen, weil sie zeigen, dass in der gegebenen Situation kompensatorisches Arbeiten nicht möglich war. Bei Legasthenikern sind vielfach die Fähigkeiten verlangsamt, visuelle Zeichen in Sprache zu übersetzen, sowie die visuelle Verarbeitung und die Richtigkeit der Zuordnungen, was Lesen und Schreiben betrifft
- die *Merkfähigkeit für im Deutschen seltene Buchstaben,* wie „Y/y, Q/q, J/j“. „Y/y“ und „J/j“ kommen im Englischen, „Q/q“ kommt in der Kombination „Qu/qu“ im Französischen häufig vor.
- Erkennen von schnell zu verarbeitenden visuellen Reizen, was beim Lesen wesentlich ist.

6. Die **auditive Verarbeitung und Wahrnehmung** entsteht durch die Verarbeitung von Schallreizen im Ohr, die Verarbeitung der Informationen auf der Hörbahn und die Verknüpfung mit der individuellen emotionalen Bedeutung. Die Vernetzung mit Informationen aus anderen Sinnesbereichen, zum Beispiel dem Sehen, vollzieht sich. Es geht um Sprachverarbeitung und um Sprachwahrnehmung. Folgende Bereiche sind wichtig, die als „phonologische Bewusstheit“ zusammengefasst werden:

- *Unterscheidung von ähnlich klingenden Lauten,* wie zum Beispiel zwischen den hellen Vokalen „e“ und „i“ und den Zischlauten „s“ und „z“ in „F**e**l**s**“ und „F**i**l**z**“, von dunklen Vokalen, wie „a, o, u“ wie in „Ping**u**in, konstr**u**ieren“, die als „Pingoin“ und „konstroieren“ geschrieben werden; von stimmhaften und stimmlosen Konsonanten wie „b/p“, „Ge**b**äck“ statt „Ge**p**äck“, „d/t“, „De**d**ektiv“ statt „De**t**ektiv“, „g/k“, „Klini**g**“ statt „Klini**k**“. Diskrete Ausfälle im Hochtonbereich, „p, t, k“, verhindern klare auditive Wahrnehmungen in diesem Bereich und führen zu fehlerhafter mündlicher und schriftlicher Wiedergabe; dies gilt ebenso für den Tieftonbereich mit den Vokalen „a, o, u“.
- Herauslösen der Einzellaute aus dem Wort, die *Lautanalyse* des Anfangs-, Mittel- und Endlautes.

- *Silbenbildung* aus Lautgruppen
- *Reimen*
- Die *Sequenzen*/Reihenfolgen der Laute oder der Morpheme, der kleinsten bedeutungstragenden Einheiten im Wort, wie „fahr“ in „fortfahren, Fahrrad, gefährlich“, die Sequenz der Wörter im Satz, was die Satzstellung bedeutet, oder die festgelegte Zeitenfolge im Englischen bei den drei Typen der „if-Sätze“ sowie bei der indirekten Rede. Bei Wörtern bezeichnet man die Reihenfolgevertauschungen von Buchstaben als Reversionen, wie bei „Brat“ statt „Bart“.

7. **Hörverstehen** geht dem Sprechen voraus; der Übergang von Hörverstehen zu individuellem Sprechen kann schwierig sein.

8. **Zuordnung** von Phonemen (Lauten) zu den Graphemen (Schriftzeichen), was in den Fremdsprachen besonders schwierig ist, wenn die Muster der Laut-Buchstaben-Zuordnungen vom Gebrauch im Deutschen abweichen, beispielsweise der Laut [au] wie in Deutsch „Bau“, der im Englischen in „shout“ und „bow“ (verbeugen, Verbeugung) durch verschiedene Grapheme wiedergegeben wird.

9. Die Beherrschung von **Rhythmus** und **Intonation** ist eine wesentliche Voraussetzung, um fremdsprachliche Wörter und Sätze angemessen zu verstehen und zu sprechen. Das Sprechtempo spielt hierbei eine wichtige Rolle, da Rhythmus und Intonation an das Aussprachetempo gebunden sind; sie unterstützen die emotionale Bedeutung des Gesprochenen. Rhythmische Elemente sind in den Reihen der unregelmäßigen Verben im Englischen enthalten, wie bei „to ride, rode, ridden“ oder „to forget, forgot, forgotten“. Sie sind auch in den Stammformen der lateinischen Verben zu entdecken wie bei „currere, curro, cucurri, cursus“ und können für die Förderung genutzt werden.

Eine schematische Übersicht der grundlegenden Fähigkeiten, die Lesen und Schreiben auf der einen und Mathematik auf der anderen Seite zugrunde liegen, soll Bereiche für Begabungsschwerpunkte und mögliche Störungsbereiche aufzeigen (siehe Tabelle S. 28):

	Lesen und Schreiben	Mathematik
Schwerpunkte	– auditiv-sprachlich – sequenziell	– visuell-figürlich – taktil-kinästhetisch – körperschematisch – räumlich-geometrisch
nachgeordnet	– visuell-figürlich – taktil-kinästhetisch – räumlich-geometrisch	– auditiv-sprachlich – sequenziell

Die Mehrzahl der Legastheniker hat den Schwerpunkt ihrer Schwierigkeiten auf dem sprachlich-auditiv-sequenziellen Sektor (Reizverarbeitung über das Ohr, Sprache, Reihenfolgen), wie der Neuropsychologe Johannes Graichen annimmt. Eine geringere Anzahl an Legasthenikern ist von Einschränkungen im visuell-räumlichen Bereich betroffen. Schwierigkeiten auf diesem Sektor sind nicht belastend für das Unterrichtsgespräch und den Erwerb von Fremdsprachen. Sprachbegabte Legastheniker können zu dieser Gruppe zählen.

Beim Lernen können *Störungen* auftreten. Wenn eine niedrige Intelligenz vorliegt, mindert dieser Umstand die Lernfortschritte. Wenn Teile der Lernvoraussetzungen, die im Vorangehenden besprochen wurden, eingeschränkt sind, nicht aber die Intelligenz in ihrem gesamten Umfang, spricht man von Teilleistungsstörungen. Graichen definiert sie folgendermaßen: „Teilleistungsstörungen sind die Leistungsminderung einzelner Faktoren oder Glieder eines funktionellen Systems, das zur Bewältigung einer bestimmten komplexen Anpassungsaufgabe erforderlich ist" (1973, 122f). Ein funktionelles System ist ein komplexes Wirkungsganzes, das aus verschiedenen Teilleistungen besteht, die für sich selbst und im Zusammenwirken des Ganzen reibungslos funktionieren müssen. Ein Beispiel ist das leise oder laute Lesen, wobei folgende Teilleistungen Voraussetzungen sind: die Aufrichtung gegen die Schwerkraft, um gerade sitzen zu können, die Kontrolle der Augenbewegungen (das Fixieren und in Sprüngen Weitergehen), Umwandlung der Buchstaben in Laute, Bildung der richtigen Lautsequenz (Reihenfolge), Erkennen der Silbenstruktur, Intonation und Sinnentnahme.

Teilleistungsstörungen liegen in unterschiedlicher Zusammensetzung und Stärke einer Lese-Rechtschreibschwäche/Legasthenie zugrunde. Jeder Betroffene hat ein individuelles Störungsmuster. Es ist multifaktoriell, da es aus vielen Bestandteilen zusammengesetzt ist, und multikausal, da es auf vielen auslösenden Faktoren beruht. Individuelles Lernen, Unterricht und Förderung müssen auf die persönliche Eigenart abgestimmt sein, um Erfolg zu erzielen.

In der Schule müssen die Wissensvermittlung und die Arbeitsangebote so angelegt werden, dass sie vielfältige Möglichkeiten für alle Schüler beim Fremdsprachenerwerb schaffen. Legastheniker und andere Schüler mit Teilleistungsstörungen sollten nicht durch auf einige Sinne oder Fertigkeiten eingeengte Methoden benachteiligt werden.

Folgende Störungen in grundlegenden Funktionen können bei Legasthenie und Teilleistungsstörungen beobachtet werden. Sie müssen nicht in ihrer Gesamtheit auftreten; im Einzelfall liegen individuelle Muster neuronaler Andersartigkeit vor:

1. Entwicklungsverzögerungen: Das Entwicklungsalter entspricht nicht dem Lebensalter; die Schüler sind nicht so weit entwickelt wie die meisten Gleichaltrigen, auf die der Unterricht zugeschnitten ist. Das kann sich besonders problematisch auswirken, wenn Legastheniker in den weiterführenden Schulen mit sprachlichen Abstraktionen arbeiten müssen und dies wegen ihres Entwicklungsstandes noch nicht können.

2. Das Gedächtnis ist noch nicht gut genug ausgebildet für *abstrakte Lerninhalte* und/oder *sprachliche Strukturen,* die im Unterricht vorkommen. Bis zu einem Alter von etwa 12 Jahren haben Schüler ein ereignisbezogenes Gedächtnis, sodass sie sich vornehmlich gut an Dinge erinnern, die sie erlebt haben. Nach Piaget ist erst ab zwölf Jahren die Verarbeitung und Speicherung abstrakter, merkmalsbezogener Gedächtnisinhalte der Entwicklung entsprechend; hierzu gehören grammatische Bezeichnungen und spezielle Ausdrücke in den Fremdsprachen wie Pronomen, Voll- und Hilfsverben, idiomatische Ausdrücke/typische fremdsprachliche Ausdrücke oder Abstraktionen in der Literatur. Schüler mit Entwicklungsverzögerungen können hier Schwierigkeiten haben, da der Entwicklungsrückstand oft unerkannt bleibt und es nicht allgemein üblich ist, auf von der Norm abweichendes Lernverhalten differenziert einzugehen.

3. **Langsamkeit:** Manche Schüler arbeiten zwar gut, haben aber ein herabgesetztes Arbeitstempo, sodass sie nicht mit den Klassenkameraden Schritt halten können; sie denken, sprechen oder schreiben langsamer als die meisten Gleichaltrigen. Daher bewältigen sie bei Klassenarbeiten nicht alle Aufgaben. Langsamkeit ist schwer zu beeinflussen. Die einzige Möglichkeit, das Arbeitstempo zu steigern, scheint in der Automatisierung des Gelernten und im Strategieerwerb zu bestehen. Eine andere Ursache für Langsamkeit kann in einem absichtlich verminderten Arbeitstempo liegen, wenn fehlervermeidend oder umständlich korrigierend vorgegangen wird. In diesen Fällen liegen meistens schmerzliche Erfahrungen mit (überzogener) Kritik, große persönliche Verunsicherung und/oder ein fehlender Notenschutz zugrunde. Ermutigung schafft größere Sicherheit und kann das Arbeitstempo steigern.

4. **Impulsivität:** zuerst handeln, dann denken. Der Schüler wägt nicht ruhig alle Aspekte ab, bevor er spricht oder schreibt, wodurch sich Fehler einschleichen. Strategien zum strukturierten Lernen werden empfohlen.

5. **Die Aufmerksamkeitssteuerung** ist nicht durchgehend gegeben, Unaufmerksamkeit tritt phasenweise auf: Aus diesem Grunde werden unter anderem Fehler oft nicht gefunden, Zeichen und Punkte nicht gesetzt, Arbeitsanweisungen nicht beachtet oder missverstanden; das Unterrichtsgespräch wird nicht kontinuierlich verfolgt, sodass Wissenslücken entstehen. Aufmerksamkeit und Konzentration vermindern sich oder schwinden, wenn der Unterricht Schüler überfordert.

6. **Sprache** wird nicht präzise und angemessen schnell verarbeitet, was schwerwiegende Folgen für die Betroffenen hat. Sie können vielfach nicht schnell genug auf sprachliche Informationen, Unterrichtsbeiträge von Mitschülern, Lehrerfragen oder mündlich gegebene Arbeitsanweisungen reagieren oder sich diese Mitteilungen nicht lange genug merken, um sich aktiv mündlich zu beteiligen. Folglich wirkt sich die Verarbeitungsschwäche *hinderlich auf ihre*

Beteiligung am Unterricht aus. Von Legasthenikern wird aber üblicherweise erwartet, dass sie ihre fehlerhaften schriftlichen Leistungen durch gute mündliche Mitarbeit aufwerten. Daher müssen Lehrer über die Problematik dieser Störung aufgeklärt werden, damit sie nicht auf mangelnde Einsatzbereitschaft der Schüler schließen. In manchen Bundesländern macht die mündliche Mitarbeit 60 % der Gesamtzensur aus, was sich für Schüler mit sprachlichen Verarbeitungsproblemen und mit Schwierigkeiten in gleich bleibender Aufmerksamkeit negativ auswirkt. Auditiv-sprachliche Schwierigkeiten sind selbstverständlich hinderlich im Umgang mit Fremdsprachen.

7. Herabgesetzte Hör-Merkspanne, wobei gerade Gehörtes nicht vollständig und nicht lange genug erinnert wird, sodass viel nachgefragt werden muss. Das stört besonders bei Diktaten, wenn das allgemeine Schreibtempo für die Einzelnen zu hoch ist, wenn sie nachfragen und sich folglich der für sie erneut diktierte Teil in den weiter fortgeschrittenen Text schiebt. Oft werden Schüler dann orientierungslos, vergessen den Gesamtzusammenhang, streichen häufig durch und machen Fehler, denn die korrekte Rechtschreibung hängt auch vom Textverständnis ab.

8. Mangelnde Organisation von Dingen oder mangelnde Ordnung in der Zeit, das heißt pünktlich sein, Ordnung im Raum, etwa auf dem Schreibtisch, in der Schultasche, im Lehrbuch oder im Heft. Manche Schüler haben zum Beispiel große Schwierigkeiten, sich im Wochenplan oder mit den Hausaufgaben zurechtzufinden.

9. Schlechte Arbeitsstrategien werden angewandt. Eine gute Metakognition (Nachdenken über das eigene Lernen) ist nicht vorhanden; anstatt vorhandenes Wissen zu nutzen und erarbeitete Regeln, Merksätze oder Eselsbrücken zur Fehlervermeidung anzuwenden, wird vielfach impulsiv darauf losgearbeitet und werden erprobte Strategien außer Acht gelassen. Manche Schüler müssen stets erneut bedenken, wie ein geschriebener Text aussehen muss, beispielsweise, dass sie Satzanfänge und Nomen (im Deutschen) groß schreiben müssen oder dass sie nicht über den Rand schreiben dürfen. Probleme entstehen, wenn Legastheniker wirksame Fehlersuchstrategien nicht verfolgen, gute Lesestrategien nicht umsetzen,

Rechtschreibregeln nicht anwenden oder grammatische Probleme nicht nach bewährten Lösungsmustern bearbeiten.

10. Der Umgang mit Sequenzen/Reihenfolgen ist nicht gut, unter Umständen ist diese Fähigkeit nicht voll entwickelt. Folglich kann es Betroffenen schwer fallen, Reihenfolgen in Handlungen einzuhalten, beim Erzählen zu beachten oder sie auswendig zu lernen. Die Reihenfolgen des Alphabetes, der Monatsfolgen oder der unregelmäßigen Verben in den Fremdsprachen sind unter Umständen nur als Ganzes gespeichert; das Herauslösen von einzelnen Bestandteilen ist nur schwer möglich, ohne dass das Ganze aufgesagt werden muss. Bezüglich der Fremdsprachen kann es schwierig sein, die Reihenfolgen der Satzteile zu beachten, falls sie vom Deutschen abweichen.

Entsprechend den bevorzugten Sinneserfahrungen und Verknüpfungsmöglichkeiten bilden Menschen unbewusst ihren persönlichen Lernstil aus. Mehrere Lerntypen entstehen, die Begabungsschwerpunkte haben beim

- Fühlen/Tasten: haptischer Lerntyp
- Hören: auditiver Lerntyp
- Sehen: visueller Lerntyp
- Denken: abstrakter Lerntyp

Es gibt Mischformen dieser Typen, bei denen die Bevorzugung eines Sinneskanals nicht vorherrscht oder nicht bewusst ist. Die Schüler sollten angeleitet werden, ihren individuellen Lerntyp und ihre Stärken und Schwächen herauszufinden, um größtmögliche Selbstständigkeit und Lernerfolge zu erreichen.

Angeblich merken sich Menschen 10 % von dem, was sie lesen (Informationsaufnahme durch Lesen), 20 % von dem, was sie hören, 30 % von dem, was sie sehen, 50 % von dem, was sie sehen und hören, 70 % von dem, was sie selbstständig formulieren, 90 % von dem, was sie durch eigenes Tun aktiv umsetzen. (Mündliche Mitteilung auf einem Kongress der „British Dyslexia Association", 2001).

In allen Fächern sollte so unterrichtet werden, dass *mindestens zwei Sinneskanäle angesprochen werden,* zum Beispiel Sehen und Hören zugleich (Unterricht auf bimodale Weise). Wenn der Unterricht mehrere Sinneskanäle aktiviert, ist er multimodal, was beispielsweise bei Einbeziehung des Sehens, des Hörens und der Aktivierung des Schreibbewegungsgedächtnisses beim Schreiben der Fall ist. Um den individuellen Lernvoraussetzungen der Schüler gerecht zu werden, soweit sich das dem Thema und der Schülerzusammensetzung in der Klasse entsprechend einrichten lässt, ist ein multimodaler Unterricht am sinnvollsten. Beim Fremdsprachenerwerb ist er eine Grundvoraussetzung.

Das Wichtigste kurz zusammengefasst

Lernen beruht auf der Aktivität der Sinne sowie der Vernetzung der Informationen und ihrer Speicherung im Gedächtnis. Es geht um grundlegende Prozesse der Reizverarbeitung und Wahrnehmung. Die Lauterkennungs-, Lautunterscheidungs- und Lautproduktionsfähigkeiten sind bei Legasthenikern häufig herabgesetzt. Wichtig sind Aufmerksamkeit und Konzentration, Automatisierungs- und Strukturierungsvorgänge, die Funktionstüchtigkeit des sprachlichen Arbeitsgedächtnisses, Strategien zur Verlängerung der Verweildauer von Informationen im Arbeitsgedächtnis (artikulatorische Schleife), die Speicherung der Daten im sprachlichen Langzeitgedächtnis sowie Strategiegebrauch. Die kindliche Entwicklung läuft in gesetzmäßig aufeinander aufbauenden und miteinander verbundenen Ebenen ab. Frühe Schwierigkeiten wie Sprachentwicklungsstörungen und andere nicht durchlaufene Entwicklungsschritte können sich auf den Erwerb der Schriftsprache und der Fremdsprachen auswirken, da Teilleistungsstörungen aus verschiedenen Gründen entstehen können. Allgemeine Langsamkeit, Impulsivität, Hyperaktivität und weitere Probleme können den Fremdsprachenerwerb zusätzlich behindern. Multisensorische und klar strukturierte Unterrichts- und Förderangebote zur Kompensation der Defizite sollten erfolgen.

Wichtigstes Ziel der pädagogischen Bemühungen sollte es sein, Freude am Fremdsprachenerwerb zu wecken und zu erhalten, Erfolgserlebnisse zu schaffen und die Schüler zu motivieren.

2 Legasthenie-Definitionen, Chancengleichheit und außerschulische Hilfen

Die Dyslexie-Definition (Legasthenie-Definition) der WHO (World Health Organisation) von 1986 sowie die Definition von „Dyslexie“ in der ICD 10 (International Statistical Classification of Diseases and Related Health Problems, New York, 2002, Ziffer 315.0) lautet:

> „Die Legasthenie (Lese-Rechtschreibschwäche) bezeichnet eine umschriebene Störung im Erlernen der Schriftsprache, die nicht durch eine allgemeine Beeinträchtigung der geistigen Entwicklungs-, Milieu- oder Unterrichtsbedingungen erklärt werden kann. Vielmehr ist die Legasthenie das Ergebnis von Teilleistungsschwächen der Wahrnehmung, Motorik und/oder der sensorischen Integration, bei denen es sich um anlagebedingte und/oder durch äußere schädigende Einwirkungen entstandene Entwicklungsstörungen von Teilfunktionen des zentralen Nervensystems handelt.“

Die Legastheniedefinition des „Bundesverbandes für Legasthenie und Dyskalkulie e. V.“ lautet:

> „Legasthenie (Lese-Rechtschreibschwäche) bezeichnet eine umschriebene Störung beim Erlernen von Lesen, Schreiben und Rechtschreiben, die weder auf eine allgemeine Beeinträchtigung der geistigen Entwicklung noch auf unzulänglichen Unterricht zurückgeführt werden kann.
>
> Kennzeichnend für eine Legasthenie sind weniger Anfangsschwierigkeiten beim Erwerb der Schriftsprache als eine *Diskrepanz zwischen dieser Leistung und den meisten übrigen Lern- und Leistungsmöglichkeiten* sowie das Fortwirken der partiellen Lernschwäche auch nach der Verbesserung der Lese- und Rechtschreibleistung.
>
> Die Fähigkeiten von Schülern mit Legasthenie werden ihrer Rechtschreibung wegen nämlich häufig unterschätzt, sodass es zu *Fehlentscheidungen in den Schullaufbahnen* kommt“ (Hervorhebungen der Autorin).
>
> (Legasthenie. Definition mit Erläuterungen und Empfehlungen. Wissenschaftlicher Beirat des Bundesverbandes Legasthenie, 1).

Das Europäische Parlament verabschiedete am 12.11.2007 die „Written Declaration 64/2007 on the issue of discrimination and social exclusion of children suffering from ‚dys'abilities" (die schriftliche Erklärung zur Diskriminierung und zu dem gesellschaftlichen Ausschluss von Kindern, die an Dysfunktionen leiden; Übersetzung der Verfasserin).

Das Europäische Parlament fordert die Europäische Kommission und den Europarat auf

- eine Charta für „Dys"-Kinder aufzustellen
- die „Dys"-Typ-Probleme als Behinderung anzuerkennen
- bewährte Unterstützungsmöglichkeiten zugänglich zu machen:
  - Zugang zu Informationen
  - Früherkennung, Diagnose und Therapie im Anfangsstadium
  - Zusammenstellung wirksamer pädagogischer Maßnahmen in öffentlichen Schulen und für sonderpädagogische Interventionen für Kinder, Jugendliche und Erwachsene
  - Eingliederungsmaßnahmen in die Arbeitswelt für Jugendliche mit diesen Behinderungen
- ein europäisches, interdisziplinäres Netzwerk hinsichtlich spezifischer Lernschwierigkeiten zu schaffen, Informationen zu sammeln und auszuwerten, grenzübergreifende Koordination von Initiativen zu unterstützen und Diskussionen zu fördern
- hiermit wird der Präsident aufgefordert, diese Erklärung [...] dem Europarat, der Kommission und den Parlamenten der Mitgliedstaaten zuzuleiten (Übersetzung der Verfasserin).

Die Kultusministerkonferenz (KMK) verabschiedete 2003 eine Empfehlung hinsichtlich schulischer Maßnahmen zur Unterstützung von Legasthenikern. Nach Ansicht der Betroffenen und von Fachleuten sind Schutz und spezifische Fördermaßnahmen nicht ausreichend.

> „Bis heute werden im Lehramtsstudium die Bereiche normaler und gestörter Schriftspracherwerb nur unzureichend behandelt. Die Ergebnisse der medizinischen und psychologischen Forschung werden häufig in der Pädagogik nicht zur Kenntnis genommen. Es zeigt sich eindeutig, dass die Schulen und Lehrer im Umgang mit Legasthenikern hoffnungslos überfordert sind und durch die eindeutige Vorgabe schulischer Regelungen gestützt werden müssen.

Das Störungsbild der Legasthenie ist inzwischen von der Rechtsprechung zum Prüfungsrecht als Behinderung anerkannt worden. Die Gerichte sprechen den betroffenen Studenten, Referendaren und Schülern mit Legasthenie aus dem Grundrecht aus Art. 3 Abs. 1 GG das Recht auf Nachteilsausgleich in den Prüfungen zu. Diese Rechtsprechung war für uns Anlass, rechtsgutachterlich prüfen zu lassen, welche Rechte Schüler und Schülerinnen mit Legasthenie unabhängig vom Einzelfall aus dem Grundgesetz haben.

Die in dem Gutachten von Frau Prof. Langenfeld beschriebenen Rechte von Legasthenikern zeigen ganz deutlich, dass in Deutschland sofortiger Handlungsbedarf besteht, den betroffenen Schülerinnen und Schülern eine Chancengleichheit zu gewähren und sie nicht weiterhin zu diskriminieren […].“ (Bundesverband Legasthenie und Dyskalkulie 2006, 3).

Weitere Informationen zur Chancengleichheit und zur Finanzierung außerschulischer Hilfen und Therapien bei Legasthenie und Dyskalkulie sind zu finden unter www.bvl-legasthenie.de und info@bvl-legasthenie.de.

Kinder und Jugendliche mit ausreichender Intelligenz für die gewählte Schulart sollten nicht in den Teufelskreis von Versagensängsten und tatsächlichem Versagen geraten, noch durch Minderwertigkeitserlebnisse oder seelische Erkrankungen gefährdet sein. Kinder und Jugendliche brauchen Raum für individuelle Entwicklungsmöglichkeiten und es darf keine Situation entstehen, wie Breuer sie beschreibt: „Schulische Misserfolge und Enttäuschung bestimmen zunehmend ihre Lebensgrundstimmung“ (Breuer, in: Haase 2003, 54). *Lernerfolge sind für Kinder und Jugendliche Lebenserfolge.*

3 Lehrvoraussetzungen für den Fremdsprachenunterricht und -erwerb

Nicht nur Schüler brauchen unabdingbare Lernvoraussetzungen zum Fremdsprachenerwerb, sondern es müssen parallel *wesentliche Lehrvoraussetzungen* für den Unterricht erfüllt werden. Die Art des Unterrichts hat großen Einfluss auf den Lernerfolg, denn „es kommt auf das Verhalten des Lehrers an, wie stark die Legasthenie als Behinderung erlebt wird“ (Brezing 1999).

Die meisten Schüler beginnen den Fremdsprachenunterricht mit starker Motivation und großem Arbeitseifer. Wenn sie den Fremdsprachenerwerb jedoch aufgrund ihrer individuellen Lernvoraussetzungen oder mangelnder Unterstützung als vorwiegend negativ erleben, können sich Minderwertigkeitserfahrungen häufen und Versagensängste einstellen. Einige Lehrvoraussetzungen sind problematisch: Die veränderte Gestaltung einiger wesentlicher Lehrvoraussetzungen könnte dazu beitragen, Schwierigkeiten zu vermindern. Die nicht personenbezogenen Aspekte werden im Folgenden zuerst behandelt, die personalen folgen.

Genügend Unterrichtsstunden sollten besonders im Anfangsunterricht zur Verfügung stehen. Es sollte möglichst wenige Ausfälle geben, um die kontinuierliche Auseinandersetzung mit der Fremdsprache oder die Immersion, das Eintauchen in die Fremdsprache, zu gewährleisten, da die neuronalen Vernetzungen im Gehirn wieder deaktiviert werden oder zerfallen, wenn die Lernwege nicht oft genug benützt werden. Allen Schülern schadet unregelmäßiger Unterricht mit größeren Pausen zwischen den Spracherwerbsphasen, für Legastheniker und Menschen mit Teilleistungsstörungen ist dies jedoch besonders abträglich. Sie brauchen die Kontinuität der Auseinandersetzung mit den sprachlichen Angeboten zum Erwerb guter Gedächtnisspuren und Strategien zur Kompensation ihrer Defizite durch Festigung der erworbenen Fertigkeiten und ihrer Speicherung im sprachlichen Langzeitgedächtnis.

Die meisten *Lehrbücher für den Fremdsprachenerwerb* sind auf den ersten Blick ansprechend und phantasievoll gestaltet; hierin unterscheiden sie sich positiv von den langweiligen Inhalten und dem einförmigen Layoutstil vergangener Jahre. Viele Schüler profitieren jedoch nicht von der dargebotenen Vielfalt, sondern die optische Gestaltung wirkt auf sie verwirrend, da für ihre individuellen Bedürfnisse zu wenig Ordnung und Übersichtlichkeit herrschen. Dieser Eindruck entsteht durch mehrere in verschiedenen Richtungen angeordnete kurze Texte, sodass die Schüler ihren Kopf zum Lesen drehen müssen; der Schriftgrad 10 und eine Gestaltung in mattem Grau sind nicht hilfreich. Auch Kommunikationsanregungen, Fotos, Witze sowie Comics bilden für Legastheniker je nach der individuellen Ausprägung der Schwierigkeiten kein geordnetes Ganzes. Bisweilen werden Schriften mit Serifen (kleine Striche am Buchstabenende) verwendet, und auch die Buchstabenabstände sind zu gering für Schüler mit speziellen Leseschwierigkeiten. Besonders die Vokabellisten und Hinweise zu Lernstrategien, die einige Bücher unterstützend im Anhang zum Lehrbuch anbieten, sind häufig so klein gestaltet, dass der Leser schnell ermüdet und/oder sein Blick beim Lesen abschweift. Es ist anstrengend, von solchen Arbeitsvorlagen lernen zu müssen, daher wird das Lernen häufig (geschickt) vermieden. Vergrößerungen der Texte und die Verwendung eines Lesestabs, der wie eine Lupe wirkt und die Länge einer normalen Lesezeile hat, sind hilfreich (weitere Ausführungen in Kapitel 7).

Die Aufteilung des Textes in verschiedene parallele Spalten wie in Zeitungen ist für die Schüler problematisch, die Schwierigkeiten haben, mit den Augen geschmeidig einer Zeile bis zum Ende zu folgen; die kurzen Zeilenabschnitte der Spalten irritieren sie unter anderem, weil sie beim lauten oder leisen Lesen schnell zur nächsten Zeile übergehen müssen und keine Gelegenheit haben zum vorausschauenden, sinnentnehmenden Lesen. Bei großen Problemen sollte ein Helfer den Text in üblicher Zeilenlänge auf dem PC abschreiben. Es sind zwar äußerliche, gestalterische Schwierigkeiten, aber sie können die Leseleistung und die Sinnentnahme erheblich beeinträchtigen.

Die „Workbooks" oder „Cahiers", die begleitend zum Lehrbuch mit weitgehend nützlichen Übungen zur Vertiefung des Stoffes und zum Erwerb von Fertigkeiten angeboten werden, unterscheiden sich positiv von der optischen Erscheinung der anderen Materialien durch das vorherrschende DIN-A4-Format, ausreichend großen

Druck und weniger gestalterische Besonderheiten. Die Zeilenabstände zum Eintragen der Lösungen bei schriftlichen Aufgaben sind zumeist ausreichend für große Handschriften, was die Kontrolle des Geschriebenen erleichtert.

Der Erwerb der modernen Fremdsprachen geschieht vorwiegend nach dem *kommunikativen Ansatz,* wobei in erlebnisorientierter Vermittlung durch zahlreiche Sprechanlässe, Dialoge und mit Spielen der Spracherwerb des kleinen Kindes in einsprachiger Umgebung imitiert und in schneller zeitlicher Folge für den Anfangsunterricht in der Fremdsprache nutzbar gemacht werden soll. Ein Eintauchen in die Fremdsprache soll sich vollziehen. Kinder ohne Lernprobleme erwerben auf diese Weise gutes Wissen und Können. Schüler mit Teilleistungsstörungen wie manche Legastheniker mit eingeschränkter auditiv-sprachlicher Informationsaufnahme haben Probleme bei der Verarbeitung und Speicherung sowie beim Erinnern von Gehörtem. Sie ziehen deshalb aus dem spielerischen, handelnden und kommunikativen Unterrichtsbeginn keinen optimalen Nutzen, auch wenn ihnen die Aktivitäten Freude machen. Sie brauchten zum Erwerb von einprägsamen Gedächtnisspuren und von strukturiertem Wissen ergänzende und unterstützende Lernangebote. Eine alle Sinne einbeziehende Vorgehensweise im Unterricht käme Schülern aller Lerntypen zugute (siehe Kapitel 8).

Die Bevorzugung des kommunikativen Ansatzes im Fremdsprachenunterricht führt dazu, dass vorwiegend der *auditive Kanal/* Hören im Unterricht benutzt wird. Medien, hauptsächlich Tonträger, werden vielfältig eingesetzt. Oft ist die Qualität der Sprachwiedergaben nicht gut, sodass Schüler Schwierigkeiten bei den Lautunterscheidungen haben und bekannte Wörter nicht oder nur verzögert erkennen. Bei Phasen zum Hörverstehen können Lesungen von Muttersprachlern mit mundartlicher Färbung stark irritieren und die Sinnentnahme erschweren. Viele Schüler profitieren beim Zuhören auch deshalb wenig, weil sie zur Unterstützung des Hörens und Lernens nicht den Mund des Sprechers sehen, nicht seine Mimik und Gestik erleben können, noch einen geschriebenen Text zum Mitlesen sowie zur Vertiefung des Hörverstehens verfolgen können (siehe Kapitel 7).

Das *ausschließliche Zuhören* ist für Menschen, die eine schlechte Informationsaufnahme und Verarbeitung über das Hören haben, sehr anstrengend. Daher ermüden sie beim Zuhören schnell und ihre Aufmerksamkeit lässt nach. Schnelles Sprechen kann vielfach nicht angemessen verarbeitet werden. Haben sie den Anfang oder einen wesentlichen Teil einer Übung nicht verstanden, lässt die aktive Mitarbeit nach; vielfach erscheinen diese Schüler unaufmerksam, unkonzentriert sowie unruhig, ohne dass ihr Grundproblem erkannt wird. Ruhepausen wegen des anstrengenden kompensatorischen Arbeitens sowie ein Sitzplatz vorne tun ihnen gut, weil sie den Lehrer besser sehen und verstehen können. Eine vorsichtige Berührung zur Steigerung der Aufmerksamkeit kann hilfreich sein. Falsche Unterrichtsbeiträge von Mitschülern wirken als Störfaktoren. Durch mangelndes Hörverstehen und Passivität in anschließenden Übungsphasen entstehen Wissenslücken, die sich durch außerschulische Unterstützung mangels Kenntnis der in der Schule verwendeten Texte nicht schließen lassen.

Um Schwierigkeiten von Legasthenikern zu vermindern, sind multisensorische Vorgehensweisen – die Aktivierung mehrerer Sinne –, außerdem gut strukturierte Elemente wie Textvorlagen im Unterricht hilfreich, da sie Schülern und Eltern einen konkreten, nachvollziehbaren Einblick in die Inhalte und den Ablauf des vornehmlich mündlich gestalteten Unterrichts geben. Das gilt besonders für den Unterricht im ersten Jahr, da Legastheniker vielfach zu Hause nicht wiedergeben können, was in der Schule durchgenommen wurde und ihnen folglich nicht durch Vertiefung des Unterrichtsstoffes geholfen werden kann. Ohne häusliche Unterstützung könnten viele Legastheniker nicht erfolgreich die Schule besuchen, die ihrer Begabung entspricht. Mit „erfolgreich" ist ein der Begabung angemessener Schulabschluss gemeint, nicht gute Zensuren in den Fremdsprachen.

Beim gesteuerten Fremdsprachenerwerb (im Gegensatz zum ungesteuerten Erstspracherwerb des Kleinkindes) sollten die Schüler beim Fremdsprachenfrühbeginn und beim Anfangsunterricht in den weiterführenden Schulen ihren persönlichen Lernvoraussetzungen entsprechend arbeiten dürfen. Ein gedrängter Zeitplan mit *schneller Aufeinanderfolge neuer Informationen,* die untereinander vernetzt sind, birgt die Gefahr, dass *nicht genügend Zeit zugestanden wird,* die neuen Sprachlaute und Sprachstrukturen zu entwickeln, zu üben sowie zu automatisieren. „Vor der Sprachproduktion müssen also viele mentale Prozesse ... abgelaufen sein. Die ausgewählten Neuronenverbindungen müssen im Gebrauch stabilisiert werden, ohne dass das Selbstgefühl der kleinen Lerner durch Ketten von Misserfolgserlebnissen beeinträchtigt wird ... Unübersehbar ist die Diskrepanz zwischen der Sprache, die ein Lerner versteht, und der, die er produzieren kann“ (Bleyhl 2000, 20). Es ist außerdem *wichtig, den Fremdspracherwerb nicht mit Stress zu verbinden*, da das Empfinden von Stress das Lernen behindert und die Gefahr besteht, dass der Druck, der beim Spracherwerb erlebt wird, sich negativ auf die Einstellung zum Fremdsprachenerwerb im Allgemeinen auswirkt.

Manche Legastheniker haben trotz ihrer Teilleistungsstörungen befriedigende Lernvoraussetzungen, eine Fremdsprache zu erwerben. Wenn aber der Unterricht für ihre individuellen Lernvoraussetzungen zu schnell fortschreitet, sodass sie ihre Schwächen nicht ausreichend kompensieren und ihr Wissen nicht genügend festigen können, werden ihre Fertigkeiten nicht ausreichend automatisiert. Kompensatorisch zu arbeiten, bedeutet erhöhten Kraftaufwand, um annähernd das zu leisten, was Schüler ohne Schwierigkeiten auf diesem Gebiet erreichen. Häusliche Hilfen für einen begrenzten Zeitraum sind angebracht, bis sich genügend Sicherheit entwickelt hat. In manchen Fällen ist bei sehr schwierigen Lernvoraussetzungen eine Begleitung während der ganzen Schulzeit notwendig.

Elternhaus und Schule sollten ein gut fundiertes Problemverständnis haben. Es ist eine große Hilfe für Betroffene, wenn Eltern und Lehrer über die unterschiedlichen Störungsmuster bei Legasthenie informiert sind und wissen, dass sie die eigenen Kinder oder Schüler nicht als „faul, dumm oder uninteressiert“ einordnen dürfen. Das Los der Legastheniker ist ohne ihr eigenes Zutun schwer, daher demütigt und schmerzt Unverständnis.

Nur *gut informierte Lehrer* können Kollegen, Eltern und Betroffene richtig beraten und dazu beitragen, die Entstehung einer psychischen Sekundärproblematik zu vermeiden, die sich aus Unverstandensein, Enttäuschungen und Hilflosigkeit entwickelt. Lehrer haben eine sehr wichtige Rolle im Leben von Schülern, bei Legasthenikern ganz besonders: Legastheniker sind hinsichtlich ihres Schulerfolges sehr von der Unterrichtsgestaltung und dem Wohlwollen des Lehrers abhängig. Zum tieferen Verständnis des Verhaltens von Legasthenikern und zur Erleichterung aller Beteiligten folgen einige allgemeine Hinweise:

- auch Legastheniker haben gute und schlechte Tage;
- manche Kinder sind allgemein vergesslich;
- sie brauchen vielfältige Erklärungen für einen Sachverhalt oder eine Arbeitsanweisung;
- Instruktionen sollten langsam gegeben werden, damit ihre Bedeutung erfasst wird; es sollten nicht zu viele Anweisungen auf einmal sein;
- ermutigen Sie legasthene Kinder zu Rückfragen;
- Legastheniker finden es schwer, schnell Notizen zu machen und Klassenarbeiten rechtzeitig abzuschließen;
- sie haben oft eine ungelenke Handschrift und streichen viel durch;
- mündlich bringen Legastheniker oft bessere Leistungen als schriftlich.

Die Bemühungen der Legastheniker sollten anerkannt werden; Verständnis erleichtert das Ertragen von Schwierigkeiten, und Einfühlungsvermögen seitens der Erwachsenen ist wichtig.

Steht ein Schüler zwischen zwei Zensuren, sollte er zur Unterstützung und zur Motivation die bessere Note erhalten, falls gute Lernstrategien mit ihm besprochen worden sind und er genügend gearbeitet hat. Viele Schüler fühlen sich bei Erteilung der schlechteren Zensur erheblich gekränkt. Daher muss ausgelotet werden, wie weit sich Entmutigung durch die Lernproblematik bereits entwickelt hat und wie darauf reagiert werden sollte.

Wenn Lehrer gut informiert, engagiert und einfühlsam vorgehen, werden Schüler und Eltern angemessen unterstützt und fühlen sich sicherer. Schüler haben die begründete Hoffnung auf einen Schulabschluss, der ihrer Begabung und nicht ihren Teilleistungsstörungen entspricht. Es gilt, Interesse zu wecken und Motivation zu erhalten (eine solche positive Problemlösung behandelt das erste Fallbeispiel unten).

Leider gibt es auch Eltern und Lehrer, die sich nicht informieren und unwissentlich durch negative und sachlich nicht begründete Einstellungen den Schülern schaden. „Warum arbeitest du nicht mehr? Du musst mehr üben! Was du leistest, ist enttäuschend!“ Ein Lehrer kommentierte etwa die von ihm erteilte Note „sechs“ zusätzlich mit „bei dir ist es aussichtslos“. Anstatt Vorwürfe zu äußern, sollten in problematischen Fällen pädagogische Überlegungen einsetzen und Wissen über Legasthenie erworben werden. Es ist wünschenswert, dass sich Lehrer umfassend über Lernen, Lernstörungen und Legasthenie informieren, damit sie eine sichere Basis haben, um ihren pädagogischen Ermessensspielraum zugunsten der Schüler auszuschöpfen. In manchen Bundesländern (z. B. Schleswig-Holstein, Mecklenburg-Vorpommern) gelten Erlassregelungen, denen zufolge Rechtschreibfehler zwar angestrichen, aber nicht bei der Festsetzung der Endnote berücksichtigt werden. In den Fremdsprachen sollten Sprach- und Sachrichtigkeit die Gesamtzensur bestimmen. Diktate sollten verbal beurteilt und an den vorangegangenen Leistungen gemessen werden.

Die *unzureichende oder fehlende Aus- und Fortbildung der Lehrer erschwert den Umgang mit Legasthenikern in den Fremdsprachen erheblich.* In allen Bundesländern sollte es verpflichtende Angebote für Lehrer geben zum Erwerb von Basiswissen in der Neuropsychologie des Lernens, über Legasthenie, weitere Teilleistungsstörungen und nicht sprachlich gelagerte Begabungsrichtungen sowie regelmäßige Fortbildungen und Gelegenheiten zum Erfahrungsaustausch.

Umfangreiches Wissen über neuropsychologische Vorgänge beim Lernen ist ein Gewinn für den Unterricht in allen Fächern; es trägt bei zum Verständnis und zur Lösung zahlreicher anderer Lernschwierigkeiten.

Fallbeispiel: Michael ist überdurchschnittlich intelligent und geeignet für den Besuch des Gymnasiums; sein Begabungsschwerpunkt liegt im räumlich-figürlich-geometrisch-taktil-kinästhetischen Bereich, folglich ist er in den mathematisch-naturwissenschaftlichen Fächern gut, besonders in Physik. Er verfügt über einen umfangreichen Wortschatz und bekommt gute Zensuren in Grammatikarbeiten, da er grammatische Zusammenhänge erkennen und benennen kann. Michael ist nicht leicht abzulenken, er arbeitet konzentriert, langsam und umsichtig.

Er hat Defizite in der sensorischen Integration, was sich unter anderem in einer Körperschemastörung äußerte. Ergotherapeutische Aktivitäten und anschließende Psychomotorik unterstützten seine körperliche und soziale Entwicklung.

In der Grundschule erhielt er keine wirksame Förderung, da die Schule nur Gruppenunterricht für viele Kinder mit Lese-Rechtschreibproblemen anbot und nicht individualisieren konnte. Die Mutter war eine einfühlsame und überlegte Helferin ihres Sohnes. Trotzdem begann im vierten Schuljahr außerschulischer Förderunterricht bei einer Fachkraft.

Michael hat verspätet Lesen und Rechtschreiben gelernt, weil er Schwierigkeiten bei der Lautanalyse, der Lautdifferenzierung und bei dem Einhalten der Sequenzen/Reihenfolgen der Buchstaben hatte, das heißt, seine phonologische Bewusstheit war nicht ausreichend entwickelt. Michaels phonologische Fertigkeiten haben sich später verbessert, waren aber noch herabgesetzt im Vergleich mit Gleichaltrigen. Beim Schulwechsel verfügte er über recht gute Lese-, aber nur mäßig automatisierte Rechtschreibfertigkeiten. Im Laufe der Förderung erarbeitete er sich mit großem Fleiß gute Strukturen für Rechtschreibung und Zeichensetzung, sodass in der Oberstufe nur eine kleine Restproblematik blieb.

Der Anfangsunterricht im Englischen verwirrte ihn sehr. An die vorwiegend mündlich erarbeiteten Unterrichtsinhalte konnte er sich zu Hause schwer erinnern, was es seiner Mutter erschwerte, ihn wirkungsvoll zu unterstützen. Wenn etwas aufgeschrieben oder von der Tafel abgeschrieben werden sollte, wurde er meistens nicht rechtzeitig fertig und hatte daher unvollständige und fehlerhafte Aufzeichnungen. Vor allem konnte er sich die Rechtschreibung und die grammatischen Besonderheiten in der Fremdsprache schlecht merken, soweit sie vom Deutschen abwichen. Viele Elemente übte er fleißig, konnte sie aber nur bruchstückhaft im Unterricht und in Klassenarbeiten umsetzen. Außerdem lag ihm der kommunikative Unterricht weniger als die Beschäftigung mit Übersetzungen und mit geschichtlichen oder kulturhistorischen Fragen wie im Lateinunterricht.

Nach dem Schulwechsel zeigte die Englischlehrerin im Gespräch mit den Eltern ihr Entsetzen, aber auch ihr Mitgefühl angesichts der schweren Legasthenie des Jungen und sah keine Möglichkeiten, wie Michael in der Schule wirkungsvoll unterstützt werden könne. Allerdings waren sich alle Fachlehrer von Michael nach den ersten Klassenarbeiten aufgrund seiner wachen Aufmerksamkeit und guten Denkfähigkeit einig, dass das Gymnasium die richtige Schulform für ihn sei. Seine mündliche Mitarbeit war verhalten, was in seinen Hörverarbeitungsproblemen, der herabgesetzten Hör-Merkspanne und einer gewissen Zurückhaltung im mündlichen Austausch begründet sein kann. Den Eltern wurde geraten, umgehend einen guten außerschulischen Förderunterricht für Englisch zu suchen und eine kontinuierliche Lernberatung und -begleitung sicherzustellen. Da sie umsichtig und gut informiert waren, hatten sie diesen Schritt bereits getan und Michael arbeitete intensiv. Gelegentlich konnte er Grammatik- und Vokabelkenntnisse bei Klassenarbeiten nicht seinem vorbereitenden Arbeitseinsatz entsprechend umsetzen, zumal seine Speicherungsmöglichkeiten im Englischen im Vergleich zum Deutschen schlechter waren.

Latein wählte er als zweite Fremdsprache und erhielt dank seines Fleißes gute und befriedigende Zensuren. Er genoss den Erfolg in diesem sprachlichen Fach, hatte aber zunehmend Schwierigkeiten bei der Übersetzung komplizierterer Texte, da das Nachschlagen von Wörtern problematisch war, wenn er bei mehreren deutschen Bedeutungen für ein Wort die treffende, für den gegebenen Satz passende, auswählen musste. Ähnlichkeiten zwischen Formen irritierten ihn und behinderten die Sinnentnahme (s. Kapitel 5).

Michael war manchmal bedrückt und ärgerlich, dass er so viel mehr arbeiten musste als seine ähnlich begabten Mitschüler ohne Teilleistungsstörungen. Dank der verständnisvollen Eltern und einer umfassenden außerschulischen Unterstützung entwickelte sich keine erkennbare Selbstwertproblematik.

2006 hat Michael dank seines Fleißes, seiner Beharrlichkeit und der umsichtigen Begleitung zu Hause und in der Schule das Abitur mit der Note 2,1 bestanden.

Das Wichtigste kurz zusammengefasst

Problemverständnis seitens der Eltern und Lehrer ist die wichtigste Voraussetzung, damit Legastheniker nicht als „faul" oder „uninteressiert" angesehen werden, sondern Einfühlung in ihre erschwerten Lernbedingungen besteht und die Vermeidung einer psychischen Sekundärproblematik gelingt.

In der Lehreraus- und -fortbildung sollten Kenntnisse in der Neuropsychologie des Lernens, der Lernstörungen, speziell über Legasthenie, erworben werden. Der kommunikative Ansatz, der einsprachig und erlebnisorientiert den Fremdsprachenerwerb ermöglichen soll, überfordert vielfach Schüler mit Teilleistungsstörungen, da der auditive Kanal im Unterricht bevorzugt wird und nicht ausreichende Unterstützungsangebote und Hilfsmittel zur Kompensation beim Fremdsprachenerwerb angeboten werden.

Schüler mit Teilleistungsstörungen brauchen in den meisten Fällen mehr Zeit, um die Unterrichtsinhalte zu festigen und zu automatisieren sowie Strukturen auszubilden, die den Fremdsprachenerwerb angemessen ermöglichen.

Viele Lehrbücher sind wegen der dargebotenen Informations- und Bildvielfalt, mit kleinem Druck sowie Aufteilung in Spalten für Legastheniker optisch ungeeignet, da sie das Lernen erschweren.

Das Fallbeispiel zeigt, wie ein stark teilleistungsgestörter Schüler dank seiner Energie und aufgrund guter häuslicher, schulischer sowie außerschulisch koordinierter Hilfen ein gutes, seiner Begabung entsprechendes Abitur machen konnte.

4 Fremdsprachen- und bilingualer Unterricht

Fremdsprachenfrühbeginn in der Grundschule

Die Befürworter des Fremdsprachenfrühbeginns wollen den Schülern einen leichteren Zugang zu modernen Fremdsprachen und zum Erwerb in den weiterführenden Schulen ermöglichen. Angesichts des gegenwärtigen Stellenwerts von Fremdsprachenkenntnissen ist das nachvollziehbar.

Englisch wird weitgehend als erste Fremdsprache angeboten; Französisch ist im Rheintal aufgrund der Nähe zu Frankreich die „Begegnungssprache“, um zu persönlichem Austausch zu motivieren.

Untersuchungen zum Fremdsprachenfrühbeginn für Englisch (Bleyhl 2000) und für Französisch (Sambanis 2000 und 2002) befürworten eine Immersion, ein Eintauchen in die Sprache, wobei an eine grundschulgerechte, erlebnisorientierte und anschauliche Vermittlung gedacht ist. Die auf das Hören der fremdsprachlichen Laute, Wörter, Phrasen und Sätze angelegte Vermittlung und das Sprechen aus dem handlungsorientierten Ansatz heraus wirken überzeugend. Bleyhl weist darauf hin, dass die Zweitsprache nach demselben Muster wie die Erstsprache erworben wird. Das Kleinkind hört auf die Mutter und imitiert ihre Laute zuerst allein, später in der Interaktion mit ihr. Daher sollte Schülern eine lange Phase des Einhörens zugestanden werden, anfangs in der Gruppe gesprochen werden und der Beginn des eigenen Sprechens freiwillig sein. Wie in Kapitel 1 beschrieben, brauchen Lerner aller Altersstufen individuell unterschiedlich viel Zeit, um die fremdsprachlichen Muster im Gehirn zu speichern und wieder abzurufen.

Die theoretischen Grundlagen des Fremdsprachenfrühbeginns und die möglichen Probleme für Legastheniker sind kaum erforscht. „Wir wissen schlichtweg noch zuwenig über die Zusammenhänge,

... wie LRS Kinder sich in der Regel in Konfrontation mit einer Fremdsprache tatsächlich verhalten“(Kongressbericht des BVL 2002, 207).

Ein großes Problem ist, dass zum Zeitpunkt des Frühbeginns viele Schüler mit Lese- und Rechtschreibschwierigkeiten und Legastheniker/Schüler mit Lese-Rechtschreibschwäche noch nicht identifiziert worden sind und somit nicht durch Verständnis für ihr Lernproblem psychisch entlastet werden. Generell sind Kinder in den meisten Fällen irritiert, dass sie Schwierigkeiten beim Lesen oder Schreiben haben, ohne dafür die richtigen Worte finden zu können. Sie wissen nicht, dass es eine Bezeichnung für ihre Probleme und Erleichterungen durch Verständnis und Fördermöglichkeiten gibt. In der Auseinandersetzung mit der zweiten Sprache können sich die Lernschwierigkeiten für diese Schüler vergrößern. Folglich erhöhen sich auch die seelischen Belastungen (Handreichung für Grundschullehrer, LVL Baden-Württemberg).

Bei dem frühen Fremdsprachenerwerb geht es vor allem um das Hören und Imitieren der neuen fremdsprachlichen Laute bei der individuellen Artikulation/Aussprache, um Hörverstehen und um Sprechen einfacher Wörter und Phrasen zur Verständigung. Eine wesentliche Grundlage ist eine gut ausgeprägte phonologische Bewusstheit. Hinzukommen muss die Fertigkeit, Silben und Morpheme in Wörtern zu erkennen (z.B. „fahr“ in „Fahrrad“, „ur“ in „Urwald“, englisch „hap“ in „happy“ und „unhappiness“, französisch „gard“ in „la garde“ und „regarder“). Manche Schüler haben Schwierigkeiten mit diesen Einzelfertigkeiten, weil sie entwicklungsverzögert und/oder deutlich oder diskret sprachgestört sind, ohne dass ihre Umgebung diese Probleme hinsichtlich der Rückwirkung auf die Sprach-, Lese- oder Rechtschreibkompetenzen erkannt hat (siehe Kapitel 1).

Falls Schüler noch keine sicheren Lauterkennungs- und Unterscheidungsfertigkeiten beim Lesen sowie Fertigkeiten für die Laut-Buchstabenzuordnungen beim Schreiben in der Muttersprache ausgebildet haben, kann dieser Entwicklungsprozess durch die Auseinandersetzung mit einem in Details abweichenden fremdsprachlichen Lautsystem gestört werden. Problematisch sind die der Muttersprache ähnlichen Laute, nicht die vollkommen fremden, neuen Laute, die leichter identifiziert, nachgesprochen und erinnert werden können. Ranschburg stellte fest, dass die Gegenüberstellung ähnlicher Phänomene dazu führen kann, dass sich keine einprägsamen Gedächtnisspuren bilden, weil die angebotenen Reize durch Ähnlichkeitshemmung gelöscht werden. In unserem Fall kann die Auseinandersetzung mit den fremdsprachlichen Lauten die ungestörte und exakte Ausprägung einer phonologischen Bewusstheit für den Lautbestand des Deutschen behindern und gleichzeitig die Entstehung von Unterscheidungsfertigkeiten für fremdsprachliche Laute im Englischen und Französischen behindern. Englisch und Französisch werden genannt, weil sie in Deutschland unterrichtet werden, prinzipiell kann die Verunsicherung durch jedes denkbare zweite Lautsystem ausgelöst werden.

Keine Unterrichtsform oder bestimmte Unterrichtsangebote können eine Legasthenie verursachen, wohl aber können ungünstige Unterrichtsbedingungen den Schweregrad der Erscheinungsformen beeinflussen. Wenn zum Beispiel in einer Phase relativer Unsicherheit im lautlichen Bereich der Unterricht in einer Fremdsprache beginnt, in dem fremde Laute gehört, unterschieden und wiedergegeben werden müssen und wenn nicht gleichzeitig intensives Training zur phonologischen Bewusstheit einsetzt, werden Schüler unter Umständen verwirrt und bilden keine gute, zum Spracherwerb verwendbare Lautbewusstheit aus.

Fachleute in Brüssel haben Erfahrungen mit zweisprachigen Kindern an der „Internationalen Schule“ gemacht. Zahlreiche Schüler profitieren von der Zweisprachigkeit in Elternhaus und Schule. Kinder mit Sprachentwicklungs- und/oder Lernstörungen wurden jedoch von den beiden konkurrierenden Lautsystemen, denen sie ausgesetzt waren, regelrecht in ihrer Sprach- und Lernentwicklung behindert. Die Elterninitiative „European Children – Our Concern“ zog Fachleute hinzu, die 1999 in umfangreichen Publikationen darlegten, dass es bei Lernstörungen im sprachlichen Bereich empfehlenswert sei, eine Sprache richtig zu lernen, bevor eine zweite begonnen werde. Anderenfalls bestehe die Gefahr, dass Betroffene keine Sprache angemessen korrekt in Artikulation, Rechtschreibung, Wortschatz und Satzbau lernen.

Eine spezielle Förderung in der Lautbewusstheit, wie Samu sie empfohlen hat, ist zur Förderung denkbar, die fächerübergreifend im Deutschen und in einer Fremdsprache die Entwicklung der phonologischen Fertigkeiten unterstützt, wobei der Erwerb beider Sprachen erleichtert wird (Brezing 2002, 202).

Für grundschulgemäßen Frühbeginn wird Kommunikation durch ritualisierte Abläufe im Unterricht empfohlen, unterstützt durch Handlungs- und Spielformen bei multisensorischem Vorgehen. Das bedeutet die Einbeziehung aller Sinne, wie Übungen zur Lautisolierung, -imitation, -verschmelzung sowie zur Lautproduktion. Auch rhythmisches Sprechen, Sprechen mit Klatschen und Bewegung, Silbensegmentierung, Ertasten von Silben- und Wortformen, Nachfahren derselben auf kontrastschwachen Kopien sowie Wortbilderfassung sind hilfreich.

Es sollte Anlässe geben, einfache Regelhaftigkeiten in Wörtern oder grammatische Zusammenhänge in der Fremdsprache zu entdecken, um somit den Kindern eine weitere Speichermöglichkeit zu erschließen, da sich in den Sprachen wichtige Strukturen wiederholen. Strukturen werden gebildet, wenn die Automatisierung der Fertigkeiten eingesetzt hat. Beispiele aus der Worterkennung und Rechtschreibung im Englischen sind die klanglich ähnlichen Personalpronomen „we, me, he"; die Nomen „house, mouse; cat, rat, hat, bat, mat"; „not, got, hot, pot; spot"; aus dem strukturellen Bereich im Französischen „donne la pomme à, donne la gomme à!; j'ai froid, j'ai chaud, j'ai peur".

Beim Fremdsprachenfrühbeginn wird Wert auf Kommunikation gelegt, es soll möglichst wenig erklärt und bewusst gemacht werden. Das Erkennen von Wortbildern und kurzen Sätzen sowie rudimentäres Lesen sollen in Baden-Württemberg nach zwei Jahren angestrebt werden. Rechtschreibung soll nicht im Mittelpunkt stehen und „eines scheint sicher zu sein: Zumindest die Benotung der schriftlichen Sprache innerhalb der Fremdsprache ist nun wirklich abzulehnen" (Sassenroth 2002, 207).

Die sogenannte „spielerische" frühe Vermittlung der ersten Fremdsprache sollte eine gut durchdachte und strukturierte Anknüpfung an die frühkindlichen Aktivitäten bedeuten, die der Lehrer grundschulgemäß, ganzheitlich, erlebnisorientiert und motivierend gestaltet. Spiele werden gezielt im Rahmen des in der Vorbereitung gut strukturierten Unterrichts eingesetzt. Spiele können unter anderem beim Entdecken von Regelhaftigkeiten helfen oder verwandt werden, um erarbeitete Unterrichtsinhalte zu wiederholen und umfassender zu speichern. Selbstverständlich sollen sie Freude machen. Die gleiche Funktion haben sie im Förderunterricht für Legastheniker aller Altersstufen.

Guter Unterricht bedeutet nicht, ohne erkennbares Konzept Lieder zu singen, Kinderreime und einige verwendbare Phrasen zu lehren und Spiele einzusetzen, auch wenn die Kinder Freude daran haben. Auch gehören das Schreiben der englischen Zahlen, was eine Fülle von Rechtschreibschwierigkeiten mit sich bringen kann, die Uhrzeit und eine Aufzählung der Sehenswürdigkeiten in London nicht dazu. Einen sinnvollen Unterricht kennzeichnen intensive Vorbereitung, Methoden zur Binnendifferenzierung und zur Sicherung des Gelernten, das heißt regelmäßige Wiederholungen, Überprüfung der erworbenen Kenntnisse und besondere Hilfestellungen für Kinder mit Lernproblemen.

Die Störungsbilder von Legasthenien werden vielfach in der Grundschule nicht erkannt, wohl aber fallen Lehrern oft einzelne Defizite der Kinder beim Fremdsprachenerwerb auf. Daher sollte meiner Meinung nach beim frühen Fremdsprachenerwerb bereits binnendifferenziert werden, wenn Kinder zum Beispiel eine schlechte Aussprache, ein schlechtes Wortklanggedächtnis oder eine auffällig kurze Hör-Merkspanne haben. Anknüpfend an diese Maßnahmen sollte mit der Förderung der problematischen Einzelbereiche im Deutschen wie in den Fremdsprachen unmittelbar begonnen werden, da Früherkennung der Schwächen und Unterstützung der Stärken als Hilfe beim Aufarbeiten der Defizite viel Zeit, Misserfolge und Demotivation ersparen. Auf diese Weise könnte der Fremdsprachenfrühbeginn eine gute Chance für eine wirksame frühe Förderung darstellen.

Freude am Lernen, Vermeiden von Angst, Frustration und Misserfolgen, die zu persönlichem Rückzug führen können, müssen beim Unterricht vordringlich bedacht werden. Misserfolgserwartung kann sich negativ auf die Leistungen in anderen Fächern auswirken (Samu 1998).

Den Kindern muss für den frühen Fremdsprachenerwerb viel Zeit zugestanden werden, sich auf individuelle Weise mit der Sprache auseinanderzusetzen, da ihre spezifischen, tiefer liegenden Stärken und Schwächen in den Lernvoraussetzungen nicht offenbar sind. „Die Schüler brauchen unterschiedlich viel Zeit, um eine innere Repräsentation des fremden Sprachsystems aufzubauen" (Sambanis, 2000, 345).

Fremdsprachenlehrer sollten sprachlich kompetent und gut ausgebildet sein sowie die Möglichkeit zu guten Fortbildungen haben. Geeignete Materialien für Sprechanlässe und handlungsorientiertes Lernen, ausreichend Zeit zur Vorbereitung und genügend Unterrichtsstunden sollten zur Verfügung stehen, damit ein angemessen häufiges Lernangebot die neuronalen/nervlichen Vernetzungen im Gehirn der Schüler ermöglicht. Werden die Reize in zu großen zeitlichen Abständen vermittelt, weil die Unterrichtstunden zu weit von einander entfernt liegen, sind die zu einem vorherigen Zeitpunkt erworbenen neuronalen Verbindungen unter Umständen bereits wieder zerfallen. Der vorangegangene Unterricht war demnach zu einem gewissen Grade wirkungslos.

Es sollte überprüfbare Standards für die Qualität des Unterrichtes geben, denn er hat große Bedeutung für die Schüler: Die Erfahrungen mit der ersten Fremdsprache und die Art, wie sie vermittelt wird, kann generell prägend für die positive oder negative Einstellung des Kindes den Fremdsprachen gegenüber sein. Die Unterrichtsmaterialien und die Vorgehensweisen sollten mit dem Unterricht und den Materialien in den weiterführenden Schulen abgestimmt werden, damit sich dort eine Weiterführung des Fremdsprachenerwerbs sinnvoll anschließt und die Zeit, die in den Grundschulen auf den Fremdsprachenerwerb verwandt wurde, nicht weitgehend nutzlos war. Auf diese Weise kann vorgebeugt werden, dass sich Schüler mit einigen Vorkenntnissen im Anfangsunterricht in den weiterführenden Schulen langweilen. Wenn Schüler den Eindruck gewinnen, Splitterfertigkeiten – Phrasen, Reime, Kinderlieder, Lesen einiger Wörter – bereits erworben zu haben, fehlt ihnen unter Umständen der Reiz des Neuen und die Motivation zur ernsthaften Arbeit.

In den weiterführenden Schulen besteht die Gefahr, dass die Schüler mit einigen Vorkenntnissen sich nicht genügend bemühen, ihre Kenntnisse zu vertiefen, sodass bald Lücken entstehen. Für Legastheniker und Schüler mit ähnlich gelagerten Teilleistungsstörungen wäre das besonders nachteilig.

Unterschiedlich vorgebildete Schüler hinsichtlich Umfang und Qualität des erworbenen Wissens und Könnens erschweren den Unterricht, hinzu kommen die gegenwärtig großen Klassen und viele unruhige Kinder. Die unterschiedlichen Lernvoraussetzungen legen es nahe, in den weiterführenden Schulen von Anfang an weitgehend binnendifferenziert zu arbeiten. In zahlreichen Schulen wird jedoch nicht in dieser Weise verfahren, sodass Legastheniker, die besondere Unterstützung brauchen, unter diesen Umständen benachteiligt werden. Aus den genannten Gründen sollte eine methodisch-didaktische Vereinheitlichung für den Fremdsprachenfrüherwerb umgehend erarbeitet werden.

Bilingualer Sachunterricht

Der englische und französische bilinguale/zweisprachige Sachunterricht in Geschichte und Erdkunde, zumeist dreistündig in der Woche in der Mittelstufe erteilt, soll die Kommunikationsfähigkeit unterstützen, verbunden mit der Erarbeitung von Sachinformationen. Liegt, wie beim Fremdsprachenfrüherwerb erörtert, hohe Lehrkompetenz für die Vermittlung der Sprache und des Sachfachs vor, ist der Unterricht für begabte Schüler anregend und gewinnbringend. Sind diese Grundbedingungen nicht erfüllt und die Materialien nicht optimal gestaltet, so drängt sich die Frage nach dem Gewinn bei dem erhöhten Aufwand auf.

Vielfach werden die Schüler für den bilingualen Sachunterricht nach ihrem allgemeinen Leistungsvermögen und ihren Kompetenzen in den Fremdsprachen ausgesucht. Folglich haben viele Legastheniker in diesem Zusammenhang schlechte Chancen, da sie verschiedene Beeinträchtigungen aufweisen. Es entstehen ihnen vermeidbare Nachteile, wenn vor der Auswahl zur Teilnahme am bilingualen Unterricht nicht geklärt wird, inwieweit Legastheniker von diesem Angebot doch profitieren könnten. Bei phonologischem/lautlichem Problemschwerpunkt bei der Rechtschreibung entstehen Schwierigkeiten, wenn die Rechtschreibfehler die Benotung beeinflussen; anderenfalls sind sie unerheblich. Bei semantisch-lexikalischen Störungen (Wortschatz, Wortbedeutung) sowie morphologisch-syntaktischen Schwierigkeiten (Grammatik) kann die Leistungsmessung bei schriftlichen Überprüfungen erschwert werden, da die Ausdrucks- und Gestaltungsmöglichkeiten bei möglicherweise gutem Sachwissen begrenzt sind. Die mündlichen Leistungen sind unter Umständen gut. Nach sorgfältiger Prüfung sollten die Entscheidungen für den bilingualen Unterricht entsprechend den Besonderheiten des einzelnen Schülers und seinen Wünschen getroffen werden.

Besonderheiten im Anfangsunterricht in den 5. Klassen

In den fünften Klassen sind die meisten Legastheniker im fremdsprachlichen Anfangsunterricht voller Energie und erfüllt von der Hoffnung, dass sie in der neuen Sprache mehr Erfolg haben werden, als es im Deutschen in der Grundschule der Fall war. Einige Schüler werden voraussichtlich beim Fremdsprachenerwerb Schwierigkeiten haben, wenn zum Beispiel ihr Arbeitstempo verlangsamt, ihre Hörverarbeitung problematisch und ihre Strukturerfassung der Grammatik schwierig ist, um nur einige Störfaktoren zu nennen. Daher ist das Problemverständnis der Lehrer eine unerlässliche Voraussetzung und Hilfestellung für Schüler, um die in ihnen liegenden Möglichkeiten zu entfalten und um seelische Einbrüche zu vermeiden.

Es ist möglich, dass Legastheniker die Rechtschreibung im Englischen besser erlernen als im Deutschen. Eine Hypothese für die Entstehung von Verbesserungen in der Rechtschreibung in der Fremdsprache sowie von erhöhten semantischen und morphologischen Kompetenzen ist die Zunahme an neuronalen Vernetzungen und Strukturierungen der Informationen im Gehirn. Die Myelenisierung der Markscheiden (Umkleidung mit einer Eiweißsubstanz) nimmt zu, sodass die Leitfähigkeit der neuronalen Verbindungen und damit das Verarbeitungstempo erhöht wird. Auch die Gedächtnisspanne vergrößert sich in zunehmendem Alter (Hasselhorn 2002).

Für Schüler, bei denen Legasthenie schon diagnostiziert ist, sollten folgende Punkte beim Übergang von der Grundschule auf eine weiterführende Schule bedacht werden:

1. Zu Beginn der weiterführenden Schule sollten Eltern und Lehrer ein Gespräch über die Stärken und Schwächen des Schülers führen. Eine umfassende Diagnose der Lernstörung sollte vorliegen, die ein mit Lernproblemen erfahrener Untersucher durchgeführt hat. Eltern, Lehrer und Schüler sollten erörtern, wie das Fähigkeitsprofil des Schülers aussieht (wo liegen seine Stärken und Schwächen?), um die Ausgangssituation realistisch einzuschätzen, um Ratschläge zur Arbeitsweise zu geben und wahrheitsgetreu Mut zu machen. Enger Kontakt zwischen den Fachlehrern des Schülers sowie Einsicht in die Grundschulgutachten und die Lernentwicklungsberichte sind wünschenswert, damit – im Idealfall – eine *kontinuierliche Betreuung* möglich ist und nicht wegen mangelnden Informa-

tionsaustausches die Situation des Schülers falsch eingeschätzt wird. Dieses Vorgehen ist ebenfalls sinnvoll, falls gegen die Überzeugung der Eltern Querversetzung und/oder Klassenwiederholung angestrebt werden. Möglicherweise hilft das psychologische Gutachten, um die Schule von der für die Schulart ausreichenden Begabung des Schülers zu überzeugen. Durch das anfängliche Gespräch von Eltern und Lehrern können hohe Fehlerzahlen, Strukturerfassungs- und Automatisierungsprobleme sowie beispielsweise besonders langsames Lesen als Erscheinungsformen bei Legasthenie erklärt und belegt werden, falls das den individuellen Umständen entspricht. Auf diese Weise kann vorgebeugt werden, dass Schüler oberflächlich als „dumm“, „faul“, „uninteressiert“, „abgelenkt“ oder als Störer eingestuft werden. Nach den Untersuchungsergebnissen sollten sich die Arbeitsweise des Schülers, der schulische und der außerschulische Förderunterricht richten.

2. In der ersten Zeit nach der Umschulung sind sowohl *Unter- als auch Überforderung nachteilig.* Nach den ersten Unterrichtswochen sollten Schüler, Eltern und Lehrer gemeinsam *erreichbare Ziele für den Legastheniker* formulieren, was unter Umständen bei schweren Fällen ein „ausreichend“ ist. Die Beurteilung der Lernsituation muss von Zeit zu Zeit erneut überprüft werden, da die Entwicklung nicht genau eingeschätzt werden kann. Die *sensible Begleitung der Schüler* ist entscheidend.

3. Unter den erhöhten Anforderungen der weiterführenden Schulen können *Legastheniker vorübergehende Einbrüche in ihren Leistungen* erfahren. Unter dem Einfluss der ersten Fremdsprache kann es im Deutschen Rückfälle in überwunden geglaubte Rechtschreibfehler und schlechte Lesestrategien geben, zum Beispiel Nachahmung englischer Rechtschreibung im Deutschen: „fier“ wird geschrieben wegen „four“, oder durch den Einfluss des Französischen werden stumme End-“e“s angehängt, zum Beispiel „Programme“, obwohl die Einzahl „Programm“ gemeint ist. Kleinschreibung der Nomen und/oder Ratelesen sind weitere Auffälligkeiten. Hier sind *Ermutigung* und *Geduld* erforderlich, denn diese allgemeine Verunsicherung beim Lesen und Schreiben im Deutschen ist in den meisten Fällen nach etwa einem halben Jahr überwunden.

4. Legasthenikern sollte beim Erwerb einer neuen Sprache *genügend Zeit zugestanden* werden, um die Reize, die durch Hören, Sprechen, Sehen und Schreiben bei den Aktivitäten im Unterricht im Gehirn verarbeitet und gespeichert werden, durch *ausreichende Übungen und Wiederholungen* so zu verankern, dass sie bei Bedarf abrufbar und als richtige Laute produziert, als korrekte Wörter geschrieben und als gut aufgebaute Strukturen verwendet werden können. Entsprechend der individuellen Ausprägung des Lernproblems ragen folgende Bereiche heraus: Einige Schüler brauchen viele Übungsmöglichkeiten und zahlreiche Praxisdurchgänge, um das *Berührungsempfinden im Mund und die Zusammenarbeit der zahlreichen Mundmuskeln/taktil-kinästhetischer Bereich* aufeinander einzustellen, die zur fremdsprachlichen Lautproduktion aktiv sein und exakt arbeiten müssen, um richtige Laute und fließende Phrasen hervorzubringen.

Genaue Artikulation ist eine Grundvoraussetzung für korrekte Rechtschreibung, wie die Unterschiede zwischen „to think", „to sink" und „thing" zeigen. Genaue Artikulation ist auch die Basis für richtiges Lesen und für zwischenmenschliche Verständigung, damit es nicht zu Missverständnissen aufgrund versehentlich falscher Aussprache und damit zu unbeabsichtigter falscher Wortwahl kommt.

Die Schüler müssen sich *langsam* in die neuen Laute der Sprache einhören und das Gehörte artikulatorisch umsetzen. Sie brauchen genügend Zeit, um das *sinnentnehmende Hörverstehen zu vertiefen,* genügend Zeit, um *Strategien* für die Rechtschreibung und das *Lesen* zu erwerben und zu automatisieren.

Sie brauchen Zusatzmaterialien bei streng kommunikativem Unterricht und Anleitung zu frühem Schreiben sowie die Einbeziehung aller Sinne, um ausreichende Vernetzungen und Speicherung der sprachlichen Informationen zu ermöglichen.

Entsprechend der individuellen Begabung für den Spracherwerb und der persönlichen Geschwindigkeit bei der Festigung von Gedächtnisinhalten, brauchen alle Schüler – und Legastheniker vor allem – eine bestimmte Zeit, um sich mit den vom Deutschen abweichenden Strukturen der Fremdsprache vertraut zu machen. Aus dem Englischen ist hierfür ein Beispiel die Anwendung des „simple present" und des „present progressive"; Letzteres kommt als grammatische Struktur im Deutschen nicht vor. Das Gleiche gilt für die strengen Satzbaumuster, die, abweichend von der Muttersprache, im Englischen und Französischen die unumstößliche Folge von Subjekt, Prädikat, Objekt aufweisen. Es gibt nur wenige Ausnahmen von der Regel im Englischen, die im Anfangsunterricht nicht gelehrt werden, z. B. „hardly had he come [...]".

Alle neuen Fähigkeiten sollten ohne Zeitdruck und angsterzeugendes Unterrichtstempo automatisiert werden können. Wird den Lernenden am Anfang genügend Zeit gegeben, werden sie zunehmend sicherer, entwickeln Strukturen und können später vielfach angemessen dem Arbeitstempo der Klasse folgen, wenn auch die meisten von ihnen vermutlich nicht besonders schnell arbeiten werden (weitere Hinweise zur Unterstützung in Kapitel 8).

Wie für den Fremdsprachenfrüherwerb ausgeführt, wird der Begegnung mit der ersten Fremdsprache große Bedeutung beigemessen. Auch die Erfahrungen mit der ersten Fremdsprache in den weiterführenden Schulen können für Legastheniker prägend sein für die Akzeptanz, Wertschätzung oder angstvolle Ablehnung des Fremdsprachenerwerbs.

Häusliche Unterstützung ist wesentlich. Eltern können etwa ihre Englisch- oder Französischkenntnisse in der Volkshochschule auffrischen oder vertiefen. In den Gesprächskreisen des Legasthenieverbandes können sie von den Erfahrungen anderer Eltern profitieren oder sich von Fachleuten für Fremdsprachen Rat holen, falls es sie vor Ort gibt.

Besonderheiten in der Mittel- und Oberstufe

In der *Mittelstufe* sind Schüler vielfach nicht in dem Maße lernwillig und begeistert wie Fünftklässler. In dem Bestreben, möglichst selbstständig zu sein, arbeiten sie unter Umständen weniger. Auch wissen sie vielfach nicht, wie sie gewinnbringend lernen könnten, weil sie keine sinnvollen Arbeitsstrategien entwickelt haben. Oft missachten sie Ratschläge. Wenn sie keine Fortschritte sehen, fangen sie wegen ihrer Entmutigung vielfach nicht ernsthaft mit der Arbeit an.

Sinnvolles Lernen beginnt mit dem *Herausfinden der Stärken* jedes Einzelnen und mit einer *Fehleranalyse,* die auf im Anhang beigefügten Fehleranalyseblättern für die Sprachen Englisch, Französisch und Latein durchgeführt werden kann. Nach Klassenarbeiten sollten die Schüler, Eltern oder Lehrer alle Fehlerarten in den Bogen eintragen und entsprechend den Fehlerschwerpunkten mit der häuslichen Arbeit anhand von Übungsmaterialien aus dem Handel oder der Schule beginnen. Auch Stärken, nämlich Felder, in denen keine Fehler eingetragen wurden, werden auf diese Weise sichtbar.

In schwierigen Fällen ist *außerschulische Förderung nötig.* Es ist nicht sinnvoll, mit dem Förderbeginn lange zu warten, weil sich Defizite erfahrungsgemäß vergrößern. Ab der zehnten Klasse stehen Textbearbeitungen im Vordergrund des Unterrichtes, da in der neunten Klasse die Basisvermittlung von Grammatik weitgehend abgeschlossen ist. Wird der Gebrauch der Zeiten zu dem Zeitpunkt nicht beherrscht, bestehen wenige Chancen, diese Lücke im Unterricht zu schließen. Wer einen beschränkten Wortschatz hat, da er Vokabeln selten gelernt und/oder sie zwar gelernt, aber nicht behalten hat, wird wiederholt Schwierigkeiten haben, dem Unterrichtsgespräch zu folgen sowie selbstständige Textbearbeitungen und Aufgabenstellungen im Unterricht, zu Hause und in Klassenarbeiten angemessen zu bewältigen.

Falls die *Lücken* in den Fremdsprachen sehr *groß* sind, ist eine *Klassenwiederholung sinnvoll*, da sie in der frühen Mittelstufe aufgrund der Bearbeitung von Basiswissen ein Gewinn ist. Wenn die Legasthenie stark ausgeprägt ist, wirkt die Wiederholung vielfach wie eine Erleichterung und die Lernmotivation kehrt zurück, weil die Schüler den Anschluss an die Klasse finden und Erfolge erleben. Da viele Legastheniker Entwicklungsverzögerungen haben, bietet ein zusätzliches Jahr die Möglichkeit zur Nachreifung und wird nicht wegen Überalterung als unpassend empfunden. Zurücksetzen oder Klassenwiederholungen sind auch hilfreich, um die Rechtschreibung zu verbessern, da in der Oberstufe in den meisten Bundesländern kein Notenschutz gewährt wird und alle Rechtschreibfehler in die Benotung eingehen, was zu erheblichen Punktabzügen führen kann.

In der *Oberstufe* stehen die inhaltliche Arbeit an Sachtexten und Interpretationen literarischer Texte im Zentrum der Arbeit. Manchen Schülern liegen Interpretationen nicht, wie sie im Deutschunterricht bereits erfahren haben; in den Fremdsprachen treffen sie erneut auf dieses Problem unter erschwerten Umständen, da sie zusätzliches, gutes Handwerkszeug brauchen in Form von Vokabelkenntnissen, Grammatikbeherrschung und Wendigkeit im Ausdruck. Viele Legastheniker haben in allen diesen Bereichen, morphologisch und semantisch-lexikalisch, Schwierigkeiten. Wenn sie in den vorangegangenen Jahren angemessen fleißig waren, sollten sie sich mit dem für sie Erreichbaren zufrieden geben, auch wenn die Endzensur in manchen Fällen nur „ausreichend“ ist. Bei gleich bleibenden großen Problemen ist die Abwahl des Englischen zugunsten des Anfangsunterrichtes in einer leichter zu erwerbenden Sprache zu empfehlen wie beispielsweise Spanisch (siehe Kapitel 6).

Das Wichtigste kurz zusammengefasst

Beim *Fremdsprachenfrühbeginn* – grundschulgerecht, erlebnisorientiert und in diesem Sinne „spielerisch" durchgeführt – sollte auf Schwächen in den Lernvoraussetzungen von Schülern geachtet werden, da Legastheniker und Schüler mit anderen Teilleistungsstörungen in vielen Fällen noch nicht identifiziert worden sind. Besondere Problembereiche können die Aussprache sowie der Umgang mit Lauten und Silben, die phonologische Bewussheit, sein. Frühförderung in den problematischen Bereichen sollte erfolgen. Gute personale Bedingungen, eine ausreichende Zahl an Unterrichtsstunden und angemessene Materialien sollten den Fremdsprachenfrüherwerb motivierend und erfolgreich gestalten, um eine frühe Abneigung gegen Fremdsprachen zu vermeiden.

Bilingualer Sachunterricht sollte Legasthenikern zugänglich sein, kann aber problematisch werden, falls erhebliche semantisch-lexikalische (Wortschatz, Wortbedeutungen) Schwierigkeiten vorliegen.

In der *Mittelstufe* behindern vielfach verringerter Fleiß und mangelndes Wissen um hilfreiche Arbeitsstrategien die Lernfortschritte; bei zahlreichen Lücken und bei akutem Lernversagen sind Klassenwiederholungen sinnvoll, da zumeist bis zur 9. Klasse, reduziert auf kompakte Wiederholungen in der 10. Klasse, Basiswissen in der Rechtschreibung und in der Grammatik vermittelt wird. In den meisten Bundesländern wird ab der 11. Klasse kein Notenschutz mehr gewährt, sodass Rechtschreibfehler in die Benotung eingehen.

In der *Oberstufe* wirken sich bei der Arbeit mit Sachtexten und bei Literaturinterpretationen Schwächen in der fremdsprachlichen Ausdrucksfähigkeit und im Umgang mit sprachlichen Abstraktionen wie im Deutschunterricht aus. Bei ausgeprägter Problematik und zusätzlichen Rechtschreibfehlern wird die Abwahl der ersten Fremdsprache zugunsten des Anfangsunterrichtes in einer anderen, eventuell leichter zu erwerbenden Sprache empfohlen. In den meisten Bundesländern besteht in der Oberstufe kein Notenschutz.

5 Einteilung der Fremdsprachen nach ihren Schwierigkeiten in Aussprache, Rechtschreibung und Grammatik

In Bezug auf die Rechtschreibung sind die Sprachen am leichtesten zu lernen, die konsequente Eins-zu-Eins-Laut-Buchstaben-Zuordnungen aufweisen. Die Schreibweise weicht unter Umständen in einigen Laut-Buchstabenverbindungen vom Deutschen ab, aber sie folgt gleich bleibenden Gesetzmäßigkeiten. Zum Beispiel werden im Spanischen die Laute [lj] stets „ll" geschrieben wie bei „Mallorca"; der Laut [ch] wird mit dem Schriftzeichen „j" wiedergegeben, wie in der geografischen Bezeichnung „Perejil/Petersilieninsel". Sprachen mit lautgetreuer Rechtschreibung sind unter anderem Altgriechisch, Latein, Spanisch, Italienisch, Finnisch und Türkisch.

Andere Fremdsprachen enthalten neben einem Wortbestand aus lautgetreuen Wörtern ein Vokabular mit komplizierten Lautwiedergaben, bei denen bestimmte Rechtschreibregeln befolgt werden müssen und zahlreiche Ausnahmeschreibweisen vorliegen. Der Gewichtung der Rechtschreibschwierigkeiten entspricht auch die Rangfolge: Deutsch, Französisch, Englisch, wobei Englisch die vielfältigsten Laut-Buchstabenzuordnungen aufweist.

Im **Englischen** sind verschiedene Möglichkeiten zur Wiedergabe eines Lautes oder einer Lautkombination bei der Schreibweise der Wörter besonders ausgeprägt. Es gibt 21 Konsonanten und fünf Vokale; im Englischen haben sich aus diesen Lauten 24 konsonantische Klänge und 20 Vokalfärbungen entwickelt. Ein Beispiel ist die Vokal-Konsonantenfolge „ough" in „enough", Vokalklang [a]; „bough", Vokalklang [au]; „through", Vokalklang [u:]; „though", Vokalklang [ou]; „thought", Vokalklang [ɔ:]. Es ist einleuchtend, dass bei einer solchen Vielfalt der möglichen Laut-Buchstaben-Zuordnungen Schüler mit Zuordnungs-, Speicher-, und Rechtschreibschwierigkeiten verunsichert sein können.

Das **Französische** hat eine große Anzahl lautgetreu geschriebener Wörter: „oui, moi, son, bonjour, merci", außerdem eine beträchtliche Anzahl nicht lautgetreuer Schreibweisen: Bei „com**pt**er/zählen", „vin**gt**/zwanzig" und „tem**ps**/Zeit" werden die drei mittleren Konsonanten als die Nasale [on], [in] und [en] gesprochen; bei den weiteren Beispielen wird der letzte Buchstabe nicht hörbar, „les gen**s**/die Leute; le dra**p**/das Bettlaken; le bra**s**/der Arm; le choi**x**/die Wahl". Die Einflüsse grammatischer Zusammenhänge auf die Rechtschreibung sind ausgeprägt. Auch lautgetreu geschriebene Wörter können der Bedeutung entsprechend verändert werden, ohne dass die Akkordierungen, die die Endbuchstaben betreffen, als Laute am Wortende zu hören sind: „le soir, les soir**s**; le bain, les bain**s**". Im Französischen sind die lautgetreuen Verschriftungen relativ regelmäßig, aber unter Berücksichtigung der stummen Wortendungen und der grammatischen Einflüsse auf die Rechtschreibung kann man Französisch als die komplizierteste moderne Fremdsprache bezeichnen, die traditionell an deutschen weiterführenden Schulen unterrichtet wird. Es ist schwer, sie annähernd fehlerfrei hinsichtlich der Rechtschreibung zu erlernen, was besonders für Schüler mit Teilleistungsstörungen gilt.

Im Unterricht zum Fremdsprachenerwerb und bei der Sprachenwahl sollte auf die oben genannten Zusammenhänge und die Auswirkungen der einzelnen Teilleistungsstörungen auf Hören, Sprechen, Lesen, Schreiben und Textbearbeitungen in den Fremdsprachen geachtet werden.

Besonderheiten beim Erwerb des Lateinischen: Um Latein zu lernen, müssen Details visuell gut verarbeitet, muss genau gelesen sowie das Gelesene aufmerksam vergegenwärtigt werden. Schüler dürfen nicht schnell über Einzelheiten hinweglesen, weil Abweichungen von einem bis zu vier Buchstaben am Wortende oder von einem Phonem Bedeutungsunterschiede zwischen Wortfamilien und grammatischen Formen ausmachen und entscheidend für die Bedeutungszuordnung und die gesamte Übersetzung oder Formenübung sind.

In den modernen Fremdsprachen werden durch Artikulieren und Hören sowie durch die zwischenmenschliche Kommunikation mit emotionaler Beteiligung Wortbedeutungen im Kontext aufgenommen, gespeichert und die Wörter bzw. Zusammenhänge in richtiger grammatischer Form und Bedeutung wiederverwendet. Zum

Beispiel verursachen im Deutschen Wörter mit lautlichen oder phonematischen Ähnlichkeiten durch den ständigen Gebrauch im Kontext keine Schwierigkeiten; so z. B. „Kleider, kleidet, Kleiber, Kleber, kleben, weben, webt, Weber, weder, Werder, Wärter, Wörter". Wir haben im Deutschen große Spracherfahrung, prozedurales Wissen und benützen daher trotz lautlicher Ähnlichkeiten nicht die falschen Wörter oder Formen. In den Fremdsprachen ist diese Erfahrung eingeschränkt, sodass der Sprachgebrauch fehleranfällig ist.

Während des Erwerbs des Lateinischen gibt es jedoch keine hilfreichen Erfahrungen und Vernetzungen durch das Erleben in Sprechsituationen, wie etwa durch den Alltagsgebrauch im Gesprächszusammenhang, daher werden keine Sprechfertigkeiten, kein prozedurales Wissen erworben. Bei Unaufmerksamkeit für kleine Abweichungen in der Schreibweise der lateinischen Wörter, die für grammatische und semantische Zusammenhänge stehen, können die Erfahrungen aus dem Alltagsgebrauch nicht korrigierend wirken und falsche Zuordnungen oder Übersetzungen vermeiden helfen. Beim Umgang mit dem Lateinischen wird daher deklaratives, grammatisches, formorientiertes Wissen erworben und gefördert. Dies macht das 1. Beispiel deutlich:

deus = Gott, Nominativ Singular/Einzahl
dei = des Gottes, Genitiv Singular
deis = den Göttern, Dativ und Ablativ Plural/Mehrzahl
dies = Tag, Nominativ Singular
diei = des Tages, Genitiv Singular
des = du mögest geben von „dare"/geben, Konjunktiv Präsens
deit = er geht weg, von „ire", versehen mit der Vorsilbe „de".

Schüler müssen sich Veränderungen im Wortstamm/Wortstock und in den verschiedenen Endungen/Ausgängen vergegenwärtigen, Beispiele sind: „dare/geben"; „des/du mögest geben"; „ire/gehen" und „deit/er geht weg". Sie müssen die Bedeutung der Verbendungen begreifen und sich klar darüber sein, dass die Verbendung „t" bei „deit" 3. Person Singular bedeutet, und dass das Wort nicht „deus/Gott" zugeordnet werden kann. Von der lautlichen Ebene verschiebt sich das Problem so auf die semantisch-lexikalische, die der Wortbedeutungen.

Verständnis für das „Baukastensystem“ der Sprache, in der durch Veränderungen mit Vor- und Nachsilben Bedeutungsänderungen eintreten, verdeutlicht Beispiel 2:

esse	=	sein
abesse	=	weg sein
adesse	=	da sein
de-esse	=	weg sein, nicht existieren, fehlen
prodesse	=	nützlich sein
proerunt	=	sie werden nützlich sein

Formenreichtum, der durch die Ähnlichkeit der Lautung zu Schwierigkeiten bei der Bedeutungszuordnung und bei der Speicherung im sprachlichen Langzeitgedächtnis führen kann, zeigt das 3. Beispiel:

feriae, feriarum, f.	=	Ruhetage, Feiertage
feriatus	=	feiernd, müßig
ferire, ferio, …	=	schlagen, stoßen, erlegen, töten,
ferici, ferictum	=	treffen
ferre, fero, tuli, latum	=	tragen, hervorbringen, bringen
latum	=	herumtragen, wegführen, bewegen,
ferrum, ferri, n.	=	Eisen
ferus	=	wild
suffere, suffero	=	ertragen, erdulden
sustuli, sublatum		wobei die Perfektform „sustuli“ und das Partizip Perfekt „sublatum“ auch für das Perfekt und Partizip Perfekt von „tollere“, „ertragen, dulden“ verwendet werden.

Manche Schüler haben hierbei semantische (Wortbedeutung) Zuordnungsprobleme. Wegen des abweichenden Klanges wird die inhaltliche Verbindung zu „tollere“ erschwert.

Im fortgeschrittenen Stadium des Lateinlernens, etwa ab dem 4. Unterrichtsjahr, haben viele Schüler beim Lesen lateinischer Texte keine spontane Sinnentnahme oder Sinnerwartung, die bei Übersetzungen helfen könnte. Beim Lesen eines neusprachlichen Textes wird wenigstens ein Teil der Wörter im Kontext verstanden, was die Sinnerwartung und die Sinnentnahme erleichtert.

Manche Schüler kennen die Bedeutung der Vokabeln, beherrschen die grammatischen Formen, finden es *dennoch schwierig oder fast unmöglich, eine Synthese von Wort- und Formbedeutungen herzustellen,* um eine richtige Übersetzung anzufertigen. Es bedeutet, dass deklaratives, formorientiertes, grammatisches Wissen nicht angewandt werden kann. Eine Schülerin wurde gefragt, warum sie einen Satz nicht übersetzen könne, obwohl sie die Vokabeln und die grammatischen Formen kenne, sie habe doch sozusagen alle Einzelteile, um „das Fahrrad" zusammenzusetzen. Sie entgegnete schlagfertig, dass sie die Teile zum Ganzen zusammensetzen könnte, wenn sie wüsste, dass es ein Fahrrad werden solle.

Auch die Benutzung eines Wörterbuches wird vielfach als belastend und nicht hilfreich empfunden. Abgesehen von den Schwierigkeiten bei der Herauslösung der Anfangsbuchstaben aus der Reihe des Alphabetes, wodurch das Nachsehen unangemessen lange dauert, verwirren die zahlreichen Bedeutungen eines Wortes. Die Auswahl des in den vorliegenden Text passenden Wortes oder Ausdrucks fällt vielen Schülern schwer. Bei der Entscheidung für eine spezifische Bedeutung eines gegebenen Wortes muss dieses im Satzzusammenhang betrachtet werden. Eine falsche Übersetzung kann mehrere andere Irrtümer nach sich ziehen, sodass die Sinnentnahme dieses Satzes, unter Umständen auch die der folgenden Sätze, misslingt.

Das Lateinische kann nicht in Alltagshandlungen in der Klasse oder bei Schüleraustausch gehört oder gesprochen und somit auf mehreren Lernkanälen eingeschliffen werden. Folglich fehlen vielfach Übungsmöglichkeiten für Schüler mit Festigungsproblemen, zumal die Übungen im Unterricht vielfach für Legastheniker nicht ausreichen, um Automatisierungsdefizite zu vermeiden (s. Kap. 9, Üben).

Zur Bewältigung des Lateinischen müssen Fähigkeiten für Beziehungsdenken mit grammatischen Formen und Wortbedeutungen vorliegen, woraus eine Zusammenschau zur Sinnentnahme bei Texten führt. Es ist ein sprachliches Netzwerk. In der Mathematik existiert ein völlig anders gelagertes Beziehungsgefüge, es ist räumlich-figürlich-numerischer Art. Daher kann man nicht von guten Leistungen im sprachlichen Bereich auf Erfolge in Mathematik schließen oder anders herum.

Besondere Schwierigkeiten beim Erlernen einer modernen Fremdsprache: Grundlegende Voraussetzungen für den Erwerb einer gesprochenen Fremdsprache sind:

- gute Beherrschung der Mundmotorik und präzise Informationen von der Berührung der Zunge mit Zähnen und Schleimhäuten sind Vorbedingungen für Klanggenauigkeit sowie für eine im Artikulationstempo angemessene Aussprache. Geringfügige Störungen in einem der beiden oder in beiden Bereichen führen zu Produktionsproblemen, die sich zum Beispiel bei der Aussprache der stimmlosen oder stimmhaften Konsonanten p/b, d/t, g/k zeigen und negative Auswirkungen auf das Klanggedächtnis und die Rechtschreibung haben.
- angemessene Schnelligkeit bei der Artikulation der komplexen, fremden Laute,
- eine gute auditive Verarbeitung und Wahrnehmung und gut ausgeprägte phonologische Bewusstheit,
- Verständnis und ein gutes Wortbildgedächtnis für die vom Deutschen abweichende Rechtschreibung, die Kodierungen der Laute in den Fremdsprachen, zum Beispiel bei langem „i“ im Englischen, das in „even, to mean, to see, to receive, to achieve, ski und people“ in jeweils unterschiedlicher Schreibweise wiedergegeben wird.
- gut ausgebildete Fertigkeiten zur Intonation, die zum Beispiel bei der Reproduktion der fremdsprachlichen Sprachmelodie und beim inhaltlich angemessenen Heben und Senken der Stimme eingesetzt werden. Im Englischen wird zum Beispiel bei Entscheidungsfragen die Stimme gehoben: „Are you going to go to London?“; Antwort: „yes“ oder „no“. Bei Verständnisfragen wird die Stimme gesenkt: „What are you doing?“ „I’m doing my homework.“
- Fähigkeiten und Fertigkeiten zur Wiedergabe des Sprachrhythmus und zu Betonungsverschiebungen bei Änderung der Silbenzahl der Wörter. Diese werden zur Unterstützung der Intonation und beim Lernen und Erinnern der Formen der unregelmäßigen Verben gebraucht. Beispiele sind aus dem Lateinischen: „fállere, fefélli, fálsum“; aus dem Deutschen: „Hannóver, Hannoveráner“; aus dem Englischen: „to ádvertise/anzeigen“, aber: „advértisement/Anzeige“.
- ausreichende Aufmerksamkeit und Konzentration, ein gutes Arbeitsgedächtnis, um genügend Gedächtnisinhalte gleichzeitig stabil zu halten, um zu angemessen richtiger grammatisch-sprachlicher Umsetzung zu gelangen. Den „Überblick behalten“ muss ein Schüler bei der Aufgabe, die Frage „does he go?“ zu stellen. Verschiedene einzelne Regeln müssen nacheinander angewandt werden, solange die Kenntnisse noch nicht automatisiert worden sind. Folgendes muss bedacht werden: Fra-

gestellung im Präsens, Umschreibung mit „to do“ muss verwendet werden. 3. Person Singular „s“, das heißt „he does“, wobei erinnert werden muss, dass zwischen „o“ und „s“ ein „e“ eingefügt werden muss. Das 3. Person Singular „s“ wird an „do“ angehängt, weil es das konjugierte Verb ist und nicht an „go“, das im Infinitiv, der Grundform des Verbs, steht. Außerdem muss die Satzstellung bedacht werden, wobei das Subjekt „he“ vom Hilfsverb „does“ und dem Infinitiv „go“ eingerahmt wird.

- gute Automatisierung des richtigen Ablaufs der sprachlichen Analyse und der anschließenden Synthese, sodass zum Beispiel die Frageformen in den Fremdsprachen richtig gebildet werden, ohne dass die einzelnen Schritte bewusst nacheinander vollzogen werden müssen. Manche Legastheniker neigen dazu, Teile des grammatischen Gefüges zu übersehen, was unter anderem darauf hindeutet, dass entweder grammatisch-morphologische Schwächen vorliegen, die Automatisierung nicht vollständig ist oder keine guten Arbeitsstrategien angewandt werden. Auch nach strategischen Verbesserungen neigen Schüler zu Rückfällen in fehlerhafte Arbeitsweisen.
- altersgemäß entwickeltes Verständnis für abstrakte grammatische Strukturen, zum Beispiel für das „Baukastenprinzip“ einer Sprache, was die Bereiche der Wortbildungen und Bedeutungsveränderungen durch die unterschiedliche Verwendung von Stamm-, Vor- und Nachsilben bedeutet. Das gilt auch für die „Bauregeln“ des Bildens der Zeiten, die strenge Folge der Satzteile im Englischen und Französischen in der Reihenfolge Subjekt – Prädikat – Objekt.
- angemessen schnelle Sinnentnahme bei gesprochener Sprache und beim Lesen von Texten,
- angemessene, schnelle Reaktionen bei der Beteiligung am Unterricht mit Handlungs- und Sprachelementen, dem kommunikativen Unterricht.

Besonderheiten beim Erwerb des Französischen (Anfangsunterricht und fortgeschrittenes Stadium):

- Artikulationsbasis stark abweichend vom Deutschen,
- hohes Artikulationstempo, gute Koordination der Teilleistungen beim taktil-kinästhetisch-sprechmotorischen Ablauf sind Voraussetzung,
- Akzentsetzungen, die etwas Neues im Erfahrungsbereich der Schüler sind, da bestimmte Lautwerte identifiziert und verschiedenen Ober- und einem Unterzeichen in festgelegter räumlicher Position zugeordnet werden müssen. Verschiedene Sinne müssen zusammenarbeiten und unterschiedliche Gedächtnisinhalte müssen zur Verfügung stehen wie z. B. beim Schreiben eines Wortes mit geschlossenem „e“, beispielsweise

„été", das den „accent aigu" erhält. Das Hörgedächtnis muss beim Schreibvorgang den Lautklang des geschlossenen „e" vergegenwärtigen, und das Gedächtnis für die Lage der Zeichen im Raum muss den richtig gelagerten Akzent beisteuern, um den Buchstaben „e" mit der entsprechenden Markierung zu versehen. Bei dem Ausdruck „près de/nahe bei", der ein offenes „e" enthält, muss der „accent grave" gesetzt werden. Dieser zeigt in die dem „accent aigu" entgegengesetzte Richtung, also von links oben nach rechts unten. Bei „élève/Schüler" müssen entsprechend der Lautnuancen beide Akzente gesetzt werden. Schwierig sind Wörter wie „d**é**jeun**er**/Mittagessen", bei dem das erste geschlossene [e] mit einem „accent aigu" versehen, das zweite jedoch mit der Schreibweise „er" ausgedrückt wird, die der Infinitivendung gleicht.

- ein gut ausgeprägtes Empfinden für Rhythmus und Betonung ist teilweise eine Voraussetzung für die Rechtschreibung. Bei „achet**er**/kaufen" ist in der Infinitivform/Grundform die Endung „er" betont; wird eine Personalform gebildet, wie „j'ach**è**te", ist die Endung „e" für die 1. Person Singular unbetont. Die Betonung wird auf den vorher unbetonten Vokal „e" im Stamm des Wortes verschoben, und zur Kennzeichnung des offenen „e" wird ein „accent grave" verwendet, „j'ach**è**te". Bei „commencer/beginnen" wird im Infinitiv kein besonderes Zeichen hinzugefügt; jedoch wird das „c" in der 1. Person Plural, „nous commençons/wir beginnen" verändert, weil der dunkle Vokal „o" auf das „c" folgt und es [k] und nicht [s] ausgesprochen würde, fügte man nicht dem „c" unten einen kleinen Haken, eine „cédille", hinzu.

Morphologisch-syntaktische und semantisch-lexikalische Besonderheiten (grammatische Formen und Wortbedeutungen):

- Der „accent circonflex" steht bei Wörtern, die bei der Entlehnung aus dem Lateinischen ein „s" verloren haben, französisch „fenêtre" aus lateinisch „fene**s**tra".
- Bei der Rechtschreibung im Französischen müssen alle grammatischen Bezüge bedacht werden, auch wenn sie beim Sprechen nicht zu hören sind. Folglich muss beim Schreiben nicht nur Gehörtes laut- oder regelgetreu umgesetzt und die Akzentsetzungen vollzogen werden, sondern gleichzeitig auch grammatisches Wissen schnell abrufbar sein und angewandt werden. Man nennt den Prozess der Anpassung der Beziehungswörter aneinander hinsichtlich ihrer Endungen „Akkordieren". Er bereitet auch Schülern ohne Teilleistungsstörungen und/oder Legasthenie Schwierigkeiten, allerdings ist er für Betroffene je nach Störungsmuster schwieriger zu bewältigen. Wie in der Einleitung dargestellt, können die möglichen Probleme der Legastheniker unter anderem in der genauen Detailerfassung von Seh- und Höreindrücken, in der un-

zureichenden Automatisierung grammatischer Fertigkeiten und ihrer Umsetzung in die Praxis liegen sowie in der Aufmerksamkeitssteuerung, wobei an mehrere Gesichtspunkte zur Problemlösung gleichzeitig gedacht werden muss. Daher ist es oft der Fall, dass Schüler die Regeln kennen, sie bei Nachfrage nennen können, aber während des Schreibens bei komplexen Zusammenhängen nicht beachten. Kompensatorisches Arbeiten ist anstrengend und daher fehleranfällig.

Ein französischer Satz, in dem Beziehungen von Einzahl, Mehrzahl, weiblich und männlich, Kategorien von Pronomen und grammatische Fälle beachtet werden müssen, lautet: „il**s** regard**ent** le**s** fleur**s** joli**es**,sie betrachten die schönen Blumen"; die fett gedruckten Elemente werden beim Sprechen nicht gehört. Die Mehrzahl des Artikels „le**s**/die" muss beachtet werden, das Gleiche gilt für „fleur**s**" und „joli**es**", das zusätzlich vor dem Plural „s" ein „e" für das weibliche Geschlecht von „la fleur" erhalten muss. „Ils **les** ont regardé**es**/sie haben sie betrachtet"; „les/sie" ist der Akkusativ des Personalpronomens für „fleurs", das ein Nomen im Plural ist, folglich steht das Personalpronomen, „les", auch in der Mehrzahl. Wenn der Akkusativ/4. Fall eines Personalpronomens in einer zusammengesetzten Zeit vor das konjugierte Verb/Personalform („ont") gestellt wird, beeinflusst es mit seinen Eigenschaften das nachgestellte Partizip Perfekt/"dritte Form", („regardé**es**"), das als zusätzliches Kennzeichen für das weibliche Geschlecht ein „e" und für die Mehrzahl ein „s" aufweisen muss.

– Eine Besonderheit der Satzstellung weist die Verneinung auf, wobei die Verneinungsformel „ne ... pas" das konjugierte Verb und den Akkusativ des Personalpronomens umschließt, „ils **ne** les (les fleurs) ont **pas** regardées". „Ils ont regard**é** les fleurs **jolies**/sie haben die schönen Blumen betrachtet"; es muss beachtet werden, dass „jolies" als betontes, unterscheidendes Adjektiv hinter das Nomen, also nachgestellt wird. Häufig verwendete Adjektive wie „ bon, mauvais, grand, petit, jeune, vieux ...", die unbetont sind, werden wie im Deutschen vor das Nomen gesetzt.
– Schwierigkeiten bestehen beim Umgang mit vom Deutschen abweichenden Strukturen, „j'**ai** été", „ich **bin** gewesen", wörtlich: „ich habe gewesen"; „il y a", wörtlich „er/es/man dort hat" = „es gibt".
– Schüler mit schlechtem Gedächtnis für sprachliche Details haben Schwierigkeiten, sich die Zuordnungen der beiden französischen Artikel „la" und „le" zu merken. Sie sind nicht nur zum Gebrauch des Wortes mit dem richtigen Artikel wichtig, sondern sie beeinflussen auch die Adjektivendungen, z. B. „**la** table rond**e**, **le** mur *haut", und die Formen mancher Adjektive* wie „les jeunes filles **belles**, les **beaux** garçons" (die schönen jungen Mädchen, die schönen Jungen).

Fehler und Unsicherheiten im Anfangsstadium des Erwerbs des Französischen:

- falsche Aussprache, die zu falscher Rechtschreibung führt,
- das Benutzen von im Deutschen ungewöhnlichen Buchstaben wie „y“, bei „il **y** a/es gibt“ und „qu, Qu“ in „**qu**’est-ce **que** c’est?/was ist das?“. Schüler mit Buchstabenunsicherheiten müssen die Benutzung dieser Zeichen oft noch in der 5. Klasse automatisieren, was auf Entwicklungsrückstände in der Formauffassung und auf Automatisierungsdefizite hinweist.
- das Setzen der Akzente,
- Akkordieren, das Abstimmen aller von einander abhängigen grammatischen Formen im Satz wie beispielsweise bei Nomen und Attributen, „la jup**e** bleu**e**“, „le**s** jeune**s** fille**s**“, bei Subjekt und Prädikat, „tu a**s**“, „elle**s** son**t** allé**es**, il**s** son**t** allé**s**“. Hierfür sind ein gutes Arbeitsgedächtnis und Grammatikkenntnisse nötig.
- Unterscheidung von grammatischen Formen und ihre Anwendung, abweichend vom deutschen Sprachgebrauch, wie bei der Verwendung der Possessivpronomen „sa, son/sein“. Fehler entstehen, da die Pronomen sich im Französischen nach dem Geschlecht des nachfolgenden Nomens richten, sodass es heißen muss, „**il** aime **sa mère** (**la** mère)/**er** liebt **seine** Mutter“ und „**elle** aime **son** père (**le** père)/**sie** liebt **ihren** Vater“. „Sa“ bedeutet „ihr“ Einzahl weiblich, „leur“ bedeutet „ihr“ Mehrzahl, „leur chien/ihr Hund“, aber „leur**s** chien**s**/ihr**e** Hund**e**“. Falsche Anwendung von Präpositionen, was auf im Deutschen für überwunden gehaltene Probleme bei der Raum-Lage und den räumlichen Beziehungen schließen lässt, tauchen nun wieder auf. Manche Schüler mit dieser Problematik sagen im Deutschen „übergestern“, ohne sich dieser merkwürdigen Formulierung bewusst zu sein.
- Anwendung der Frageformel „est-ce que?“, wobei die komplizierten Laut-Buchstaben-Zuordnungen sowie Reihenfolgen der Wörter erinnert werden müssen. Nach der Frageformel folgt ein Aussagesatz, was eine Abweichung von der deutschen Art der Fragestellung bedeutet und daher schwer verinnerlicht wird: „Est-ce que **tu as** un chien?/**Hast du** einen Hund?“ (wörtlich: „ist es, dass du einen Hund hast?“).
- Speicherung des Geschlechtes der Nomen. Manche Nomen haben im Französischen ein anderes Geschlecht als im Deutschen, „le soleil/die Sonne“; „la lune/der Mond“; „la plage/der Strand“ sowie die vor einem Vokal apostrophierten Artikel, deren Geschlecht nicht erkennbar ist wie „l’école, femininum/die Schule; „l’article, maskulinum/der Artikel; l’hôtel, maskulinum/das Hotel; l’hiver, maskulinum/der Winter“.

Die meisten Fehler in den oben genannten Bereichen vermindern sich mit der Zeit bei fortschreitender Automatisierung der Zuordnungsvorgänge und bei der Entstehung von Strukturen. Selten werden alle Fehler abgebaut, aber ihre Anzahl reduziert sich gegenüber der Häufung im Anfangsunterricht.

Fehler und Probleme im fortgeschrittenen Stadium des Erwerbs des Französischen: Was Schenk-Danzinger (1991, 106) für Legastheniker hinsichtlich des Deutschunterrichtes formulierte, gilt ebenfalls für den Erwerb des Französischen: „Legastheniker machen die gleichen Fehler wie alle anderen Schüler, nur unterlaufen diese ihnen über einen längeren Zeitraum und in größerer Zahl". Dies betrifft beispielsweise:

- Artikulationsgeschwindigkeit beim Sprechen,
- Intonation und Sprachrhythmus,
- Lesegeschwindigkeit, Lesegenauigkeit,
- schnelle und präzise Informationsentnahme und deren Umsetzung im Unterricht beim Hörverstehen und beim Lesen von Texten,
- Akzentsetzungen,
- Akkordieren aller Formen,
- Gebrauch der Zeiten,
- Gedächtnis für die Formen der unregelmäßigen Verben, und die unregelmäßigen Konjunktivformen, „il soit/er sei"; „elles fassent" von „faire/machen"; „j'aie/ich möge haben" von „avoir/haben".
- strukturelle Abweichungen vom Sprachgebrauch im Deutschen wie bei den Verben der Bewegung, die mit „être" konjugiert werden, „je suis allé" und nicht mit „avoir", das bei der Mehrzahl der anderen Verben als Hilfsverb verwendet wird.
- allgemeine Probleme mit der Gewandtheit des mündlichen und schriftlichen Ausdrucks durch begrenzten Wortschatz, da die semantisch-lexikalischen Fähigkeiten/Wortbedeutungen vielfach nicht ausreichend ausgebildet sind.
- allgemeine Schwierigkeiten bei der Bearbeitung von Texten, wenn keine Hilfe durch strukturierende Fragen, welche die Vorgehensweisen vorgeben, vorhanden ist.
- Probleme bei Interpretationen fremdsprachlicher literarischer Texte.

Besonderheiten beim Erwerb des Englischen (Anfangsunterricht und fortgeschrittenes Stadium):

Das moderne Englisch hat vielfältige Wurzeln in anderen Sprachen. Viele Wörter stammen aus dem Lateinischen (villa/village) und Griechischen (psyche, synthesis), aus dem Angelsächsischen (cow, sheep, do), dem Skandinavischen (knife, knight, to know) und dem Französischen (table, chair, to regard). Jede Sprache hat in der Rechtschreibung Spuren hinterlassen, die auch Muttersprachlern die Laut-Buchstaben-Zuordnungen beim Lesen und Rechtschreiben erschweren. Für Legastheniker gilt das in erhöhtem Maße. Als Beispiel für die genannten Probleme möchte ich die Laut-Buchstaben-Zuordnungen für langes [i:] im Englischen anführen.

Zum Vergleich werden die auch im Deutschen schwierigen Schreibweisen für das lange [i:] dargestellt; darin ist allerdings ein System erkennbar, das gelernt werden kann:

- die beiden Pronomen „ihr“ und „ihn“ haben ein „h“ in der Schreibweise, sie sind als Ausnahmen zu lernen,
- vier einsilbige Wörter mit langem „i“, „mir, dir, wir, gib“,
- zehn Wörter mit der „ieh“-Komponente im Stamm,
- die Verben mit der Endung „-ieren“, wie bei „studieren“; es sind Fremdwörter
- die Fremdwörter mit langem „i“ [i:] im Stamm, wie „Biber, Tiger, Bibel“,
- die Fremdwörter mit langem [i:] in der Endung, „ine“, wie bei „Maschine“, „in“, wie bei „Medizin“, „iv“, wie bei „Stativ, aktiv“, „il“ in „mobil“, „ise“ in „Devise(n)“,
- In allen anderen Wörtern mit langem „i“ wird „ie“ geschrieben, was angeblich bei 77 % aller deutschen Wörter der Fall ist.

Im Englischen existiert eine Rechtschreibsystematik in größerem Rahmen, die für deutsche Schüler mit begrenztem Wortschatz beim Fremdsprachenerwerb kaum erkennbar ist. Die folgende Aufstellung einiger englischer Beispielwörter für langes „i“ [i:] in Stammsilben oder Endsilben zeigt die Problematik für Muttersprachler und für Fremdsprachenschüler; das gilt besonders für Legastheniker mit schlechtem Wortbildgedächtnis oder herabgesetzter Unterscheidungsfähigkeit zwischen „kurz“ und „lang“ bei grammatischen Formen:

- „e“ – **e**ven, to b**e**, m**e**, to rec**e**de, m**e**ter etc.
- „ee“ – to s**ee**, b**ee**n, to m**ee**t, k**ee**n on
- „ea“ – m**ea**t, to m**ea**n, dr**ea**m, cr**ea**m
- „ie“ – to bel**ie**ve, handkerch**ie**f, misch**ie**f etc.
- „ei“ – to rec**ei**ve von französisch „recevoir“, to s**ei**ze von französisch „saisir“
- „y“ – happ**y**
- „ey“ – mon**ey**
- „i“ – sk**i**, k**i**lometer
- „eo“ – p**eo**ple
- **„he's“**– Kurzform für „he is“, wobei neben dem Erfassen von kurzem oder langem [i]-Laut auch grammatische Überlegungen eine Rolle spielen, denn „he's“ ist die Kurzform für „he is“ oder „he has“ und „his“ die männliche Form des besitzanzeigenden Fürwortes.
- Das Englische hat eine vom Deutschen abweichende Artikulationsbasis, das heißt unter anderem, dass andere Stellen der Mundschleimhaut und der Zähne beim Sprechen mit der Zunge berührt werden. Beim Deutschsprechen nicht oder selten eingesetzte Mundmuskeln werden in einem ungewohnten Zusammenspiel benötigt.
- Das Hören und Reproduzieren der englischen Intonation erfordert Fähigkeiten in der Rhythmuserfassung und die Begabung, das Gehörte schnell in Gesprochenes umzusetzen. Schüler, „denen die Zunge am Gaumen zu kleben scheint“, sprechen selten flüssig. Gut gesprochenes Englisch hat ein relativ hohes Artikulationstempo, allerdings nicht in dem Maße wie das Französische.
- Gute Aussprache des Englischen erfordert die Produktion eines ununterbrochenen Lautflusses, ohne den typischen Knacklaut in der Kehle, der beim Deutschsprechen nach jedem Wort eingefügt wird und es daher deutlich hörbar vom vorhergehenden trennt. Phrasierungen in englischen Sätzen dürfen nicht „zerhackt“ gesprochen werden, sondern eine Phrase muss für den Englischunkundigen wie ein ununterbrochenes Wort klingen.
- Die komplizierte Grammatik kann für korrektes Sprechen und beim Verfassen von Texten erhebliche Schwierigkeiten bereiten.

Englische Laute und Probleme bei ihrer Wiedergabe:

- Reversionen von Buchstaben, waht/what; saw/was; eat/tea.
- Auditiv-kinästhetische Probleme/Hören und Mundberührungsempfinden bei der Produktion stimmhafter und stimmloser Konsonanten, do**g**/do**ck**; to la**g**/la**ck**; **sh**op/**ch**op.
- auditive Unterscheidung und entsprechende Wiedergabe, die problematisch bei ähnlich klingenden Wörtern ist, to walk/to work; where/were.

- visuell-auditive Zuordnung von Schreibweise und Wortklang. Bei der Aussprache der Wörter muss der sinngemäß richtige Lautklang entstehen, to shoot [schu:t]/to shout/[schaut]; sweet [swi:t]/sweat [swet].
- sinngemäße Unterscheidung gleichklingender Wörter wie „where, ware, to wear – wo, Ware, tragen von Kleidung".
- Unterscheidung zwischen kurzen und langen Vokalen und die entsprechende lexikalische oder grammatische Zuordnung „eat/it; to steal/still; he's/his.

Fehler und Unsicherheiten im Anfangsstadium des Erwerbs des Englischen:

- Falsche Aussprache führt zu falscher Schreibweise; wird statt „**th**ink" „**s**ink" gesprochen, werden die Stammformen gelegentlich mit „sank, sunk" anstatt mit „thought, thought" angegeben. Die falsch produzierte Sprache führt zu einer falschen Verknüpfung mit den Stammformen des Verbs. Selbstverständlich kann die falsche Lautproduktion generell auch mit Problemen in der auditiven Verarbeitung zusammenhängen, was aber bei den „s"-Lauten nicht anzunehmen ist.
- Übernahme deutscher Laut-Buchstaben-Zuordnungen, wie sie ein Schüler nach ein paar Wochen Anfangsunterricht beim Zahlenschreiben verwendete: „wan, towe, shrie, vor, fife, six, semwen, eit, nein, then, ileven, twerlf". Bei „**w**an, **sh**rie, twerl**f**" führte außerdem die falsche Aussprache zu fehlerhafter Schreibweise. Die neuen Laut-Buchstaben-Zuordnungen sind sehr fehleranfällig. In obigem Beispiel werden alle Schwierigkeiten des Anfangsunterrichtes deutlich, bei dem Wörter für die Kommunikation und das Unterrichtsgespräch im Vordergrund stehen und nicht die Isolierung von Schwierigkeiten.
- Eine visuell-auditive (sehen und hören) Verwirrung kann entstehen zwischen dem, was aus dem Deutschen als Wortbild und als Sprachlaut bekannt ist, aber im Englischen eine andere Zuordnung und Bedeutung erhält. Gewohnte Wortbildspeicherungen sowie Laut- und Bedeutungszuordnungen müssen geändert werden wie bei „who", das „wer" bedeutet, aber [hu:] ausgesprochen wird, bei „where", was „wo" bedeutet, aber [weö] gesprochen wird.
- Viele Schüler finden im Anfangsunterricht die Anwendung der Personalpronomen und der Possessivpronomen (der persönlichen und besitzanzeigenden Fürwörter) schwierig, wobei bereits die grammatischen Bezeichnungen als undurchschaubare Fremdwörter und Hürden für Schüler mit Sprachverarbeitungsstörungen und vielleicht zusätzlich geringen Grammatikkenntnissen sind. Ebenfalls problematisch sind die im Deutschen und Englischen abweichend bezeichneten Zeiten, deutsch „Präteritum, Imperfekt", englisch „past simple" und „past progressive".

Besonders problematisch sind diejenigen Formen, die in ihrem Gebrauch vom Deutschen abweichen. Da die Schüler die Formen anfangs aus der Muttersprache in die Fremdsprache übertragen, muss ihre Aufmerksamkeit für Abweichungen geschärft werden, wie zum Beispiel für „her", das „ihr" bedeutet und den Besitz einer weiblichen Person bezeichnet, für „their", das auch „ihr" bedeutet, aber auf den Besitz mehrerer Personen hinweist.

- Bei Kurzformen, die im kommunikativ gestalteten Anfangsunterricht vorkommen, steht der Apostroph/das Auslassungszeichen für einen in der Umgangssprache ausgelassenen Buchstaben. Manche Schüler vergessen, an welcher Stelle der Apostroph stehen muss, da ihnen entfällt, wofür er steht. Es ist zusätzlich verwirrend, dass entsprechend dem Kontext „he's" „he has" und „he is"; „he'd" „he had" und „he would" bedeuten kann.
- Das Erfassen grammatischer Strukturen und Zusammenhänge sowie die richtige Umsetzung, beispielsweise beim Gebrauch der Zeiten, bei der Satzstellung und bei allen Strukturen, die von dem Sprachgebrauch im Deutschen abweichen.

Fehler und Probleme im fortgeschrittenen Stadium des Erwerbs des Englischen: „Legastheniker machen die gleichen Fehler wie alle anderen Schüler, nur unterlaufen diese ihnen über einen längeren Zeitraum und in größerer Zahl". Vor allem betrifft dies:

- Artikulationsgeschwindigkeit beim Sprechen,
- Intonation und Sprachrhythmus,
- Lesegeschwindigkeit, Lesegenauigkeit
- angemessen schnelle Informationsaufnahme bei gesprochener und geschriebener Sprache,
- Ablautreihen der unregelmäßigen Verben,
- Struktur und Gebrauch der Zeiten in Aktiv und Passiv,
- Satzstellung, die eine sequenzielle Ordnung in festgelegter Form bedeutet,
- eingeschränkter Wortschatz,
- Probleme beim mündlichen und schriftlichen Ausdruck bei Textproduktion ohne Hilfen durch strukturierende Fragen. Einige Schüler drücken sich auch im Deutschen knapp aus. Fehlt ihnen das treffende Wort, das sie in der Fremdsprache gern verwenden würden, wird der Text unwillentlich zu einfach und wirkt gedankenarm.
- Literaturinterpretationen in der Fremdsprache, deren Qualität von sprachlicher Kompetenz und interpretatorischen Fähigkeiten abhängt.

Das Wichtigste kurz zusammengefasst

Beim Erwerb des *Lateinischen* stehen das Erfassen von Formbedeutungen und grammatische Verknüpfungen, die zur Sinnentnahme führen, im Vordergrund. Deklaratives Wissen (Formen, Vokabeln), das „Was", ist erforderlich, wie auch prozedurale Fertigkeiten, das „Wie". Durch Teilleistungsstörungen kann es zu Problemen bei genauem Lesen, beim Umgang mit der „Baukastenstruktur" der Sprache, beim Zuordnen von Formen zu Wortbedeutungen, beim Strategiegebrauch sowie im sprachlichen Arbeitsgedächtnis kommen. Das Lateinische kann nicht im kommunikativen Unterricht oder durch Sprachpraxis im Ausland gefestigt werden.

Das *Französische* hat eine vom Deutschen abweichende Artikulationsbasis, hohes Sprechtempo, neben lautgetreuen Wörtern einen Bestand von nicht lautgetreuem Vokabular, Akzentsetzungen zur Kennzeichnung von Lautwerten, Einfluss komplexer grammatischer Beziehungen auf die Rechtschreibung sowie eine vielgestaltige Grammatik. Prozedurales und deklaratives Wissen (Sprachfertigkeiten und Formen) müssen angewandt werden. Teilleistungsstörungen können sich besonders negativ bei schriftlichen Arbeiten auswirken, deshalb ist Notenschutz unbedingt erforderlich.

Die Artikulationsbasis für das *Englische* ähnelt der des Deutschen. Hohes Sprechtempo, eine große Anzahl vielfältiger Laut-Buchstaben-Zuordnungen, ein umfangreicher Wortschatz und eine komplizierte Grammatik sind Arbeitshindernisse für Legastheniker und andere Schüler mit Teilleistungsstörungen. Gute Arbeitsstrategien müssen angewandt werden. Notenschutz ist wegen der vielgestaltigen Rechtschreibung unbedingt erforderlich, falls Rechtschreibfehler die Gesamtzensur beeinflussen.

Der Spracherwerb in den gesprochenen Fremdsprachen kann im kommunikativen Unterricht, bei einem Schüleraustausch oder in Ferienkursen im Ausland verbessert werden.

6 Überlegungen zur Wahl der zweiten Fremdsprache

Englisch, Französisch, Latein oder andere Sprachen können in folgenden Klassen gelernt werden, falls die Schule entsprechende Angebote macht („Englisch 1" bedeutet „Englisch als 1. Fremdsprache, „Französisch 2" bedeutet „Französisch als 2. Fremdsprache" ...):

- Englisch 1/Französisch 1/Latein 1/ab 5. Klasse
- Englisch 2/Französisch 2/Latein 2/ab 7. Klasse
- Französisch 3/Latein 3/Spanisch 3/Russisch 3/ab 9. Klasse
- Französisch 4/Latein 4/Spanisch 4/ab 11. Klasse
- Latein 1/Englisch 2/ab 6. Klasse, Französisch oder Griechisch 3/ab 8. Klasse, Abitur nach 8 Jahren

Für das Gymnasium mit 8 Klassen (G 8) gelten andere Regelungen.

Für viele Legastheniker oder Schüler mit wenig ausgeprägter Sprachbegabung kann es sinnvoll sein, ab der 9. Klasse eine dritte Fremdsprache zu wählen. In Schleswig-Holstein zum Beispiel müssen bis zur 11. Klasse zwei Sprachen belegt werden. Ab der zwölften Klasse wird eine davon bis zum Abitur weitergeführt. In der 11. Klasse ist unter Umständen Latein, das in der 9. Klasse als dritte Sprache begonnen wurde, leichter als Französisch, das in der 6. Klasse begonnen wurde, und ein recht hohes sprachliches Niveau erreicht hat. Die Erfordernisse für die Belegung der Sprachen sind unter Umständen in den Bundesländern unterschiedlich.

Durch die Verkürzung der gymnasialen Unterrichtszeit auf nur acht Jahre bis zum Abitur (G8) können sich auch die o. g. Zeiträume für den Fremdsprachenerwerb verkürzen. So wird der Zeitpunkt für die Sprachenwahl gegebenenfalls um ein Jahr vorverlegt.

Die Schüler können auch überlegen, ob sie eine neue Fremdsprache ab Klasse 11 lernen möchten, wenn das Angebot der Schule dies ermöglicht. Für Legastheniker mit unterschiedlichen Spracherwerbsproblemen ist Spanisch denkbar (lautgetreue Schreibweise, weniger komplizierte Grammatik, Vokabular dem Lateinischen weitgehend entlehnt) oder Dänisch. Diese Sprachen sind unter Umständen leichter zu erwerben als Französisch oder Latein. Durch die Entscheidung für eine dieser Sprachen werden bestimmte Belastungen vermieden und dennoch die Sprachkompetenz ausgeweitet.

Gründe für den Erwerb des Lateinischen können sein:

- Kenntnisse in Latein erleichtern in unterschiedlichem Umfang als Grundlage den Erwerb moderner Fremdsprachen wie Rumänisch, Italienisch, Spanisch, Französisch und Englisch. Der spanische und italienische Wortschatz beruht weitgehend auf dem lateinischen, allerdings hat sich die Aussprache in diesen Sprachen stark verändert. Englisch und Französisch haben einen beachtlichen Anteil an lateinischen Lehnwörtern, die bei Lateinkenntnissen leichter erworben und besser erinnert werden, weil ihre Bedeutungen in den modernen Sprachen zum Lateinischen in Beziehung gesetzt werden können.

  Allerdings sehen *Legastheniker mit herabgesetzten semantisch-lexikalischen (die Wortbedeutungen betreffenden) und sprachvergleichenden Fähigkeiten nicht in ausreichendem Maße die Verbindungen, die ihnen beim Aufbau eines sprachlichen Netzwerkes helfen könnten.*
- Die Grammatikkenntnisse werden vertieft, die in der Grundschule ansatzweise, in der Orientierungsstufe im Deutschunterricht ausführlich und beim Erwerb der ersten Fremdsprache in Verbindung mit den dort behandelten Schwerpunkten vermittelt wurden. Gute Grammatikkenntnisse sind auch für den fortgeschrittenen Englisch- und Französischunterricht Voraussetzung. Die Beschäftigung mit dem Lateinischen führt zu einem Vorsprung auf diesem Gebiet, der sich ebenfalls bei der Behandlung aller grammatischen Themen im Deutsch- und im Förderunterricht bemerkbar macht wie zum Beispiel bei der Unterscheidung von Wortarten wie von Adjektiven und Adverbien, von Satzteilen (Kopula und Prädikatsnomen) sowie bei der Bestimmung von Nebensätzen, wenn im Deutschunterricht die Kommasetzung bearbeitet und begründet werden soll.

- *Legastheniker, die im Deutschen und in den modernen Fremdsprachen belastende Rechtschreibfehler machen, können sich bei angemessener Begabung und bei Fleiß im grammatischen Bereich durch den Erwerb des Lateinischen einen guten Ausgleich schaffen.*
- Der Erwerb des Lateinischen vermittelt eine Grundlage für das Verständnis von Fremdwörtern und Fachausdrücken im Deutschen.
- Interesse an Sagen und Geschichten aus der Antike, an geschichtlichen Zusammenhängen, an antiken politischen Vorbildern, an zeitgeschichtlichen Parallelen und an Philosophie. Legastheniker verfügen oft nicht über ausreichend automatisierte Lesefertigkeiten und lesen daher nicht umfangreich, was sich negativ auf ihren Wissensstand auswirkt. Die Beschäftigung mit dem Lateinischen vermittelt Grundkenntnisse, die für andere Fächer genutzt werden können.
- Lateinkenntnisse sind die Voraussetzung für bestimmte Studiengänge. Sie sind für Schüler wichtig, die frühzeitig klare Berufsvorstellungen haben.
- Fertigkeiten für gründliches, grammatisch orientiertes Denken werden geschult. Für Legastheniker und andere langsam arbeitende Schüler kann mangelnde Schnelligkeit in der Umsetzung sprachlicher Informationen im Unterricht moderner Fremdsprachen störend sein.
- *Eine abwägende, langsame Denkweise passt jedoch zu den analytischen Vorgehensweisen im Lateinunterricht, der keine schnelle sprachliche Informationsverarbeitung und zwischenmenschliche Kommunikation erfordert.* Im Unterricht muss aber genügend Geduld für langsames Arbeiten und Wertschätzung für Gründlichkeit vorhanden sein. Im Rahmen der Chancengleichheit sollte über Zeitzuschläge bei Klassenarbeiten nachgedacht werden.
- persönliche Zurückhaltung in der zwischenmenschlichen Kommunikation, schlechte Erfahrungen im kommunikativen, handlungsorientierten Unterricht in der ersten Fremdsprache, aber dennoch eine Begabung für den Besuch des Gymnasiums.

Für den Lateinunterricht ab Klasse 5 oder 7 ist kennzeichnend:

- Die Unterrichtssprache ist Deutsch.
- Es wird vom Lateinischen ins Deutsche übersetzt.
- Es gibt keine Probleme bei der Aussprache und der Rechtschreibung des Lateinischen.
- Es kann Leseprobleme geben, weil Legastheniker mit bestimmten Schwierigkeiten, wie einer Neigung zu Vertauschungen von formgleichen, aber richtungsverschiedenen Buchstaben, beispielsweise b/d, d/p, p/q ..., von ihnen selbst unbemerkt, Buchstabenverdrehungen beim Lesen vornehmen und folglich den Sinn entstellen. Liest man „deis“ (den Göttern, mit den Göttern, durch die Götter) statt „deit“ (er geht weg), wird die Übersetzung falsch, was die Arbeit mit den darauf folgenden Sätzen und die Sinnentnahme beeinträchtigt. Ungenauigkeiten beim Lesen wie Auslassungen und/oder Hinzufügungen von Buchstaben und Silben führen zu Wortentstellungen in der Fremdsprache. In der Muttersprache und in den gesprochenen Fremdsprachen können Lesefehler leichter ausgeglichen werden, da der Sinn aus dem Zusammenhang erschlossen und auf diese Weise das falsch gelesene Wort nachträglich korrigiert werden kann. Wenn im Lateinischen der Lesefehler nicht erkannt wird, kann das falsch gelesene Wort eine unüberwindliche Hürde darstellen.
- Grammatische Zusammenhänge werden im Lateinunterricht intensiv bearbeitet, was positive Rückwirkungen auf die Grammatikarbeit im Deutschen und in den anderen Fremdsprachen hat.
- In den höheren Klassen werden (geistes-)geschichtlich und künstlerisch wichtige Texte bearbeitet und Beziehungen zur Geschichte hergestellt. Vergleiche mit der Gegenwart werden gezogen bei Themen wie „Staatsformen, Macht und Machtmissbrauch, Rolle der Volksvertreter“. *Legastheniker können hier Vorteile haben, wenn sie gut im abstrakten Denken sind sowie historische Quellen und literarische Texte interpretieren können.*

Schüler können auf unerwartete Hürden beim Erwerb von Latein als Fremdsprache stoßen oder auch an ihnen scheitern; daher liegen zusätzliche Überlegungen nahe. Warum erweist sich gelegentlich eine Sprachenwahl als falsch, von der alle Beteiligten glaubten, sie sorgfältig getroffen zu haben? Welche bisher zu wenig beachteten Kriterien könnten zur Beurteilung der Lernvoraussetzungen bei der Sprachenwahl außerdem hinzugezogen werden? In diesem Zusammenhang sollten *die individuellen Lernprobleme von Legasthenikern genauer betrachtet werden.* Folgende Überlegungen erscheinen wichtig:

- Manche Schüler haben Entwicklungsverzögerungen und sind zu Beginn des Lateinunterrichts mit abstrakt sprachlichen (grammatischen) Aufgaben überfordert und daher auch nicht interessiert und motiviert. Einige Schüler überwinden diese Schwächen in angemessener Zeit, andere behalten Probleme auf dem Gebiet der sprachlichen Abstraktionen, beispielsweise automatisieren sie nicht den Strategiegebrauch, lateinische Sätze vom Prädikat aus zu entschlüsseln. Wegen fehlender Sprachpraxis und mangelnder Vernetzungen vergessen sie einige der mühsam gelernten Strukturen und Vokabeln wieder. Für diese Schüler ist Englisch als erste Fremdsprache mit Handlungs- und Spielelementen eher passend, weil es aktiv sprechend in der Klasse umgesetzt wird und auf diese Weise Sprechfertigkeiten zusätzlich zu strukturellen sprachlichen Fertigkeiten erworben werden. Für sie ist auch Französisch die passende zweite Fremdsprache, weil sie wie Englisch kommunikativ vermittelt wird, begleitet von einem Gerüst grammatischer Strukturen.
- Andere Schüler haben herabgesetzte semantisch-lexikalische Fähigkeiten, was die Arbeit mit Wortbedeutungen meint, folglich fällt es ihnen schwer, unter anderem mit Bedeutungsveränderungen durch Vor- und Nachsilben umzugehen und das „Baukastenprinzip" der Sprache zu nutzen.
- Manche Legastheniker haben einen schlechten Strategiegebrauch und halten sich nicht an die „Auflösungsmuster" bei lateinischen Sätzen. Impulsivität ist beim Erwerb des Lateinischen hinderlich.
- Einige Schüler ziehen nur einen begrenzten Nutzen aus der Arbeit mit dem Wörterbuch, da sie zum Beispiel eine Verbform aus dem Text nicht dem Infinitiv zuordnen können, wie zum Beispiel bei „sustuli/ich habe ertragen", abzuleiten von dem Infinitiv „sufferre/ertragen".

- Verschiedene Bedeutungsnuancen eines Wortes verunsichern sie, da sie nicht umgehend entscheiden können, welche im Wörterbuch genannte Bedeutung sie wählen sollen. Bei „tollere“ etwa werden angegeben: „aufheben, in die Höhe heben, aufbrechen, anerkennen, großziehen, lichten (Anker), mitnehmen, an Bord nehmen, ... erheben, stolz machen, ... wegheben, wegnehmen, beseitigen, abschaffen, ...“. Die Auswahl, die dem Kontext entsprechen muss, fällt vielfach schwer. Bei der Bearbeitung von Lückentexten stellt sich das Problem von Neuem, weil sich manchen Legasthenikern die Wortwahl für die einzelnen Leerräume erst aus dem rekonstruierten, vollständigen Text ergibt.

  Manche Schüler sind irritiert, wenn das Subjekt, zum Beispiel in der Verbform „vidi/ich habe gesehen“ nicht wie gewohnt am Ende des Satzes, sondern am Anfang steht.

  Einige Schüler kennen die Bedeutung der Vokabeln, beherrschen die Grammatik und die Bedeutung der Formen, finden es *dennoch schwer oder fast unmöglich, eine Synthese, eine Zusammenschau von Wort- und Formbedeutungen, herzustellen,* um eine richtige Übersetzung anzufertigen.

Um die genannten Schwierigkeiten zu reduzieren, könnten Lehrer und Schulpsychologen in den Schulen vor der Sprachenwahl klären, welche kognitiven Stärken Schüler zeigen. Die Ergebnisse der Grammatikarbeiten der ersten beiden Jahre im Deutschen und die Art der Bewältigung der grammatischen Besonderheiten in der ersten Fremdsprache könnten erfasst werden. Man müsste prüfen, inwieweit die Schüler die grammatischen Kenntnisse automatisiert haben und ob ihr Strategiegebrauch beim Lernen gut ist. Danach müsste entschieden werden, ob der Erwerb des Lateinischen ihnen liegen könnte. Ein Erfassungsbogen, entworfen von der „Deutschen Schule, London“ und erweitert von der Verfasserin, befindet sich im Anhang.

Semantisch-lexikalische Kompetenzen könnten nach der Beurteilung der Ausdrucksfähigkeit in Aufsätzen und nach den mündlichen Unterrichtsbeiträgen eingeschätzt werden.

In einigen Schulen wird in der 8. Klasse einige Monate vor Schuljahresschluss ein „Lateinschnupperkurs“ eingerichtet, um interessierten Schülern die Möglichkeit zu geben, die Vermittlung des Lateinischen kennenzulernen und herauszufinden, ob ihnen diese Sprache liege. Diese Erprobung des Spracherwerbs – so begrenzt sie in dem kurzen Zeitraum auch ist – vermittelt praktische Erfahrungen und kann die allgemeine Einschätzung der kognitiven Fähigkeiten eines Schülers ergänzen. Im „Psycholinguistischen Entwicklungstest" (PET) von Angermaier (1977) gibt es je nach Leistungen des Kindes in den Untertests Hinweise darauf, wie die Voraussetzungen für Leistungen im Lateinischen oder Französischen aussehen könnten.

In den Schulen wird bei der Beratung zur Wahl der zweiten Fremdsprache oft auf die Denkschulung hingewiesen, die die Beschäftigung mit dem Lateinischen darstelle. Dem ist Folgendes entgegenzuhalten: Liegt eine intellektuelle Befähigung zum abstrakten, geordnet strukturierten Denken mit sprachlichen Formen vor, werden grammatische Kenntnisse relativ leicht erworben, und die Beschäftigung mit Latein als Sprache mit vielfältigen kulturellen und geschichtlichen Aspekten wird ein Gewinn und Erfolg für die Betreffenden sein. Für diejenigen, die die Lernvoraussetzung für das Gymnasium noch nicht oder gar nicht haben, ist der Erwerb des Lateinischen eine große Belastung.

Die modernen Fremdsprachen werden empfohlen, da sie der Kommunikation dienen und eine Voraussetzung für die weitere Berufsausbildung sind. Übungsmöglichkeiten bestehen bei Ferienkursen im Ausland und bei Schüleraustausch.

Gründe für den Erwerb des Französischen können sein:

- Freude am Klang dieser Sprache,
- Freude an sprachlichem Austausch, Spontaneität und Kontaktfreudigkeit,
- gut entwickelte Sprechmotorik und gutes Berührungsempfinden im Mund
- präzise Artikulation/Aussprache im Deutschen und/oder im Englischen,
- gute Verarbeitung von sprachlicher Information,
- Interesse an Auslandskontakten,
- Interesse an der französischen Kultur, soweit sie in dem Alter den Schülern bekannt ist,
- Abneigung gegen Latein als alte und „tote" Sprache, die, oberflächlich betrachtet, wenig verwendbar zu sein scheint.

Für den Französischunterricht in allen Klassen ist kennzeichnend:

- Die Unterrichtssprache ist (fast) ausschließlich Französisch.
- Die Themen im Unterricht stammen aus dem französischen Alltag, entsprechen den Alltagserfahrungen der deutschen Schüler und sollen die Verständigung im Nachbarland vorbereiten.
- Es wird der kommunikative Ansatz im Unterricht betont (siehe Kapitel 3).
- Kompetenzen in Sprechsituationen werden geübt, ausgehend von Ton- und Bildmaterial.
- In manchen Schulen wird die Rechtschreibung parallel zum mündlich gehaltenen Unterricht, in anderen später eingeführt; Letzteres ist für Legastheniker zumeist schwierig (s. Kapitel 1).

In Bundesländern ohne Nachteilsausgleich in Form von Notenschutz kann Französisch für Legastheniker, Schüler mit Hörverarbeitungsstörungen, impulsiv arbeitende und/oder aufmerksamkeitsgestörte Schüler sehr schwierig sein, da sie vermutlich viele Rechtschreibfehler machen, welche die Gesamtnote beeinträchtigen.

In Bundesländern mit Notenschutz sollten die Sprach- und Sachrichtigkeit die Gesamtnote bestimmen. Wenn die schulrechtlichen Bestimmungen korrekt umgesetzt werden, *haben viele Legastheniker beim Erwerb des Französischen Freude und gute Erfolgschancen.*

Beim Erwerb des Lateinischen spielt das Erfassen und Beherrschen der Arbeit mit grammatischen Beziehungen eine zentrale Rolle. Für Französisch sind sie in reduziertem Maße ebenfalls wichtig, da eine angemessen gut ausgebildete grammatische Auffassungsgabe und gut automatisierte Kenntnisse und Fertigkeiten vorliegen müssen, um die zahlreichen grammatischen Bezüge in der geschriebenen Sprache verstehen und beachten zu können.

Jedoch haben Schüler, die angemessen schnell denken und sprachlich reagieren, im kommunikativen, mündlichen Französischunterricht gute Gelegenheiten, ihre Stärken zu zeigen und diese weiterzuentwickeln.

Gefahren für Schüler mit Teilleistungsstörungen beim Erwerb von Französisch sind:

- ungenaue, verwaschene Aussprache (möglicherweise schlechte Kontrolle der Mundmotorik wie auch reduzierte Rückmeldung von den Mundberührungsempfindungen) kann zu falscher Schreibweise im lautgetreuen Bereich führen,
- diskrete Hörprobleme und herabgesetzte phonologische Bewussheit können zu fehlerhaften auditiven Wahrnehmungen führen sowie die Rechtschreibung und die Teilnahme am Unterrichtsgespräch negativ beeinflussen. *Legastheniker mit gestörter auditiver Verarbeitung und Wahrnehmung werden es beim Erwerb des Französischen schwer haben. Bei angemessenen grammatischen Leistungen bietet sich die Wahl des Lateinischen an.*
- mäßige Grammatikkenntnisse können wegen der komplizierten grammatischen Beziehungen die Rechtschreibung belasten.
- ein nicht ausreichend entwickelter Umfang des sprachlichen Arbeitsgedächtnisses behindert die unerlässliche Umsetzung der verschiedenen grammatischen Gesichtspunkte bei der Rechtschreibung.

Über die grundlegenden Voraussetzungen für den Erwerb einer modernen Fremdsprache, wie in der Einleitung zu diesem Kapitel beschrieben, ist es empfehlenswert, mit den Eltern zu sprechen und einen Überprüfungsbogen für die Wahl der zweiten Sprache zu nutzen, der den Eltern und Lehrern hilft, die Stärken und Schwächen der Schüler herauszufinden.

Zusätzlich zu den oben erwähnten Gesichtspunkten könnte man die auditiven Leistungen, die Verarbeitung von Gehörtem, im Zusammenhang mit der ersten Fremdsprache zur Beurteilung heranziehen. – Bei Lernproblemen ist häusliche Unterstützung wichtig. Daher sollte bei der Wahl der Fremdsprache auch bedacht werden, ob ein Elternteil, ältere Geschwister oder Verwandte beim Erwerb der gewählten Sprache unterstützen könnten.

Selbstverständlich sollten Eltern und Lehrer versuchen, die Wünsche von Schülern bei der Sprachenwahl zu berücksichtigen. Allerdings muss man bedenken, dass vor der Sprachenentscheidung in der sechsten Klasse die Schüler oft keine fundierten Vorstellungen von einer bestimmten Sprache haben. Die Schüler sollten zusammen mit ihren Eltern darüber informiert werden, was sie bei dem neuen Fach ungefähr erwartet. Man sollte mit ihnen über ihre Stärken und Schwächen beim Lernen sprechen und auf diese Weise die mögliche Sprachempfehlung der Lehrer bei der Beratung leichter nachvollziehbar machen.

Das Wichtigste kurz zusammengefasst

Fundierte Kenntnisse der Grammatik und Umsetzung grammatischer Beziehungen sind Grundlagen für den Erwerb des Lateinischen. Guter Strategiegebrauch ist hilfreich. Kulturhistorische und historische Bezüge können im Unterricht bearbeitet und erweitert werden.

In der Kommunikation zurückhaltende, langsam, aber gründlich arbeitende Schüler sind beim Erwerb des Lateinischen unter Umständen erfolgreicher und motivierter als beim Erwerb des Französischen.

Der erfolgreiche Erwerb des Französischen setzt Freude an der sprachlichen Kommunikation voraus, solides Grammatikwissen sowie Aufmerksamkeit bei der Arbeit wegen der vielen grammatischen Bezüge, die bei der Rechtschreibung beachtet werden müssen. Das Französische ist für die meisten Legastheniker eine schwierige Sprache; daher ist der Notenschutz wegen der komplizierten Rechtschreibung eine wesentliche Unterstützung. Fertigkeiten in Französisch können im Schüleraustausch und in Ferienkursen im Ausland vervollkommnet werden.

7 Lesen, Rechtschreibung und Abschreiben

In diesem Kapitel werden Leseschwierigkeiten bei fremdsprachlichen Wörtern und Texten sowie Hilfsstrategien erörtert. Die Überlegungen und Ratschläge sind auf das Lesen in allen Fremdsprachen übertragbar.

Bei deutschen Wörtern sind die Laut-Buchstaben-Zuordnungen weitgehend eins zu eins; nicht lautgetreue Schreibweisen wie bei „Sta**ti**on" [Stazjon] und „Fami**li**e" [Familje] werden aus der Spracherfahrung und der Sinnerwartung zumeist richtig gelesen. Deutschsprachige Kinder lernen das Lesen weitgehend nach der analytisch-synthetischen Methode, wobei Buchstaben in Laute umgeformt, Laute zu Silben und Silben zu Wörtern verbunden werden, was bei lautgetreuen Schreibweisen anwendbar ist. Dieses Vorgehen ist nicht auf die vielfältigen Möglichkeiten der Laut- und Buchstaben-Zuordnungen und Silbengliederungen im Englischen übertragbar (siehe Kapitel 5), „daher ist der englische Erstleseunterricht eher ganzheitlich orientiert" (Landerl 1996, 161). Für Schüler mit phonologischem Defizit ist es besonders schwierig, fremdsprachliche Wörter, Phrasen und Texte zu lesen, daher müssen sie für das Englische und andere Fremdsprachen individuelle Lesestrategien entwickeln, die ihrer eigenen geistigen Struktur entsprechen.

Abgesehen von komplexen fremdsprachlichen Wörtern ist das *laute Lesen* für viele Schüler mit artikulatorisch-mundmotorischen Schwierigkeiten (Lautbildung und Zusammenarbeit der Mundmuskeln) in den Fremdsprachen schwer. Angemessen entwickelte Fertigkeiten in der Umsetzung der fremdsprachlichen Intonation und des Rhythmus müssen für eine gute Leseleistung hinzukommen. Wenn Beeinträchtigungen in den genannten Bereichen vorliegen, ist das Lesen nicht flüssig und verläuft nicht in angemessenem Tempo.

Chorlesen in der Schule schafft artikulatorische und intonatorische Erfahrungen und unterstützt das auditive Sprachgedächtnis.

Viele Schüler üben das laute Lesen nicht ausreichend, weil es sie langweilt oder sie zu Hause keine guten Sprachvorbilder oder Kontrollmöglichkeiten haben. *Mangelnde Übung im lauten Lesen* wirkt sich nachteilig aus. Das laute Lesen, hier betrachtet als eine Form von Sprechübung und nicht primär auf Sinnentnahme ausgerichtet, ist eine gute Trainingsmöglichkeit, die nützliche Fertigkeiten in Aussprache und Sprechtempo für das freie Sprechen und die Rechtschreibung entwickelt. Eine korrekte Aussprache ist die Basis für richtiges Schreiben.

Die lehrbuchbegleitenden Kassetten oder die Software zum Lehrbuch bieten hier Unterstützung mit guten Sprachvorbildern, auch wenn Lautfärbungen der muttersprachlich Lesenden gelegentlich irritieren. Auf den Kassetten werden die Texte im Allgemeinen sehr schnell gesprochen. Da manche Schüler Probleme haben mit der Hörverarbeitung oder bei der Bewältigung des Tempos der dargebotenen Sprachbeispiele, brauchen sie mehr Zeit zum Analysieren, Speichern und zur Umsetzung des Gehörten. Folgendermaßen kann die Arbeit mit der Kassette erleichtert werden:

- Text anhören,
- Text dabei mit dem Auge im Buch verfolgen,
- nach einem Satz oder einer Sinneinheit die Pausentaste drücken,
- anschließend den Text dem Sprachvorbild entsprechend laut nachlesen.

Die Computerprogramme der Lehrbuchverlage enthalten gut gestaltete Leseübungen und sind daher zusätzlich zu empfehlen. Lautes und leises Lesen werden für manche Schüler äußerlich erschwert durch die *kleinen Drucktypen in den Lehrbüchern*, die vermutlich aus Platzersparnis verwendet werden. Auch für Menschen ohne Teilleistungsstörungen und für Nichtlegastheniker ist es anstrengend, kleine Schrift zu entziffern. Schüler sollten ihre Energien vorzugsweise zur Sinnentnahme verwenden und nicht zur Auflösung kleinen Drucks. Eine wirksame Hilfe kann bei Bedarf eine auf 120 % vergrößerte Kopie des Lehrbuches sein. Die Kopie ermöglicht die individuelle Bearbeitung der Texte mit persönlichen Eintragungen, was in schuleigenen Exemplaren nicht erlaubt ist. Falls keine vergrößerte Kopie zur Hand ist, oder wenn unterrichtsbegleitende Kopien klein gedruckt sind, zum Beispiel bei Klassenarbeiten, kann ein *Lesestab* verwendet werden, der so lang wie eine

Zeile ist und den Text angemessen vergrößert. Allerdings ist weiter vorausschauendes Lesen mit dem Stab nicht möglich, auch kann gleichzeitig keine Orientierungshilfe für die Augen durch eine synchron mitbewegte Lesehilfe eingesetzt werden. Da der Stab nur senkrecht von oben eingesehen werden kann, ohne den Text zu verzerren, kann kein Zweiter mitlesen. Für viele Schüler aber ist der Stab ein Anreiz zum Lesen.

Bei lautem und leisem Lesen haben manche Schüler Probleme mit den Blickbewegungen der Augen und neigen dazu, Augensprünge innerhalb einer Zeile bzw. nach oben oder unten zu machen. Um diese Schwierigkeiten zu vermindern oder zu vermeiden, können die Schüler:

- eine Karteikarte, Größe DIN A6, zum Zeilenhalten verwenden, die wegen des festen Papiers gut geeignet ist.
- Da das Auge bewegten Gegenständen besser folgt als ruhenden, wird zur Unterstützung des Lesens eine Ecke der Karteikarte von links nach rechts bewegt, sodass das Auge kontinuierlich geführt wird. Das ist nur möglich, wenn das Lesen und das Bewegen der Karte synchron verlaufen.
- Zur besseren Heraushebung kann man die zur Führung der Augen vorgesehene Ecke der Karte farbig markieren.
- Wörter mit einem Stift oder einem Zahnstocher „abtasten“,
- die Betonung üben und in den Text einzeichnen lassen, wie bei englisch „hotél, idéa, ínteresting, becáuse“, französisch „s'appelér“, je m'appélle“, wobei die Oberzeichen bei den französischen Verben Betonungen, keine Akzente, bedeuten.
- *Silbenbögen* in den Text einzeichnen, um die Überschaubarkeit des Geschriebenen zu erhöhen. Das ist nicht bei allen englischen Wörtern nach dem Vorbild der im Deutschen stets anwendbaren Silbengliederung umsetzbar, ist aber zum Beispiel möglich bei englisch „birth-day par-ty, work-sheet, pa-per-weight“ und französisch „re-gar-der, „con-ver-sation“. Silbenbögen sind problematisch, wenn Buchstabenfolgen beim Sprechen verkürzt werden und einzelne Buchstaben nicht als Laute zu hören sind wie bei „Wednesday“ [wens-dei] und „chocolate“ [tschoklit], die zwei Sprechsilben oder „interesting“ [in-tres-ting] und „remarkable“ [ri:-ma:kibl], die drei Sprechsilben haben. Französisch „qu'est-ce que c'est“ lautet [käs-ke-sä]. Hierbei ist eine Anleitung beim Einzeichnen der Bögen nach den tatsächlich gesprochenen Silben nötig. Die Bögen müssen ganz knapp unter die Silben gezeichnet werden, damit sie in Verbindung mit ihnen stehen und die Gliederung verdeutlichen. Dies ist eine wichtige Hilfe, um die richtige Aussprache der fremdsprachli-

chen Wörter einzuschleifen. Zusätzlich sammeln die Schüler Erfahrungen mit fremsprachlichen Besonderheiten und lernen, dass sie bei manchen Wörtern die vom Deutschen her vertraute Gewohnheit aufgeben müssen, jede visuell als Silbe erfassbare Einheit deutlich getrennt von den anderen auszusprechen.

- die Satzmelodie sprechen und die Betonungsbögen einzeichnen lassen. Generell fängt die englische Satzmelodie relativ tief an, steigt auf und endet noch tiefer als beim Satzanfang. Bei Entscheidungsfragen wird die Stimme am Satzende gehoben, bei Verständnisfragen wird sie gesenkt. Das lässt sich mit aufsteigenden und abfallenden Bögen zeichnen, wozu sich Notenlinien gut eignen. Zum Beispiel bei Anhängselantworten, wird im Englischen die Stimme gesenkt, „you don't know him, do you?"
- Vor dem Lesen eines Textes können die individuell schwierigen Wörter herausgesucht, mit einem Marker gekennzeichnet und gesondert geübt werden, bis sie gut eingeschliffen sind. Danach wird der ganze Text gelesen. Es ist sinnvoll, das *Textverständnis* notfalls durch *Übersetzen* zu sichern, da bei fremdsprachlichen Texten oft die Sinnerwartung und die Sinnentnahme fehlen. Zur Entwicklung eines sprachlichen Netzwerkes ist ständiges Sinnverständnis von Texten und gesprochener Sprache unerlässlich. Ein Schüler las zum Beispiel, „she it rabbit", statt des Buchtextes „she is repairing her bike". Der Schüler war über die Lehrerkorrektur nicht erstaunt, da im Anfangsunterricht bei ihm keine Sinnentnahme stattfand. Er hatte es als gegeben hingenommen, wenig oder nichts zu verstehen!

„Reading-" und „Listening Comprehension" (Lese- und Hörverstehen): Aufgaben zur *„reading comprehension"* sind für manche Schüler mit herabgesetzten Lesefähigkeiten sehr schwierig, entweder bedingt durch Vorlagen mit mühsam zu lesendem, kleinem Druck (Schriftgrad 10, einfacher Zeilenabstand), in Spalten aufgeteilte Texte, mangelnde Vokabelkenntnisse und damit verbundene Probleme bei der Sinnentnahme oder durch generelle Langsamkeit bei der Informationsverarbeitung. Bei großer Langsamkeit sollte bei Klassenarbeiten mehr Zeit zur Bearbeitung gegeben werden, weil nicht die fachliche Leistung schlecht ist, sondern die Informationsverarbeitung in einer vorgegebenen Zeit. Diese Eigenart der neuronalen Prozesse im Gehirn, die von den Betroffenen nicht beeinflusst werden können, sollte sich nicht zu ihrem Nachteil auswirken (s. Kapitel 2).

Bei der „reading comprehension" in der Klasse oder als Hausaufgabe ist es sinnvoll, im Vorfeld zuerst einige gesondert gekennzeichnete Schlüsselwörter zu lesen und gegebenenfalls zu übersetzen. Wenn diese Erleichterungen von Lehrern nicht vorbereitet werden konnten, können Eltern und Förderkräfte helfen, die schwierigsten Vokabeln herauszusuchen und vor der Textbearbeitung zu besprechen. Viele Schüler zweifeln an den Bedeutungen der „kleinen Wörter“, den Präpositionen oder Adverbien; daher ist im Anhang eine Zusammenstellung der englischen „kleinen Wörter“ beigefügt. Sie sollten ständig wiederholt werden.

Bei Klassenarbeiten ist ein guter Rat, die „reading comprehension“ ganz ruhig zu beginnen, denn beispielsweise in den unteren Klassen beziehen sich die Fragen zum Text in ihrer Reihenfolge ganz genau auf den Gang des Berichtes oder der Erzählung. Die erste Frage betrifft in der Regel den ersten oder zweiten Satz.

Die zweite Frage wird sich vermutlich auf den zweiten oder dritten Satz beziehen. Die Schüler können, vielleicht den Text mit dem Stift abtastend, Zeile für Zeile vorgehen und brauchen nicht vor lauter Aufregung und Misserfolgserwartung Ratestrategien einzusetzen, die zu keinem guten Ergebnis führen. Wenn ein Teil des Textes nicht richtig verstanden wird, verzerrt sich der Zusammenhang; oft folgen falsch beantwortete Fragen, und bei Zeitnot misslingt die Lösung der Aufgabe.

Bei der *„listening comprehension“* besteht ein anderes Problem. Da die Lehrplangestalter und Lehrbuchautoren von dem durchschnittlich begabten, nicht teilleistungsgestörten Schüler ausgehen, haben sie vielfach nicht erkannt, dass „listening comprehension“ für manche Schüler nicht oder nur schwer zu bewältigen ist. Schüler mit schlechter auditiv-sprachlicher Verarbeitung und Wahrnehmung können oft die Sprecher nicht verstehen, deren Mundbild und Mimik nicht unterstützend zu sehen sind. Schwierigkeiten können das Lesetempo, die individuelle Sprachfärbung des Sprechers oder Probleme beim Verständnis von Vokabeln darstellen. Texte sind dann schlecht verständlich, wenn der Anfang oder wichtige Passagen nicht erfasst werden, sodass alle folgenden Informationen wegen fehlender Teile nicht vernetzt werden und folglich die Sinnentnahme nicht gelingt. Hier sollte man betroffenen Schülern ein paar Schlüsselwörter aufschreiben, die ihnen das Verfolgen des gesprochenen Textes und die Sinnentnahme erleichtern, oder ihnen den gesamten Text bei der ersten Hörpräsentation vorlegen. Es besteht auch die Möglichkeit, Legasthenikern einzuräumen, ein paar gezielte Fragen zu Vokabeln – manchmal liegt das Problem in einem einzigen Wort begründet – und/oder zum Text zu stellen. Diese Hilfen brauchen Legastheniker; gleiches Vorgehen bei allen Schülern ist eine deutliche Ungleichbehandlung.

Rechtschreiben: Regeln sollten erörtert werden, soweit es sie gibt. Viele Legastheniker kennen Regeln, haben aber beim fehlervermeidenden Arbeiten Schwierigkeiten, alle Elemente im Arbeitsgedächtnis gleichzeitig präsent zu halten. Auch haben sie vielfach einen herabgesetzten Strategiegebrauch, sodass sie vorhandenes Wissen nicht heranziehen. Merkverse als Eselsbrücken für Rechtschreibregeln sind hilfreich; die folgenden Merkverse von der Verfasserin sind im Anhang noch einmal mit anderen Eselsbrücken zusammengefasst. Beispiele für Rechtschreibregeln im Englischen und Förderhinweise für die Rechtschreibung sind:

- stummes End-"e" beeinflusst die Aussprache des Stammvokals, sodass er so klingt, wie er im Alphabet gesprochen wird, „l**a**te, th**e**me, wr**i**te, n**o**te, fl**u**te",
- stummes „End-e" verschwindet bei Anhängung einer Endung wie bei „giv**e**" und „giving",
- Konsonantenverdopplung bei Anhängung einer Endung nach kurzem, betontem Stammvokal, „ste**pp**ing, hu**mm**ing, fi**ll**ing",
- „l" nach kurzem Stammvokal wird immer verdoppelt, „compe**ll**ed, quarre**ll**ed, tunne**ll**ed",
- „r" wird bei Anhängung einer Endung immer verdoppelt, weil sich sonst der Wortklang ändern würde, „occu**rr**ed, refe**rr**ed",
- die Wörter mit auslautendem „ll" wie bei „all, full und till" verlieren ein „l" bei Verbindung mit einer Silbe oder einem Wort, „**al**so, **al**together, hope**ful**, to **ful**fil, un**til**",
- bei Anhängung einer Endung wird „y" in „i" verwandelt, „baby – bab**i**es, happy – happ**i**ly",
- wenn „ing" an ein Wort mit auslautendem „y" angefügt wird, bleibt das „y" erhalten, „hurry – hurr**y**ing, worry – worr**y**ing",
- Zwischen „o" und „s" steht immer ein „e", „do**e**s, go**e**s, potato**e**s, tomato**e**s",
- Apostrophsetzungen sind problematisch, da häufig nicht bewusst ist, welcher Bestandteil des Verbs ausgelassen wird, z. B. „he hasn't" für „he has not", „he'd" für „he had" oder „he would", dem Kontext entsprechend.

- Wörter mit dem gleichen Rechtschreibproblem zusammenfassen. Im Gegensatz zum im Deutschen überwiegenden „el“ in „Nud**el**, Nag**el**“ herrscht in der englischen Rechtschreibung „le“ vor, „bott**le**, nood**le**, app**le**, tab**le**“, die im Anfangsunterricht vorkommen. Parallel zur vorherrschenden „le“-Schreibung gibt es auch Beispiele für „el“, „trav**el**, lab**el**, lev**el**“.
- Für das Französische kann man als Merkhilfe zur Unterscheidung der Homophone (gleichklingende Wörter), die als „ou“ [u:] geschrieben „oder“ und als „òu“ geschrieben „wo“ bedeuten, folgenden Vers verwenden: „òu für wo kriegt 'nen Floh“.

Wörter mit komplizierten, schwer erfassbaren Laut-Buchstaben-Zuordnungen können zur Festigung der richtigen Schreibweise deutsch „lautiert“ und „silbiert“ werden, damit die Orthografie stimmt; die richtige Aussprache schleift sich durch den mündlichen Gebrauch ein. Beispiele aus dem Englischen sind „juice“, [dschu:s], „ju-i-ze“ gesprochen; „biscuit“ [bis-kit], „bis-ku-it“ gesprochen; „foreigner“ [for-nö], „fo-reig-ner“ gesprochen; „Wednesday“ [Wens-dei], „Wed-nes-dei“ gesprochen. Individuelle Eselsbrücken sind hilfreich; die folgende soll die Unterscheidung zwischen **„where“** und **„were“** erleichtern: „It was foggy and you could not see where you were going“. Förderlich ist auch ein persönliches Regelheft, in das Schüler im Unterricht fortlaufend Einträge machen und es nach ihren eigenen Bedürfnissen zu Hause mit Gedächtnisstützen ergänzen. Vor Klassenarbeiten eignet sich die Regelsammlung zur Wiederholung, vor Prüfungen beruhigt sie, weil sie die gesammelten oder die meisten wichtigen Regeln enthält. Beim Wiederholen stellen viele Legastheniker erfreut fest, dass sie einige Bereiche inzwischen sicher beherrschen, sodass sie diese aus dem Katalog streichen können.

Die sorgfältige Kontrolle von Übungssätzen und Texten können Schüler durch Abtasten der Wörter mit einem Stift üben. Sie fahren langsam den Text entlang und sprechen gleichzeitig aufmerksam mit. Manche Legastheniker buchstabieren besser als sie rechtschreiben. Dennoch ist es nicht sinnvoll, englische oder französische Wörter buchstabieren zu lassen, weil die Laute im Alphabet oft von ihrem Klang im betreffenden Wort abweichen und folglich das Klangbild des Wortes nicht wiedergegeben wird – wie in englisch „to give“, was buchstabiert „[dji:, ai, vi:, i:]“ klingt.

Viele Schüler haben große Schwierigkeiten im Umgang mit dem Wörterbuch. Sie können zwar das Alphabet auswendig aufsagen, es fällt ihnen aber schwer, einzelne Buchstaben aus den Reihen herauszulösen. Wenn sie ein Wort nachsehen wollen, müssen sie vielfach die Reihe von Beginn an aufsagen, um den gesuchten Anfangsbuchstaben zu finden. Bei der Suche ist es hilfreich, ein Wörterbuch in der Mitte aufzuschlagen, weil sich ungefähr dort der Buchstabe „m" befindet. Von „m" ausgehend kann man im Alphabet vor- und zurückgehen. Wegen der beschriebenen Probleme dauert die Benutzung des Wörterbuches vielfach lange und wird von Betroffenen daher nicht geschätzt. Wenn Schüler Zweifel an ihrer Rechtschreibung haben, kann es sehr schwierig sein, die richtige Schreibweise zu finden, da nur die korrekte Version im Wörterbuch verzeichnet ist.

Da die englische Rechtschreibung sehr viele Unregelmäßigkeiten aufweist, dauert der Anfangsunterricht im Lesen und Schreiben in den angelsächsischen Ländern vier Jahre, womit der problematischen Rechtschreibung und dem schwierigen Lesen Rechnung getragen wird. In Deutschland hingegen dauert der Erstlese- und Schreibunterricht zwei Jahre.

Der kommunikative Ansatz bringt es mit sich, dass im Anfangsunterricht – vermutlich völlig unabsichtlich – ein Höchstmaß an Rechtschreibschwierigkeiten bewältigt werden muss wie bei der Wiedergabe der Zahlen, „**o**ne, t**w**o, **th**r**ee**, fo**u**r, fiv**e**, sev**e**n, n**i**ne, ele**v**en" und der Nahrungsmittel, „j**ui**ce, sau**sa**ge, bisc**uit**". Hier fehlt jegliche Systematik im Rechtschreibaufbau, die die Laut-Buchstaben-Zuordnungen sowie die Automatisierung der Orthografie für Anfänger und für Legastheniker erleichtern würde.

Die Methoden und die Systematik, die Lehrer bei der Rechtschreibförderung von Legasthenikern in den angelsächsischen Ländern anwenden, können nicht ohne Weiteres auf den deutschen Fremdspracherwerb übertragen werden, da nach dem kommunikativen Ansatz unterrichtet wird und der Wortschatz der deutschen Schüler entsprechend ausgewählt und begrenzt ist. Interessierte können gute Ideen und einige Wörter dem bekannten englischen Werk „Alpha to mega. The A-Z of Teaching Reading, Writing and Spelling" (Hornsby, 1986) entnehmen. Eine systematische Rechtschreibförderung wurde zusammengestellt in „Englisch richtig schreiben, leichter lesen" (Buda 2005) und in „Englische Rechtschreibung. Probleme deutschsprachiger Schüler" (Nieberle 2005). Für die Förderung deutscher Schüler ist das Zusatzmaterial teilweise schwierig, da unbekannte Wörter erscheinen und die Zeit zum zusätzlichen Üben nach Bewältigung der Hausaufgaben und unter Umständen der Vorbereitung der nächsten Klassenarbeit begrenzt ist. Man muss abwägen zwischen der Höhe des Arbeitseinsatzes und dem konkreten Nutzen.

Abschreiben: Das Abschreiben ist in den Fremdsprachen ebenso problematisch wie im Deutschen. Da Lernzuwachs bei allen Aktivitäten wünschenswert ist, sollte das Abschreiben entsprechend gestaltet werden.

Wenn eine Vorlage ohne besondere Anweisungen abgeschrieben wird, besteht die Gefahr, dass sie „abgemalt“ wird. Schüler neigen dazu, Buchstaben für Buchstaben zu übertragen, wobei allein die rechte, formerfassende, nicht-sprachliche Gehirnhälfte beteiligt ist. Damit Schüler sprachlich vom Abschreiben profitieren, sollten sie ein Wort oder einen Satz lesen, ihn anschließend abdecken und das Wort oder den Satz aus der Erinnerung niederschreiben. Hierbei ist auch die linke, die sprachverarbeitende Gehirnhälfte aktiv und das Abschreiben ist eine *sprachliche Leistung.* Diese Überlegungen liegen den „Laufdiktaten“ zugrunde.

Es ist wichtig, sich zu vergegenwärtigen, dass nicht alle Schüler das Abschreiben trotz ihrer Bemühungen befriedigend ausführen können. Schülern mit Problemen der visuellen Detailverarbeitung (Einzelheiten mit dem Auge erfassen und speichern) gelingt aufgrund dieses Handikaps fehlerloses Abschreiben schlecht oder gar nicht. Auch wenn sie sich anstrengen, diese Fertigkeit zu automatisieren, ermüden sie durch kompensatorisches Arbeiten schnell und machen daher nach einer gewissen Zeit mehr Fehler.

Bedacht werden müssen auch *Schwierigkeiten der Augen bei der Nah- und Ferneinstellung* beim Übertragen des Geschriebenen von der Tafel ins Heft. Bei der Umstellung von Naheinstellung beim Blick ins Heft zur Ferneinstellung für das Lesen an der Tafel verlieren Schüler leicht die entsprechende Stelle und sind irritiert; folglich verzögert sich der Abschreibprozess.

Das Abschreiben eines umfangreichen Tafelbildes ist wenig ratsam, weil viele Schüler langsam abschreiben und daher das Abschreiben vielfach nicht vor Stundenschluss beendet ist. Das ist in den Fremdsprachen problematisch beim Abschreiben von Regeln oder Übersichten. Soll das Abgeschriebene Arbeitsgrundlage für häusliche Übungen sein, muss es vollständig und fehlerfrei vorliegen. Gelingt das nicht, gibt es zu Hause keine zuverlässigen Unterlagen zum Nacharbeiten und Wiederholen. Manche Schüler erfassen den Sinnzusammenhang beim Abschreiben nicht, weil sie zu intensiv mit dem Schreibablauf beschäftigt sind und nicht gleichzeitig gedankliche Inhalte verarbeiten können. Das kann zu sinnentstellenden Fehlern führen.

Das Wichtigste kurz zusammengefasst

Das Lesen von Wörtern, Phrasen und Texten wird im Englischen, im Französischen in reduzierter Form, durch zahlreiche unregelmäßige Laut-Buchstaben-Zuordnungen erschwert. Schwierigkeiten bei der Aussprache und der Intonation beeinträchtigen das laute Lesen. Chorlesen und gezielter Einsatz der Kassette oder des Computerprogramms zum Lehrbuch, die gute Sprachvorbilder vermitteln, können Leseübungen unterstützen. Bei kleinem Druck erleichtern Textvergrößerungen, der Gebrauch von Lesestäben sowie individuell einsetzbare Lesehilfen Leseflüssigkeit und Sinnentnahme. Strategien zum Zeilenhalten und zum Bewältigen schwieriger Wörter werden genannt.

Für die Orthografie im Englischen gibt es einige hilfreiche Rechtschreibregeln, Eselsbrücken und Merkverse.

„Reading- und Listening Comprehension" können Legasthenikern besondere Schwierigkeiten bereiten; Zeitzuschläge beim Lesen und visuelle Orientierungshilfen beim Zuhören sind sinnvoll.

Das Abschreiben sollte als sprachliche Leistung gestaltet werden, um Lerngewinn zu ermöglichen. Da Abschreiben trotz Bemühung einigen Schülern nur fehlerhaft gelingt, wird vom Abschreiben des Tafelbildes abgeraten, wenn es Arbeitsgrundlage für den Unterricht oder für die häusliche Arbeit sein soll.

8 Fremdsprachenunterricht und Förderung beim Fremdsprachenerwerb

Die Art der Vermittlung der ersten Fremdsprache in den weiterführenden Schulen kann bei Schülern entscheidend zur positiven oder negativen Beurteilung des Sprachenerwerbs beitragen. In der Grundschule waren Lesen und Schreiben vielfach mit Frustration und Misserfolgserwartung verbunden, dennoch wird in den meisten Fällen der Beginn in der weiterführenden Schule von hohen Erwartungen und großer Motivation begleitet. Folglich muss es ein vordringliches Anliegen des Anfangsunterrichtes in der Grundschule und in der weiterführenden Schule sein, Erfolgserlebnisse mit geeigneten Strategien und Materialien zu schaffen, Freude an der Arbeit und Neugier zu erhalten, damit Versagensängste und Minderwertigkeitserlebnisse so weit wie möglich vermieden werden.

„Chancengleichheit heißt nicht Gleichbehandlung“ (Will 2003, 190). Es bedeutet, dass Legastheniker Ermutigung brauchen, um Kraft und Motivation zum Weiterarbeiten zu haben und dass bei der Ungleichheit der Lernvoraussetzungen frühestmögliche Unterstützung für Schulerfolg angeboten werden muss. „Wo Lernschwierigkeiten als individuelles Versagen der Jugendlichen angesehen werden, wird der Schulerfolg eher beeinträchtigt werden. Wenn dagegen Prävention und Förderung auch im Fremdsprachenunterricht einen hohen Stellenwert besetzen, ist die Erfolgswahrscheinlichkeit wesentlich höher“ (Brezing 2002, 197).

Fremdsprachenunterricht: Der Fremdsprachenunterricht sollte die Lern- und Lehrvoraussetzungen berücksichtigen (siehe auch Kapitel 1 und 3). Einige zusätzliche Überlegungen sind sinnvoll.

Bei der Erstellung des Stundenplans ist es wichtig, den Deutschunterricht und die Unterrichtsstunden in den Fremdsprachen nicht nacheinander anzuordnen, sondern zwischen die Sprachen nichtsprachliche, künstlerische Fächer oder Sport zu schieben.

Für viele Schüler erleichtert es die Orientierung und das Einstellen auf den kommenden Unterricht, wenn sich die Unterrichtsstunden ungefähr im Ablauf gleichen. Beispielsweise beginnt der Unterricht mit der Besprechung der Hausaufgaben, die sehr wichtig ist, um die häusliche Arbeit zu würdigen, um sicherzustellen, dass die häusliche Arbeit als Grundlage für die nächste Klassenarbeit richtig war, und um Fragen zu beantworten. *„Dumme" Fragen gibt es nicht!* Dann nennt der Lehrer beispielsweise das Unterrichtsthema. Er oder ein Schüler können das Stundenthema an die Tafel schreiben, wo es jeder stets vor Augen hat. Die Hausaufgabe für die kommende Stunde sollte vor der Unruhe gegen Unterrichtsende gestellt und an der Tafel notiert werden.

Es ist *wichtig* für die Schüler, dass *Kommunikations-, Produktions- und Korrekturphasen sowie Lern- und Leistungssituationen klar getrennt werden,* damit Legastheniker und andere Schüler mit Teilleistungsstörungen Gelegenheit dazu haben und den Mut aufbringen können, sich aktiv am Unterricht zu beteiligen. Bei der Bewertung von Leistungen im Unterricht muss offensichtlich sein, wann eine Lern- und wann eine Leistungssituation besteht. Für Schüler muss es eine deutlich erkennbare Trennung zwischen beiden geben, weil manche Legastheniker und andere in der Kommunikation eher zurückhaltende Schüler sich sonst unter Umständen nicht trauen, sich aktiv am Unterricht zu beteiligen. Ebenfalls muss die Unterscheidung zwischen Kommunikations-, Produktions- und Korrekturphasen deutlich sein, damit Schüler sich in Produktionsphasen ungehemmt zum Thema äußern und Gedanken im Rahmen ihrer Möglichkeiten formulieren können, ohne Unterbrechungen durch Korrekturen fürchten zu müssen. Steht Sprachrichtigkeit im Mittelpunkt des Unterrichtes, werden Fehler verbessert, und die Schüler sollten die Korrektur wiederholen, damit sich die richtige Formulierung, die grammatische Wendung, die Regel oder der Satz im Gedächtnis einprägen. Der Stil der Fehlerverbesserung ist entscheidend. Es kommt auf die Atmosphäre im Unterricht an, ob Korrekturen als erniedrigend oder als hilfreich und motivierend empfunden werden. Grundsätzlich betrachtet, sind Fehler immer ein willkommener Anlass, über ihren Ursprung nachzudenken und Kompensationsstrategien und Hilfen zu suchen.

Bei intensiver, aktiver Beteiligung der Schüler ist die neuronale Aktivität im Gehirn hoch, die zu Vernetzungen und Speicherungen der Informationen führt; von den Neuronen heißt es, „when they fire, they wire" – „wenn sie feuern, vernetzen/verdrahten sie sich". Aufgabe der Lehrer, Eltern und Förderkräfte ist es, die Arbeitsumstände so zu gestalten, dass Schüler größtmögliche sprachproduzierende Aktivitäten entfalten und folglich optimalen Nutzen aus ihrer Arbeit ziehen. Positiv für den Fremdsprachenerwerb ist, dass die neuronale Entwicklung und die Kapazität des Arbeitsgedächtnisses mit etwa zwölf Jahren gegenüber dem Grundschulbeginn fortgeschritten sind.

Im vorwiegend praktizierten kommunikativen Ansatz im Fremdsprachenunterricht stehen ausgedehntes Hörverstehen und Kommunikation mit der Entwicklung der vier Fertigkeitsbereiche Hören, Sprechen, Lesen und Schreiben im Mittelpunkt. Prozedurales Wissen, das bedeutet Kompetenzen in der Kommunikation, soll vermittelt werden; deklaratives, abstrahiertes Wissen über Sprache wie Grammatik wird als ergänzender Schwerpunkt bearbeitet. Für Legastheniker sollte aufgrund der individuellen Lernumstände die Förderung prozedurales Wissen zur Kommunikation erweitern, aber auch Wissen über Strukturen und Grammatik der Sprache enthalten. Ein einseitig ausgerichteter Unterricht wird nicht allen Schülern gerecht.

Einige Hilfestellungen sind für Legastheniker und andere Schüler mit Orientierungsschwierigkeiten wichtig: Empfehlenswert ist, den Aufbau des Lehrbuches ausführlich zu erklären und Übungen zum Auffinden von Übersichten und Regeln durchzuführen, denn nur wer das Hilfsmittel – Lehrbuch – durchschaut hat, kann es sinnvoll verwenden. Viele Schüler und Eltern lesen den sehr übersichtlichen Einführungsteil nicht und können das Buch daher nur eingeschränkt nutzen.

Vorgehensweisen zum Vokabellernen müssen erörtert werden. Es reicht nicht aus zu sagen, „seht euch die Vokabeln an", sondern sie müssen immer „gelernt" werden. Für Legastheniker und andere Schüler mit Lernschwierigkeiten empfiehlt es sich, eine bestimmte Anzahl von Wörtern von Stunde zu Stunde aufzugeben.

Ist diese Anzahl für einige Schüler zu groß, müssen Eltern und Lehrer eine Vereinbarung über die täglich erreichbare Anzahl treffen (s. Kapitel 10, Das Lernen von Vokabeln).

Vier Arten von Förderung zum Fremdsprachenerwerb sind möglich:

1. die unterrichtsbegleitende, indirekte Förderung
2. der schulische Förderunterricht in Kleingruppen
3. der außerschulische Förderunterricht
4. Hausaufgaben und die häusliche zusätzliche Unterstützung

1. Denkbar ist eine **unterrichtsbegleitende Förderung,** die als Ergänzung des vorwiegend kommunikativen Unterrichtes erfolgt und so gestaltet wird, dass sie mehreren Gruppen von Schülern mit Lernbesonderheiten zugute kommt. Beim Fremdsprachenerwerb gehören hierzu Legastheniker, langsame, impulsiv arbeitende oder unaufmerksame Schüler und/oder Schüler, die beim Umgang mit sprachlicher Abstraktion Entwicklungsverzögerungen zeigen. Auch solche Schüler, deren Begabungsschwerpunkte nicht auf sprachlichen, sondern auf mathematisch-naturwissenschaftlichen oder künstlerischen Gebieten liegen, gehören dazu. Die folgenden Vorschläge werden auch sprachlich gut begabten Schülern zur Verbesserung ihres Wissens und ihrer Leistungen zugute kommen. Alle Aktivitäten und Materialien müssen sich auf Folgendes beziehen: „Lernen ist ein aktiver Vorgang, in dessen Verlauf sich Veränderungen im Gehirn des Lernenden abspielen“ (Spitzer 2002, 4). In diesem Sinne müssen Lehrer die Schüler zu möglichst vielfältigen fremdsprachlichen Aktivitäten anregen.

Besonders im Anfangsunterricht liegt es nahe, ergänzend zu den Unterrichtsschwerpunkten des Hörens und Sprechens andere Sinne beim Lernen mit einzubeziehen, um möglichst vielfältige Verarbeitungs- und Vernetzungsmöglichkeiten zur Informationsspeicherung anzubieten. Auf diese Weise kann man Schülern aller Lerntypen und Schülern mit verschiedenen Lernproblemen ein vielfältiges Angebot machen, aus dem sie das für sie individuell Nützliche herausziehen können. Diese *unterrichtsbegleitende, indirekte Unterstützung zielt bewusst auf Vermeidung von Problemen,* um Legastheniker mit Teilleistungsstörungen oder Schüler mit anderen Lernproblemen zu *fördern und Lernversagen sowie die Verfestigung von Fehlern zu vermeiden.* Sie ist wichtig, da die notwendige Früherkennung kaum stattfindet.

Im Anfangsunterricht, in dem erlebnisorientierte Aktivitäten im Rahmen von Hör- und Sprechsituationen im Vordergrund stehen, werden Fertigkeiten im Umgang mit Lauten, Wörtern und Sätzen vermittelt, wobei vorzugsweise der *auditive Kanal* benutzt wird. In vielen Klassen wird erst nach längerer Zeit der mündlich geführte Unterricht durch *Schreiben und Lesen* ergänzt. Für Legastheniker ist diese Vorgehensweise vielfach eine Überforderung. Schüler mit Lernbesonderheiten profitieren davon, wenn *möglichst von Anfang an viele Sinne im Unterricht mit einbezogen werden,* um sie beim Erwerb der neuen Laute, der Wörter und Wortfolgen der grammatischen Strukturen sowie bei der Ausbildung von Gedächtnisspuren zu unterstützen. Ein breit gefächertes Angebot für alle Sinne gibt Schülern verschiedener Begabungsrichtungen die Möglichkeit, den für sie besten Weg zum Spracherwerb zu finden. Schüler mit Teilleistungsstörungen erhalten auf diese Weise die Gelegenheit, die herabgesetzte oder gestörte Arbeitsweise eines oder mehrerer Sinne durch vermehrte Arbeit mit einem anderen Lernkanal annähernd auszugleichen. Schlechte Hörverarbeitung kann zum Beispiel ansatzweise durch gute Reizverarbeitung durch das Sehen oder das Schreiben kompensiert werden. *Daher ist es empfehlenswert, den kommunikativen Unterricht nach den gängigen Lehrbüchern durch zusätzliche Maßnahmen zu ergänzen. Lehrer sollten den Eltern die Bedeutung dieses Vorgehens erklären und sie in die Unterstützung einbeziehen.*

Neben den kognitiven Anteilen der Förderung wie dem Strukturieren und Systematisieren, wie es üblich und ab der Mittelstufe vorherrschend ist, gebührt der multisensorischen Förderung (besonders im Anfangsunterricht) ein herausragender Platz.

Multisensorische Förderung bedeutet die Einbeziehung mehrerer Sinne, kann jedoch einen Lernkanal in den Vordergrund stellen, wobei andere Sinne begleitend beteiligt sind.

Vorschläge zu multisensorischer Förderung sind:

- seltene Buchstaben, Buchstabenkombinationen, Wörter oder schwierige Ausdrücke in Vogelsand schreiben zu lassen, wobei der *Tastsinn* aktiviert wird, der besonders gute Gedächtnisspuren vermittelt. Es ist nicht nötig, ganze Sätze in den Sand zu schreiben, da zumeist das Üben von schlecht automatisierten Laut-Buchstaben-Zuordnungen ausreicht, wie von „Qu/qu" im Französischen, von „Y/y" im Englischen oder von problematischen Laut-Buchstabenkombinationen, wie „ough" oder „thing" oder die Schreibung schwieriger Wörter, wie „**b**e**au**tiful", „**W**e**d**-**nes**day", „succe**ss**fu**l**", oder komplizierter Ausdrücke wie „qu'est-ce que c'est" (was ist das?). Sie können durch Sandschreiben und begleitendes lautes Mitsprechen eingeschliffen werden. Vogelsand ist leicht erhältlich, er klebt nicht an den Händen, Sandbehälter können mühelos in Klassen aufbewahrt werden, und Schülern macht das Schreiben in Sand Spaß. Da das Gehirn nach dem Lustprinzip arbeitet, werden Reize, die freudig verarbeitet werden, besser erinnert.

- Das Schreiben auf einer Schiefertafel mit einem Griffel vermittelt über den Tastsinn und die Eigenwahrnehmung einprägsame Informationen. Da Tafeln sich leicht transportieren und handhaben lassen, können viele Schüler diese Merkhilfe einsetzen. Falls keine Schiefertafeln erhältlich sind, kann man ein kleines Brett unter die Heftseite legen, sodass die Schreibunterlage härter ist und beim Schreiben eine intensivere Rückmeldung entsteht.
- Möglichst viel schreiben, da das Schreibbewegungsgedächtnis unter anderem das Formengedächtnis/Buchstabengedächtnis und die Automatisierung der Rechtschreibung unterstützt.
- Hefte in DIN-A4-Größe zu verwenden und nur jede zweite Zeile zu beschreiben, da dies die Übersichtlichkeit der Texte verbessert und die Kontrolle des Geschriebenen erleichtert.
- Es ist erforderlich, beim Schreiben stets laut oder leise mitzusprechen, um die Sinnesdaten miteinander zu vernetzen und das Artikulations- sowie das Hörgedächtnis zur gleichen Zeit zu unterstützen.
- die fremdsprachliche *Artikulation* kann überprüft und geübt werden, indem der Schüler in einen Handspiegel schaut, um den Entstehungsort der Laute zu sehen, und mit einer an die Kehle gelegten Hand die minimalen oder starken Vibrationen beim Sprechen registriert. Dadurch wird die Zuordnung zu bestimmten Lauten erleichtert. Bei hartnäckigen Artikulationsschwierigkeiten ist eine Zeichnung hilfreich, auf der die Mundhöhle und die Position der Zunge im Verhältnis zur Mundhöhle und zu den Zähnen bei der Produktion des Lautes dargestellt ist. Die Zeichnung hilft Eltern bei der Aussprachekontrolle.
- Zur Entwicklung der *auditiven* Fähigkeiten der Lautunterscheidung und der Lautanalyse, eng verbunden mit der Lautproduktion, werden gezielte Aktivitäten empfohlen. Bei der Förderung der phonologischen Bewusstheit und der Artikulation im Anfangsunterricht sollten möglichst keine Tonträger verwendet werden, damit das Mundbild des Sprechers zusätzliche Informationen bietet.
- Unterstützung durch altersentsprechende Aktivitäten durch *rhythmisierendes Sprechen* oder durch *Bewegungsübungen,* begleitet von Klatschen und Sprechen.
- Da die Sprache aus vergänglichen Lauten und Klangzusammenhängen besteht, empfinden es viele Schüler als eine Hilfe, wenn Unterrichtsinhalte unterstützt werden durch *Visualisierungen aller Art.* Sie bieten eine Kompensationsmöglichkeit für Schüler mit schlecht entwickelter oder mit gestörter Hörverarbeitung und ermöglichen die notwendige Vernetzung der auditiven und visuellen Bereiche.

Vorschläge für Visualisierungen sind:

- eine *klare Gliederung der Hauptthemen des Unterrichtes an der Tafel,* sodass Schüler mit Schwierigkeiten beim Umsetzen von Gehörtem eine zusätzliche Möglichkeit zur Orientierung im Unterrichtsgespräch und zur Festigung der Unterrichtsinhalte haben. Im Anfangsunterricht würden wenige Schlüsselwörter genügen, die als „roter Faden" zu sehen sind, um dem Unterricht besser folgen zu können. Auch in höheren Klassen wären Hinweise an der Tafel eine unterrichtsbegleitende Stütze, die den Schülern beim Verständnis abstrakter Zusammenhänge, bei ihrer Strukturierung und bei der Automatisierung von Vorgängen entscheidend helfen würden. Schüler sollten auf diese Weise die Möglichkeit erhalten, gestützt durch die Schlüsselwörter an der Tafel, aktiver am Unterrichtsgespräch teilzunehmen, somit ihre mündliche Note zu verbessern und mehr Freude am aktiven Spracherwerb zu entwickeln. Für viele Schüler ist es hilfreich, wenn an der Tafel eine stets wiederkehrende Ordnung herrscht, wobei neue Vokabeln an einer bestimmten Stelle, Regeln an einer anderen und zum Beispiel Stichworte zum Unterrichtsgespräch im Zentrum stehen. Zahlreiche Hinweise zur Unterrichtsgestaltung in diesem Sinne sind zu finden im Internet unter *www.brainhe.com.* Viele Links führen weiter zu wertvollen Informationen, die auch für das Studium relevant sind (Pollak 2005; Internetadressen im Literaturverzeichnis).
- *Die Verwendung der Lautschrift* ist im Anfangsunterricht eine große Hilfe bei der Erfassung und Speicherung der vom Deutschen abweichenden Lautqualitäten. In jedem Lehrbuch und in allen Wörterbüchern ist eine Liste der fremdsprachlichen Laute und der zugeordneten Lautschriftzeichen enthalten. Die Schüler sollten die Zeichen für die wichtigsten Laute, besonders der für sie selbst schwierigen, lesen können. Beim Lesenlernen im Deutschen werden Lautgebärden erfolgreich eingesetzt; es sind den Buchstaben zugeordnete Handzeichen, mit denen die unsichtbaren Laut-Buchstaben-Zuordnungen sichtbar gemacht werden. In den Fremdsprachen hat die Lautschrift eine vergleichbare Funktion. Die Klangfarben der wichtigsten Laute werden in der Lautschrift notiert, sodass sich die Schüler an die ungewohnten und komplizierten Laut-Buchstaben-Zuordnungen in den Fremd-

sprachen durch die Sichtbarmachung in Form der Lautschrift gewöhnen können. Falls sie die Lautqualität vergessen, können sie nachsehen. Man kann ein Heft anlegen, in dem die schwierigsten, vom Deutschen abweichenden Laute (nicht ganze Wörter!) in Lautschrift notiert werden, oder Poster mit den kritischen Lauten in der Klasse aufhängen. Neben dem Zeichen in Lautschrift, beispielsweise [ʌ], steht ein deutsches Wort mit gleichem Vokalklang wie „glatt". Unter dem Lautschriftzeichen werden alle Wörter mit diesem Vokalklang eingetragen. Eine Gruppe ist [ʌ] für „brother und mother", eine andere [ʌ] für „but und butter". Werden im Anfangsunterricht ungefähr ein Vierteljahr lang die wichtigsten oder die für einen Schüler schwierigen Laute in der Lautschrift notiert, erlangen die Betroffenen eine zunehmende Sicherheit in den fremden Laut-Buchstaben-Zuordnungen, sie werden automatisiert. Während der ganzen Schulzeit ist die Lautschrift hilfreich zur Unterstützung der richtigen Aussprache und damit indirekt auch der Rechtschreibung.

- Gut gegliederte, deutlich geschriebene und farblich gestaltete Poster können für die wichtigsten Unterrichtsinhalte angefertigt werden, um als Stütze zum Einschleifen von Basiswissen zu dienen. Das ist leicht anwendbar für die Regeln des Satzbaus, S(ubjekt), P(rädikat), O(bjekt) im Englischen und Französischen, O(rt) vor Z(eit), genaue Zeit vor ungenauer Zeit im Englischen (siehe dazu den Kasten „Bildliche Darstellungen zur Satzstellung im Englischen"). Da Schüler anfänglich viel übersetzen, gehen sie natürlich von deutschen Satzbaumustern aus und können die Erinnerungsposter zur Sprachsteuerung nutzen. Denkbar sind außerdem Übersichten über die „Bauregeln" der Zeiten, besonders des „present progressive" und des „going-to future".

- Einige Lehrbücher bieten im Vokabelteil gute, aber zumeist sehr kleine Zeichnungen an zu Wortbedeutungen, Präpositionsgebrauch und Sprachbenutzung. Diese Anregungen können genutzt werden, unter Umständen in Vergrößerungen. Man kann selbst Zeichnungen anfertigen, wozu keine besondere zeichnerische Begabung vorliegen muss, um typische Merkmale von Wörtern oder Situationen bildhaft darzustellen. Dinge, Personen oder Adjektive und Verben lassen sich leicht bildlich fassen. Die erwünschte Vernetzung von geschriebenem Wort, Wortklang und

Bildliche Darstellungen zur Satzstellung im Englischen

1. Stellung der Satzteile im Aussagesatz

Die Regel lautet: **S**ubjekt, **P**rädikat, Dativ-**O**bjekt (wem), Akkusativobjekt (wen) = **S.P.O.**

Ort vor **Z**eit, so wie **O** vor **Z** im Alphabet vorkommt.

Mrs. Smith	**cooks/ is cooking**	**Jack**	**the soup**	**on the stove**	**at noon**

2. Stellung der Satzteile in der Frage „to do“ und bei anderen Hilfsverben

---

Die Regel lautet: **H**ilfsverb, **S**ubjekt, **V**ollverb = **H S V**

H	**S**	**V**
Can	Sue	read?
Do	we	go?
Does	he	come?
Have	you	eaten?
Has	Jack	slept?

Present progressive

Form von „to be“ und **ing-Form**

I am /	**I’m**	**walking**
You are /	**you’re**	**eating**
he is /	**he’s**	**sleeping**
she is /	**she’s**	**working**
it is /	**it’s**	**speaking**
we are /	**we’re**	**writing**
you are /	**you’re**	**going**
they are /	**they’re**	**hearing**

„Going to“-Future

Form von „to be“ und going **Infinitiv mit „to“**

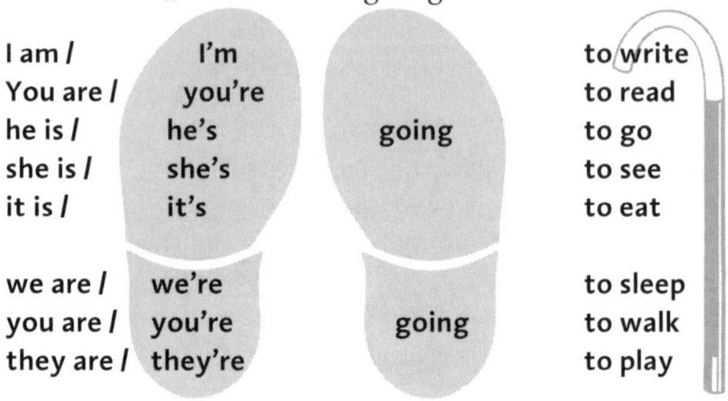

visueller Unterstützung durch die Zeichnung bietet sich auch an für den Gebrauch der Präpositionen, für die Illustrierung der „Wh“-Fragewörter, Merkhilfen für ähnlich klingende unregelmäßige Verben oder Vokabelbedeutungen (siehe dazu den Kasten „Anregungen für Visualisierungen“). Im Laufe der Zeit kann man Darstellungen von Gegenständen und Vorgängen aus Zeitschriften sammeln und im Unterricht verwenden. Interessierte und künstlerisch begabte Schüler könnten prägnante Darstellungen zur Unterstützung in einer Arbeitsgemeinschaft oder Projektwoche entwickeln. Insgesamt ist es wichtig, den Schülern Angebote zu vielfältiger Reizverarbeitung zu machen (Pollak 2005).

Anregungen für Visualisierungen

Zeichnungen unterstützen das Speichern der Rechtschreibung, der Wortbedeutungen oder der Anwendung von Ausdrücken.

1. Rechtschreibung

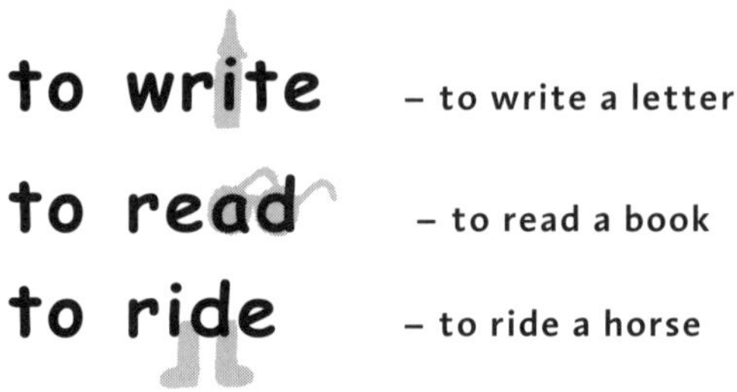

2. Wortbedeutungen

trunk =

large suitcase

boot of the car

stem of a tree

part of the body

long nose of an elephant

trunks =

men's shorts for swimming

to tilt the head = neigen

the hat is askew = schräg

3. Anwendung von Ausdrücken

in the street

on the road

on foot

by = mittels

by plane, by car, by bike …

Es ist wichtig, dass die *fremdsprachlichen Wörter ausreichend oft geschrieben werden,* da das Schreibbewegungsgedächtnis eine zuverlässige Merkhilfe ist. Die Speicherung im Gedächtnis wird unterstützt, wenn beim Schreiben gleichzeitig laut oder leise mitgesprochen wird. Bei Einsetzungsübungen von Buchstaben oder Wörtern in Lücken sollte man darauf achten, dass nicht einzelne Buchstaben, sondern die vollständigen Wörter geschrieben werden, damit die Gesamtgestalt des Wortes erhalten und als Ganzes im Wortbildgedächtnis gespeichert wird. Einzeln eingefügte Buchstaben werden nicht so gut erinnert. Schreibbegleitendes Sprechen vertieft die Gedächtnisspuren.

Einige Lehrbücher stellen die *grammatischen Strukturen* mit relativ kleinem Druck und auf hohem abstrakt-fremdsprachlichen oder deutschsprachigen Niveau dar, was nicht den Lernvoraussetzungen aller Schüler entspricht. Ergänzende Darstellungen mit größeren Schrifttypen, räumlich übersichtlich gegliedert und mit schülergerechten Formulierungen, sind hilfreich für Schüler und Eltern. (Beispiele für auf das Wesentliche reduzierte Vorlagen, zum Beispiel „Bauregeln" für die Anwendung der Zeiten in Aktiv und Passiv mit entsprechenden Signalwörtern sowie einem Beispielsatz, Vorlagen zu anderen Themen und Merkkarten sind im Anhang beigefügt.) Machen Schüler beispielsweise Fehler beim Bilden der Zeiten, so können Lehrer zur Korrektur und zum Aufarbeiten von Defiziten nach Klassenarbeiten und zur Vertiefung von Themen auf eine leicht verständliche Vorlage zurückgreifen und diese als häusliche Arbeitsgrundlage empfehlen. Die Schüler sollten dazu angeleitet werden, mit den Zusatzmaterialien zu arbeiten, alle Regeln selbstständig zu erklären und passende Beispiele zu nennen. Da die Lehrbücher jedes Jahr wechseln, sind individuell angefertigte Unterlagen, die die Schüler von Klasse zu Klasse in einer Mappe, in einem Ordner oder auf Karteikarten notiert begleiten, gute Orientierungshilfen, die es auch Eltern ermöglichen, ihre Kinder zielgerichtet und inhaltlich richtig zu unterstützen.

Sehr sinnvoll ist das *Führen eines Regelheftes,* in dem der Schüler alle bearbeiteten Regeln und seine eigenen Merkstrategien notiert. Sachdienlich sind auch Karten, die Schüler mit Hinweisen auf Problemschwerpunkte versehen. Wir nennen sie „Funktionskarten", da sie auf individuell wichtige Gebiete hinweisen, beispielsweise Ausdrücke mit „to look" im Englischen: „to look at/ansehen;

to look for,/suchen; to look after/sorgen für; to look forward to mit „ing-Form/sich freuen auf [...]“. Ein Englischkundiger muss das Heft und die Karten gelegentlich auf Fehler hin überprüfen, damit sich keine falschen Inhalte oder Schreibungen einschleichen. Auf solchen Materialien können auch Eselsbrücken und Reime vermerkt werden. Beispiele sind: „He, she, it, das ‚s‘ muss mit“. Es gibt die bekannte Regel: „O vor Z“, was darauf hinweist, dass „O“ im Alphabet vor „Z“ steht; sowie Setzung der Ortsbestimmung vor die Zeitbestimmung, es sei denn, man setzt eine der beiden an den Anfang des Satzes, um das Problem zu vermeiden: „She made some coffee in the kitchen at 7 o'clock“ oder „At 7 o'clock she made some coffee in the kitchen“. Man sollte die Schüler dazu anhalten, zur besseren Übersichtlichkeit möglichst langsam und deutlich in das Heft zu schreiben sowie nur jede zweite Zeile zu benutzen. Schüler schätzen ein selbst geschriebenes Heft sehr und lernen gerne daraus. Einige Schüler erwerben grammatische Inhalte besser, wenn sie eingebettet in die betreffende Lektion und angeknüpft an bekannte Unterrichtsinhalte geübt werden. Allerdings müssen bei allen Übungsformen die Einzelnen herausfinden, welche Vorgehensweisen für sie am gewinnbringendsten sind.

Viele Eltern möchten helfen. Da sie nicht wissen, welche Materialien geeignet sind, sind Empfehlungen für gut strukturierte, das Wesentliche in ausreichend großem Druck darstellende Grammatikwerke und Übungsmaterialien notwendig. Der Kauf von Kurzgrammatiken mit gedrängt dargebotenen Übersichten in kleinem Druck ist problematisch. Hilfreicher ist die Anschaffung einer guten, ausführlichen Grammatik, die inhaltlich den Vorstellungen der Lehrer und im Layout den Bedürfnissen der Schüler entspricht sowie grammatische Erklärungen zumindest zusätzlich in deutscher Sprache enthält. In den höheren Klassen ist die Arbeit mit einer Grammatik unerlässlich (s. Kapitel 9).

Schüler haben Freude an *Aufgaben, die Kreativität erfordern.* Anregungen für kreative, nicht ausschließlich sprachliche Aufgabenstellungen sind das Ausarbeiten von Dialogen, Hörspielen und Sketchen, das Anfertigen von Bildgeschichten mit entsprechenden Texten in Sprechblasen oder mit Untertiteln – vielleicht zu einem Text der behandelten Lektion –, von Comics oder Zeichnungen zu grammatischen oder sprachlichen Inhalten.

Kreatives Schreiben wird empfohlen, zum Beispiel Gedichte aus elf Wörtern, die „Elfchen“ genannt oder als Minigeschichten bezeichnet werden. „Elfchen sind Fünfzeiler aus elf Wörtern, bei denen die erste Zeile ein, die zweite Zeile zwei Wörter umfasst, und so weiter und die fünfte wieder mit einem Wort abschließt, das das Gedicht zusammenfasst oder ihm eine neue Wendung geben kann“ (Jungmann 1998, 24). Man kann beispielsweise eine Wortliste, die Karteikartensammlung, den „Vokale-Ordner“ benützen oder Wörter zu einem Thema an der Tafel sammeln, bei denen beispielsweise das englische lange „i“, [i], durch „ee“ wiedergegeben wird. Die Wörter werden gelesen und die Schreibung wird bewusst gemacht. Entweder arbeitet die Klasse gemeinsam und nennt nacheinander Vorschläge, die ergänzt werden, oder die Schüler machen Partner- oder Gruppenarbeit.

- „tree, Farben: Blue
- I see the sea
- in the green and the sky
- a bee, no they're but why not I?
- three pullover!“ (Jungmann 1998, 25).

Denkbar sind „Elfchen“/Minigeschichten zu Wortfamilien und zu vielfachen Themen wie Nahrungsmittel, Klassenzimmer, Tiere oder Farben. Außerdem können einfache Spiele erdacht und hergestellt, Spielideen aus dem Unterhaltungsbereich für den Fremdsprachenerwerb verändert und ihm angepasst werden (s. Kapitel 12).

Viele Ideen aus der unterrichtsbegleitenden Förderung können auch bei der Kleingruppenförderung in der Schule, bei der außerschulischen und der häuslichen Unterstützung angewandt werden.

Im „offenen Unterricht“, der von den Schülern Selbststeuerung und größere Verantwortung für die Planung des Spracherwerbs verlangt, sind *klare Vorgaben* und *direkte Instruktionen* unerlässlich, denn Legastheniker und Schüler mit anderen Begabungsschwerpunkten verfügen vielfach nicht über die nötigen Voraussetzungen zum entdeckenden Lernen im „offenen“ fremdsprachlichen Unterricht. Sie brauchen klare, unmittelbare Rückmeldung von „richtig“ und „falsch“ sowie Hinweise zu ihrem Vorgehen in kleinen Schritten, was als Strukturierungshilfe wirkt. Für Schüler mit Teilleistungsstörungen sind viel Freiheit und erwartete Selbstständigkeit im Vorgehen beim Fremdsprachenerwerb vielfach eine Überforderung. – Es ist günstig, wenn bei der Gruppenarbeit möglichst wenig Störgeräusche entstehen, da sie teilleistungsgestörte Menschen häufig irritieren.

Eine klare, unmittelbare Rückmeldung über den Erfolg bei der Arbeit ist notwendig, um zu weiteren Bemühungen zu ermutigen.

2. Der schulische Förderunterricht in Kleingruppen hat den großen Vorteil, dass er eng angelehnt an den laufenden Unterricht durchgeführt werden kann. Günstig ist es, wenn eine Gruppe aus Schülern besteht, die sich bereits aus der Klasse kennen und Erfahrungen in den gemeinsamen Aktivitäten der sprachlichen Kommunikation haben. Ist die Gruppe zu groß und sind die mit Legasthenie verbundenen Probleme beim Sprachenlernen stark ausgeprägt, ist es unter Umständen ratsam, statt der schulischen Unterstützung oder parallel zu ihr private Einzelförderung zu beginnen.

Der schulische Förderunterricht in Kleingruppen kann alle genannten Elemente verwenden, er hat jedoch zusätzlich die Möglichkeit, gezielter auf die Stärken und Schwächen einzelner Schüler einzugehen. *Voraussetzungen und praktische Vorschläge für sinnvolles Üben sind:*

- Der Entwicklungsstand des Schülers muss klar sein.
- Bei Unterforderung leistet der Schüler nicht wirklich etwas; er verliert die Lust am Lernen, weil er sich langweilt.
- Bei Überforderung hat er keinen Erfolg; er kann keinen Nutzen aus den Übungen ziehen und seine Konzentration lässt möglicherweise nach.
- Man sollte von gesichertem Wissen, von Bekanntem, ausgehen und dann Neues hinzufügen. Auf diese Weise können auch Wiederholungen des Stoffes durchgeführt werden. Der Bezug zum bereits Gelernten kann geschaffen und Bekanntes mit Neuem vernetzt werden. Zum Beispiel kann im Anschluss an eine Wiederholung der englischen attributiv gebrauchten Possessivpronomen, „my, your, his, her, its“ die Einführung der substantivierten Possessivpronomen „mine, yours, his, hers“ folgen. Der Gesamtzusammenhang wird auf diese Weise gewahrt, bestehendes Wissen sinnvoll aktiviert und eventuelle Lücken werden entdeckt und geschlossen.
- Es sollte in kleinen Schritten geübt werden. Nicht die Fülle des Materials ist entscheidend, vielmehr müssen gute Ideen praktisch und zielgerichtet umsetzbar sein.

- In der Kleingruppe können die Vorschläge zum Lernen, die im Anhang mancher Bücher klein gedruckt eingefügt sind und gute Vorschläge zu Systematisierungen enthalten, gewinnbringend umgesetzt und vertieft werden.
- Abgesehen von den Übungsvorschlägen in Kapitel 9 können folgende sinnvolle Aktivitäten eingesetzt werden:
  1. Gegenteile finden wie „big/small, tall/...; loud/...; rough/...".
  2. den „Irrläufer" finden (englisch „odd man out"): „see, sea, seal, seed" („see" ist das einzige Verb).
  3. Partner finden: „theatre, pupil, dog, weather, actor, puppy, bread, school, rain, butter"; Partner sind: „theatre/actor, pupil/school, dog/puppy, weather/rain, bread/butter".
  4. Beziehungen ausdrücken: „Car is to street as plane is to ... (air); dog is to puppy as cat is to ... (kitten); school is to pupil as hospital is to ...; autumn is to winter as spring is to ...".
  5. Zungenbrecher (Cornelsen G): „red ladder, yellow ladder, red ladder, yellow ladder ...; Simon's short shirt and Sandra's school skirt.
- Reine Funktionsübungen, beispielsweise das visuelle Erkennen von Unterschieden, sind nicht empfehlenswert, weil alle Aktivitäten mit fremdsprachlichen Zusammenhängen verbunden sein sollten.
- Man sollte möglichst keine Hausaufgaben in diesen Stunden geben und machen, sondern vielfache Aktivität fordern, es sei denn, deutliche Lücken sind erkennbar und/oder die Aufgabenstellungen bei den Hausaufgaben sind nicht begriffen worden.
- Schüler fühlen sich besonders gut verstanden und unterstützt, wenn sie alle Fragen stellen können, die sie bewegen, ohne dass jemand sie „dumm" nennt.
- Gut ist es, Spiele einzusetzen und vor Spielbeginn zu erklären, wobei es bei dem Spiel auf das Lernen ankommt, wie z. B. bei „Memory". Hierbei wird ausreichend langes Liegenlassen der Karten und das langsame Lesen der Wörter empfohlen, damit sich alle Beteiligten das Wort einprägen können. Hastiges Vorgehen beim Lernen ist nicht gewinnbringend.

3. **Der außerschulische Förderunterricht** in den Fremdsprachen kann in der Orientierungsstufe anfangs wichtiger sein als der Deutschförderunterricht, da die Grundlagen für den Erwerb der neuen Sprache gelegt werden und die Leistungen in der ersten Fremdsprache mit über den Verbleib in der gewählten Schulform entscheiden. Falls kein Familienmitglied ausreichende Sprachkenntnisse für die häusliche Unterstützung hat, sollten die Eltern beim Auftreten der

ersten Probleme außerschulische Unterstützung suchen. Sind erst große Lücken und die damit verbundene Entmutigung und Misserfolgserwartung entstanden, ist unter Umständen die Versetzung gefährdet oder droht die Querversetzung in eine andere Schulart, so kommt zusätzliche Förderung zu spät. Ein Teil der Betroffenen fühlt sich bei Gefährdung in der Schule unter so starkem Druck, dass dieser Umstand die Leistungsmöglichkeiten mindert; eine andere Gruppe reagiert mit Leistungssteigerung. Daher müssen bei allen Interventionsmaßnahmen die persönlichen Eigenarten der Schüler bedacht werden.

In der Mittelstufe, wenn das Lernen aus Sicht der Schüler vielfach an Wichtigkeit verloren hat, was wiederum zu Lücken führt, ist oft Förderunterricht notwendig. Schwerpunkte sollten auf der Grammatikwiederholung und Textgestaltung liegen. Fehleranalysen der Klassenarbeiten werden vermutlich mehr Lücken in diesen Bereichen als bei der Rechtschreibung zeigen, wo hingegen im Anfangsunterricht häufig die Fehlerschwerpunkte liegen.

Ältere Schüler wissen vielfach nicht, wie sie erfolgreich arbeiten können. Daher kann es parallel zu den Problemen in den Fremdsprachen zu völligem Lern- und Leistungsversagen kommen. Der Teufelskreis von schulischem Versagen und daraus entstehenden psychischen Problemen muss an einer Stelle unterbrochen werden. Hierzu kann guter Förderunterricht eine entscheidende Hilfe sein.

Der Unterricht kann von in der Vermittlung von Fremdsprachen gut ausgebildeten Menschen übernommen werden, die geduldig genug sind, Lerninhalte nach Bedarf zu wiederholen. Sie wissen, dass die Schüler nicht notwendigerweise „faul“ oder „uninteressiert“ sind, wenn sie Lücken haben. Sie sollten wissen, dass Schüler unter Umständen Ratschläge für individuelle Lernstrategien oder abweichend vom Vorgehen in der Schule individuell formulierte Erklärungen zur Grammatik oder anderen Zusammenhängen brauchen. Manche Schüler haben beispielsweise Regeln jahrelang missverstanden. So wandte z.B. ein Achtklässler die Regel für die 3. Person Singular, Präsens „he, she, it – das ‚s‘ muss mit“, nicht bei Nomen, Namen oder der Frage mit „who“ an, sondern nur bei den Personalpronomen „he, she, it“, sodass er sagte, „she works“, aber „Jane work“ und „who sing?“. Die Sprachvermittler brauchen neben fundierten Sprachkenntnissen eine gewisse Unterrichtserfahrung für die Vorbereitung der Arbeitsmaterialien, denn vielfach müssen neue Unterlagen geschrieben werden, da die Übungen in dem Lehrbuch und dem ergänzenden „Workbook“ bzw. „Cahier“ zum Erwerb besserer Sprachfertigkeiten erfahrungsgemäß nicht ausreichen. Die Schüler sollten im außerschulischen Unterricht Gelegenheit erhalten, ihr neu erworbenes Wissen wiederholt selbstständig anzuwenden und zu festigen. Auf diese Weise verfestigen sich Strukturen der Sprachbenutzung (z. B. Satzbau und Anwendung der Zeiten, Strategien zur Satzverkürzung, ...), es entsteht eine größere Geläufigkeit im Sprechen, beim Verfassen von kleinen Texten sowie in der Vokabelsicherheit. Individuell typische Problemschwerpunkte werden abgebaut. Förderunterricht darf nicht darin bestehen, dass die in der Schule bereits bearbeiteten Übungen einfach wiederholt werden, da ein Wissenszuwachs bei der erneuten Bearbeitung fraglich ist.

Viele Schüler haben die Unterrichtsinhalte in der Schule zwar verstanden und deshalb keine fundamentalen Defizite, sie brauchen dennoch einen individuell zugeschnittenen Unterricht, weil sie ihre Fertigkeiten in der Schule nicht ausreichend automatisieren konnten. Schüler mit solchen Defiziten sind zumeist lernfreudig und schnell erfolgreich, wenn sie genügend anregende Materialien erhalten. Diese Art von Förderunterricht ist in vielen Fällen zeitlich begrenzt, während Legastheniker mit tief greifenden Schwierigkeiten eine begleitende Förderung bis zur Abwahl der Sprache brauchen, wenn die Ergebnisse besser als mangelhaft sein sollen. (In der Oberstufe fällt in manchen Bundesländern der Notenschutz weg, sodass es Punktabzüge bei Fehlern in der Rechtschreibung gibt.)

Der Förderunterricht sollte in engem Zusammenhang mit dem Unterricht in der Schule erfolgen, um Schwierigkeiten zu erkennen, Lücken zu schließen und die nächste Klassenarbeit vor- und nachzubereiten. Defizite sollten anhand von Fehleranalysen bearbeitet werden, die sich aus dem aktuellen Unterrichtsstoff und aus den Klassenarbeiten ergeben (s. Fehleranalyseblatt im Anhang). Gespräche zwischen Eltern, Schule und außerschulischen Förderkräften sind wünschenswert.

4. Die häusliche Unterstützung hängt in ihrer Qualität und Wirksamkeit von den Sprachkenntnissen der Eltern und den Möglichkeiten der Zusammenarbeit ab.

Es ist ratsam, außerhalb des Hauses fachliche Unterstützung zu suchen, wenn die Zusammenarbeit von Eltern und Kindern zu spannungsreich ist. Eltern sollten sich bemühen, ihren Kindern zu vermitteln, dass ein bestimmtes Maß an Arbeit nötig ist, um Lernprobleme zu meistern, was nicht mit übermäßigem Druck auf Kinder oder Jugendliche verwechselt werden darf.

Es sollte sichergestellt werden, dass die Hausaufgaben in Ruhe und vollständig gemacht werden, auch wenn sie bei manchen Legasthenikern lange dauern und anstrengend sind.

Günstig ist es, wenn Schüler abwechselnd für sprachliche und nichtsprachliche Fächer arbeiten, beispielsweise in der Reihenfolge Englisch, Mathematik, Französisch, Chemie, damit keine Ähnlichkeitshemmung eintritt. Gezielte Aktivierung zum Lernen und Ruhepausen sind wichtig, weil kompensatorisches Arbeiten bei Lernbesonderheiten anstrengend ist.

Eltern, die zur häuslichen Unterstützung nicht genügend Englisch, Französisch oder Latein können, haben die Möglichkeit, Volkshochschulkurse zu besuchen. Auch wenn das dort vermittelte Wissen nicht direkt dem Schulstoff entspricht, machen die Eltern individuelle Erfahrungen mit dem Fremdsprachenerwerb und können somit in den unteren Klassen bei den Hausaufgaben helfen und Vokabelwissen überprüfen.

Viele Vorschläge für die unterrichtsbegleitende Förderung können zu Hause aufgegriffen werden. Zum Beispiel kann mit Kassetten gearbeitet werden, falls Schüler über das Hören, das heißt den auditiven Kanal, gut lernen. Die Schüler oder Betreuer können Lernwörter auf eine Kassette sprechen. Hierbei kann man das fremdsprachliche Wort nennen, eine fremdsprachliche Erklärung und/oder die deutsche Bedeutung folgen lassen. Beim Abhören der Kassette sollte nach der Nennung des fremdsprachlichen Wortes die Stopptaste gedrückt werden, damit der Betreffende entweder die fremdsprachliche und/oder die deutsche Bedeutung nennen kann. Das Lesen kann auch auf diese Weise geübt werden. Das Anlegen eines Referenzheftes zur Lautschrift, zu Rechtschreib- und Grammatikregeln kann hilfreich sein. Eine ausführliche Darstellung von Vorschlägen für häusliches Üben und die Anleitung hierzu ist in Kapitel 9 zu finden.

Lehrbuchbegleitend gibt es gute *Lernsoftware für den Computer.* Die Arbeit am Computer macht Schülern meistens Freude und bietet somit eine ideale Möglichkeit, ohne Stress sprachliche Fertigkeiten zu üben. Eltern sollten sich mit dem Ablauf des Programms vertraut machen, um zu überprüfen, ob die am Computer verbrachte Zeit gewinnbringend ist. Viele Legastheniker neigen zu überhastetem Arbeiten, wodurch der Stoff nicht optimal erinnert wird. Eltern müssen prüfen, ob die am Computer erarbeiteten Wörter und Themen in angemessenem zeitlichem Abstand von der Aktivität am Bildschirm schriftlich wiederholt werden können, damit sie ausreichend fest im Gedächtnis verankert sind. Der Computer hat den Vorteil einer Rechtschreibkorrektur, die hilfreich für Legastheniker ist.

Abgesehen von den individuellen Sprachkenntnissen der Eltern und ihrer häuslichen Förderung, können sie für den Fremdsprachenerwerb ihrer Kinder Interesse zeigen. Sie können ermutigen und bei Enttäuschungen trösten, sodass sich ihre Kinder nicht alleingelassen fühlen.

Das Wichtigste kurz zusammengefasst

Die Art der Vermittlung der Fremdsprache entscheidet über die positive oder negative Einstellung der Schüler zum Fremdsprachenerwerb. Nach Unterrichtsstunden in den Sprachen (auch in Deutsch) sollten Stunden in nicht-sprachlichen und künstlerischen Fächern oder Sport folgen, um die Schüler nicht zu verwirren. Die Unterscheidung von Lern- und Leistungsphasen sowie Kommunikations-, Produktions- und Korrekturphasen wird empfohlen. Ein möglichst vielfältig angelegtes Vorgehen zum Spracherwerb ermöglicht unterschiedlich begabten und teilleistungsgestörten Schülern gewinnbringendes Lernen. Lernversagen kann so vermieden werden.

Um gezielt den kommunikativen Ansatz zu ergänzen, sollte die unterrichtsbegleitende Förderung mehrere Sinne ansprechen und strukturiert das grammatikalische Wissen und den Aufbau des vermittelten Stoffes unterstützen sowie Automatisierungen ermöglichen. Anregungen zum Erwerb von Lernstrategien und Materialien zur unterstützenden außerschulischen Arbeit können angeboten werden. Ziel aller Maßnahmen sind auch Ermutigung und das Schaffen von Motivation zum Fremdsprachenerwerb, trotz der bestehenden Schwierigkeiten.

Die Förderung in Kleingruppen in der Schule sollte sich am Unterricht orientieren und entstandene Lücken schließen. Eine multisensorische und intellektuell klar strukturierte Förderung hinsichtlich der Stärken und Schwächen des Schülers im Anschluss an den Unterricht bieten sich an.

Die außerschulische Förderung, von geduldigen, fachlich versierten Menschen durchgeführt, sollte den schulischen Unterricht begleiten, Lücken schließen und Materialien zum selbstständigen Arbeiten anbieten, um Klassenarbeiten vorausschauend vorzubereiten.

Erfolgserlebnisse müssen ermöglicht werden. Eltern können gut bei den Hausaufgaben helfen, Vokabelwissen überprüfen, Verständnis für die Schwierigkeiten ihrer Kinder zeigen, Bemühungen anerkennen und Fortschritte loben.

9 Sinnvolles Üben – Schwerpunkte Französisch und Latein

Sinnvolles Üben mit Legasthenikern

Bei der Arbeit mit Schülern mit Legasthenie sind Überlegungen zu wirksamen Übungsformen notwendig. Es ist wichtig, in kleinen Schritten zu üben, da die Arbeit mit einem umfangreichen Übungsangebot nicht zwingend den Wissenszuwachs erhöht. Folglich sollte regelmäßiges, häusliches Üben nicht länger als 10 bis 15 Minuten dauern, abgesehen von intensiveren Vertiefungs- und Wiederholungsphasen vor Klassenarbeiten. *Bei Unterforderung* leisten die Schüler nicht wirklich etwas, sie verlieren die Lust am Lernen; *bei Überforderung* haben sie keinen Erfolg – daher sind sie nicht motiviert. Ihnen fehlt ein sicherer Bestand an Wissen als Ausgangsbasis für Neues.

Der Förderunterricht für Legastheniker in der Schule, in der außerschulischen sowie häuslichen Betreuung sollte wegen der individuellen Stärken und Schwächen eine ausgewogene Mischung enthalten aus der Vermittlung von prozeduralem Wissen – dem Wissen darum, wie ich etwas sage – und von einprägsam und gut strukturiert vermitteltem Grammatikwissen – dem deklarativen Wissen, das die richtige Form und die passenden Wörter für beabsichtigte Aussagen beinhaltet. Bei einem in den Schulen vorwiegend kommunikativ gestalteten Unterricht, in dem grammatische Elemente in den gängigen Lehrwerken in zumeist kurzen Dialogen und knapp gehaltenen Übungen mündlich und schriftlich angewandt werden sollen, ist für viele Schüler die zugrunde liegende grammatische Struktur nicht klar ersichtlich. Da sie vielfach – ihnen selbst nicht bewusste – Verständnisdefizite und fast immer Lücken in der Automatisierung ihrer Fertigkeiten haben, brauchen sie klare Orientierungshilfen, ständige Wiederholungen und sorgfältig gestaltete Übungen, um Lücken zu schließen und Sicherheit zu erlangen. Größtmögliche neuronale Aktivität und Selbstständigkeit bei der Sprachproduktion müssen angestrebt werden. Auf diese Weise entstehen größere Motivation und Freude am Fremdsprachenerwerb.

Im Folgenden werden einige Übungen aus dem Unterricht und aus Arbeitsbüchern kritisch betrachtet sowie Gesichtspunkte für sachdienlichere Übungsangebote besprochen. Die orthografisch richtige Schreibweise wird zum einen vom Gedächtnis für Wortklänge, dem auditiven, unterstützt, zum anderen vom Wortbildgedächtnis, dem Erinnerungsvermögen für visuell gespeicherte Eindrücke von den Buchstabenformen und -reihenfolgen. Einen weiteren Beitrag leisten eine korrekte Artikulation/Aussprache und das Schreibbewegungsgedächtnis. Die eingeübten Arbeitsstrategien und die Merkhilfen – Regeln, Merksprüche, Eselsbrücken – dienen der Klarheit und Sicherheit.

Fachleute warnen allgemein vor der Verwendung falscher Wortbilder, da bei Legasthenikern Lücken oder Unschärfen beim Gedächtnisaufbau auftreten können. Die Förderung besteht darin, eindeutige Informationen zum Gedächtnisaufbau anzubieten und sinnvolle Arbeitsstrategien zu stärken, im vorliegenden Zusammenhang die richtigen Laut-Buchstaben-Zuordnungen. Unrichtige Wortbilder sind verwirrend und können bereits überwunden geglaubte Unsicherheiten wieder aufleben lassen, wie folgende Übung aus einem Buch zeigt. Welches Wort ist richtig geschrieben: engl. „quater, quarter, quatar", frz. „cinéma, cinma, cinnema"?

Wir sollten das Wortbildgedächtnis nicht auf die Probe stellen, sondern das Gedächtnis für Richtigschreibungen stützen mit Merkhilfen, mit denen wir die Stärken fördern, um die Schwächen des Schülers zu kompensieren. Bei Unsicherheiten in der Rechtschreibung raten Lehrer den Schülern gelegentlich, das Wort auf dem Heftrand oder auf einem Zettel in verschiedenen Schreibversionen auszuprobieren, um das als richtig empfundene Wortbild auszuwählen. Dies sollte lediglich eine selbst gewählte Strategie sein, falls ein Schüler sie als hilfreich empfindet und sie seiner Arbeitsweise entspricht.

Unsinnig und schädlich sind wahllos zusammengestellte Buchstabenreihenfolgen, die nach Umstellung der Buchstaben ein Wort ergeben sollen, engl. „tegih (eight), fetenif (fifteen)", frz. „lilev (la ville), fuvele (la fleuve)".

Auch „Multiple choice“-Aufgaben sind für viele Schüler eher belastend als förderlich. Ein Bespiel: Welches Wort passt: „were, where, wear“? 1. „In summer they _______________ shorts. 2. _______________ was John last night?“ 3. We _______________ in the petshop to look at budgies“. Eine solche Aufgabe eignet sich nicht für eine Leistungsmessung, da sich homophone, gleich klingende Wörter mit unterschiedlichen, aber minimal von einander abweichenden Schreibungen wegen der Ähnlichkeitshemmung gegenseitig stören.

Gleiches gilt für den Typ der folgenden Aufgabe, in der Schüler Wörter einsetzen sollen, von denen die ersten beiden fast gleich klingen, aber verschiedene Wortbilder haben wie „thought [θɔ:t] (Gedanke), „caught“ [kɔ:t] (gefangen). Bei „caught“ und „draught“ [dra:ft] (Fischzug, Luftzug, Ziehen von Bier ...) ist das Wortbild bis auf die Anfangsbuchstaben identisch, jedoch differiert die Aussprache erheblich. Aus diesem Grund wird geraten, solcherlei Ähnlichkeiten mit zeitlichem Abstand im Unterricht einzuführen und zu festigen. Ähnliche Begriffe/Wortbilder sollten erst dann bearbeitet werden, wenn ein Wort oder eine Regel sicher beherrscht wird. Diese Sicherheit erlangen Legastheniker, je nach Zusammensetzung ihrer Stärken und Schwächen, langsam, wobei stets einige Schreibungen, individuell betrachtet, unsicher bleiben.

Es ist nicht sachdienlich, wenn Schüler bereits in der Schule bearbeitete Übungen mehr als einmal zu Hause wiederholen, da sie hierbei zu wenig eigene Aktivität entfalten. Sie erinnern sich vermutlich an manche Ergebnisse aus dem Unterricht und denken nicht gründlich genug über die richtigen Lösungen nach. Der Förderunterricht muss zur Vertiefung des Verständnisses und zum Gedächtnisaufbau bekannte Wörter und Strukturen in neuer Zusammensetzung anbieten. Helfer sollten sich Übungen ausdenken, die viel geistige Aktivität von den Schülern fordern. Kein Übungsaufbau sollte ihnen die Gelegenheit bieten, weitgehend mechanisch zu arbeiten; die Bearbeitung solcher Aufgaben ist reine Zeitverschwendung, wie es das folgende Beispiel zum Gebrauch der Relativpronomen im Englischen zeigt – „connect the right sentences/verbinde die passenden Aussagen“:

a cow is an animal	that likes bones
a dog is a beast	who writes books
a writer is a person	that eats grass
I am a person	that crosses a river
a bridge is a thing	who eats everything.

Die sinngemäß und in Bezug auf die Relativpronomen zusammenpassenden Teile der Halbsätze sollen mit Linien verbunden werden, wobei die Schüler bei den Zuordnungen aufmerksam arbeiten müssen, damit grammatisch richtige und sinnvolle Sätze entstehen. Bei den ersten Sätzen arbeiten die Schüler erfahrungsgemäß sorgfältig, aber die letzten behandeln sie oft eilig und mit fehlender Anstrengung. Unterlaufen während der Arbeit Fehler, können in den nachfolgenden Sätzen keine korrekten Zuordnungen mehr gelingen. Falls die vollständigen Sätze richtig sind, zeigen sie unter Umständen eine Scheinselbstständigkeit, keine eigenständige sprachliche Leistung zu dem Thema; ein Gewinn an neuen Fertigkeiten ist fraglich. Ein *Gegenvorschlag für eine gewinnbringende Übung in diesem Themenbereich ist,* dass die Schüler die Regeln für die Auswahl eines Relativpronomens nennen; diese sind auf einer Merkkarte verzeichnet und können bei Unsicherheiten nachgelesen werden. Eine sinnvolle Übungsform wäre ein Lückentext mit sparsam verteilten Leerräumen – pro Satz höchstens eine Leerstelle wegen des Textverständnisses –, in die die Schüler die Relativpronomen einsetzen und die Gründe für ihre Wahl Satz für Satz erläutern. Später erinnern sie sich beim Verfassen von Texten an diese verinnerlichten Regeln, da sie sie in ihr Repertoire aufgenommen haben und bei Bedarf abrufen können.

Manche Übungen beschränken sich auf das Kombinieren vorgegebener grammatischer Formen, wie das folgende Übungsbeispiel zeigt, nach dessen Bearbeitung der Kenntniszuwachs vermutlich gering ist. Im Rahmen des Themas „going to-future" werden in einem Lehrbuch für die 6. Klasse Gymnasium 6 Halbsätze angeboten, die zu sinnvollen Aussagen zusammengestellt werden sollen. (Die Übung wird sinngemäß, aber mit neuem Wortmaterial vorgestellt). Beispiel: „What can you say? Aren't you going to …? I'm not going to …, are you going to …, give me one, go on a boat trip, watch TV". 1. „A friend has bought three apples and is starting to eat one. You: Aren't you going to give me *one*? 2. Your friend is watching tennis on TV, but you want to play a game with him. You: I'm not going to *watch TV.* 3. Your aunt is packing a rucksack and she is putting a life jacket next to it. You: Are you going to *go on a boat trip?*" Bei dieser Vorgehensweise üben die Schüler die Anwendung der Zeitform nicht wirklich, sondern sie stellen besonders am Ende der Übung mechanisch zusammen, was an Halbsätzen übrig ist. *Ein Gegenvorschlag ist,* die Schüler selbstständig Sätze mit dem „going to-future" bilden zu lassen, zu denen die Betreuer Wortmaterial vorgeben. Zu Beginn müssen die Schüler mit eigenen Worten erklären, wie sie diese Zukunftsform bilden. Auf diese Weise wird ersichtlich, ob sie die Struktur verstanden und ob sie die Anwendung automatisiert haben. Falls Verständnislücken bestehen, können der Lehrer oder die Fachkraft sie schließen. Oft betrifft das die Regeln für die „Bauweise" des „going to-future", die in schülergemäßer Sprache als Merkhilfe vorliegen sollten. Häufig sind Legastheniker unsicher bei den Formen von „to be" und der Verwendung von „to go" als Hauptverb: „were they going to go to London?" Daher ist es hilfreich, wenn sie eine Tabelle mit den Formen von „to be" im „present" und „past tense" haben, z. B. in einer Regelmappe aufbewahrt, auf einer Karteikarte nachzulesen oder auf einem Poster in der Klasse zusammengestellt.

Auch bei einer guten Förderung bleibt die Ausbildung von Splitterfertigkeiten eines der größten Probleme. So beherrschen Schüler die gespeicherten Wissenskomplexe unter Umständen zeitweilig für die nächste Klassenarbeit oder auch längerfristig, doch stehen die Strukturen vielfach nicht zur Verfügung, wenn sie spontan beim Verfassen von Texten oder beim Sprechen gebraucht werden. Beispiele aus dem Englischen sind die Zeitenfolge in „if-Sätzen", die Regeln für die Zeitenfolge in der indirekten Rede, für die Stellung des Adverbs und die Benutzung der Verben, die, je nach Bedeutung, mit dem Infinitiv oder dem Gerundium gebraucht werden. Das auswendig gelernte Repertoire muss wiederholt im Textzusammenhang flexibel angewandt und geübt werden, weil anderenfalls die isolierten Fertigkeiten nutzlos sind. Sie müssen mit dem dritten Bereich, dem semantischen, verbunden werden. Am besten gelingt das durch intensive Sprachbenutzung bei Schüleraustauschprogrammen oder in Ferienkursen im Ausland. – Eine Fehleranalyse ergibt die Förderschwerpunkte (s. Anhang).

Jeder geduldige, einfühlsame Mensch mit einigen Fremdsprachenkenntnissen kann einen Legastheniker außerschulisch unterstützen, wenn es darum geht, die Hausaufgaben zu überprüfen, die größten Lücken zu schließen und auf die nächste Klassenarbeit vorzubereiten. Er muss die Grammatik in schülergemäßer Sprache erklären können und erfassen, was der Legastheniker nicht verstanden oder noch nicht automatisiert hat. Basisinformationen über Legasthenie und ihre besonderen Erscheinungsformen sind günstig.

Eltern mit geringen Fremdsprachenkenntnissen können Vokabeln abfragen, beim Zusammenstellen einer Kartei zu Problemschwerpunkten helfen und generell ordnend und ermutigend unterstützen und loben. So können sie unter anderem Zettel und Mitschriften überprüfen, die Vollständigkeit der Aufgaben feststellen und rechtzeitiges Wiederholen vor Arbeiten anleiten. Eltern können dazu beitragen, dass die Schüler ihr Lehrbuch genau kennenlernen, falls das in der Schule nicht geschieht, um festzustellen, wo Vokabeln alphabetisch und wo sie lektionsweise zusammengefasst sind, wo die grammatischen Erklärungen, Übungen und das Lautschriftverzeichnis zu finden sind.

Zu Beginn der Hausaufgaben sollten die Beteiligten klären, welches Thema sie bearbeiten und welche Regeln sie auffrischen müssen. Diese stehen im Buch, sind jedoch nicht immer in einer Sprache abgefasst, die für Schüler verständlich ist. Der Anhang dieses Buches enthält einige Regeln in einfacher, schülergerechter Sprache. Schüler können sie ausschneiden, auf Karteikarten im DIN-A6-Format befestigen und als Arbeitshilfen griffbereit halten.

Arbeitsanweisungen müssen zweimal gelesen werden, wobei die Wörter silbenweise mit der Ecke einer Karteikarte, einem Zahnstocher oder anderen Hilfsmitteln abgetastet werden können, indem laut mitgesprochen wird, um die Aufmerksamkeit und die Arbeitsaktivität zu erhöhen. Ein Beispielsatz kann als Muster dienen und helfen, Fehler zu vermeiden. Danach sollten die Schüler mit eigenen Worten sagen, was sie tun müssen, beispielsweise die geforderte grammatische Zeit oder das Abstimmen der Endungen in Französisch und Latein beachten. Hierfür kann auf dem Schreibtisch ein Merkzettel für alle beachtenswerten Gesichtspunkte liegen (s. Kapitel 5, Rechtschreibung).

Betreuer müssen das wiederholte Auftreten von Fehlern akzeptieren und dürfen Lösungen keinesfalls vorsagen. Stattdessen können sie die Schüler nach ihren Lösungswegen und Überlegungen fragen und zum Nachdenken über Fehler als Ausgangspunkte für Verbesserungen anregen. Fehler sind etwas Gutes, da sie zeigen, an welcher Stelle die Unterstützung beginnen muss. Kommentare bei der Arbeit können sein: „Überprüfe alle Nomenendungen. Stimmt die grammatische Zeit? Stimmen die Endungen der Verben?“ Das Gespräch über die Probleme schärft das Bewusstsein für Zusammenhänge und unterstützt Automatisierungen. Wichtig ist es, Fehlerschwerpunkte aus vorangegangenen Klassenarbeiten erneut durchzuarbeiten, da Unsicherheiten oft lange bestehen bleiben, sich aber durch zeitnahe Stoffwiederholung überwinden lassen.

Betreuer können helfen, gute Arbeitsgewohnheiten zu entwickeln, wie beispielsweise die im Folgenden beschriebene Strategie zur Korrektur französischer Texte. Diese können Schüler mit einer Lesehilfe bei lautem Mitsprechen buchstaben- und silbenweise abtasten, wobei besonders auf die Endungen und ihre notwendige Übereinstimmung geachtet wird: „*le***s** enfant**s** jou**ent**; **elle** *est* allé**e**“. Lautes Nachdenken über grammatische Zusammenhänge erweitert den Arbeitsspeicher, z. B. „les enfants“ ist Plural, also „s“ anhängen, „jou*ent*“ ist 3. Person Plural, also Endung „ent“; zu „elle“ passt die Verbform „est“, „allée“ bekommt ein stummes „e“, weil „elle“ weiblich ist. Diese Strategie unterstützt auch überhastet arbeitende Kinder positiv, weil sie schrittweises, langsames Vorgehen fördert.

Vor Klassenarbeiten sollten die Schüler nach den Themen fragen und versuchen, sich gezielt durch Bearbeitung ihrer Fehlerschwerpunkte vorzubereiten, um das Gedächtnis aufzufrischen, ihre Fertigkeiten bei der Bearbeitung des gegenwärtigen Stoffes weiter zu automatisieren und um sich sicherer und beruhigt zu fühlen. Anerkennung und Lob für alle Bemühungen der Legastheniker müssen selbstverständlich sein, dies wird leider gelegentlich über den gemeinsamen Anstrengungen vergessen. Auch die große emotionale und fachliche Unterstützung der Eltern wollen wir herausheben und ausdrücklich anerkennen.

Da Französisch- und Lateinkenntnisse nicht so verbreitet sind wie Basiswissen in Englisch, werden im Folgenden einige sachdienliche Vorschläge gemacht für Helfer ohne oder mit geringen Vorkenntnissen in diesen Sprachen. Zwar erscheint die Arbeit der

Eltern als Laien im Fremdsprachenfach schwierig, sie ist aber oft die einzige, praktisch darstellbare Unterstützungsmöglichkeit, da zumeist Zeit, Geld und gute Förderkräfte knapp sind. Häusliche Hilfen lassen sich häufiger und flexibler in den Tagesablauf einer Familie einfügen als etwa einmal wöchentlich eine Fahrt zum fremdsprachlichen Förderunterricht, zumal vielfach bereits eine Deutschförderung besteht. Mehrere verschiedene, kleine Übungseinheiten sind sinnvoll. Oft genügt schon ein geringer Arbeitseinsatz, um beginnende Defizite auszugleichen, sodass größere Lücken oder unter Umständen ein „mangelhaft“ in Klassenarbeiten und die damit verbundene Entmutigung vermieden werden können. Frühe Hilfen erhalten erfahrungsgemäß die Motivation und wirken sich positiv auf die Haltung gegenüber der Fremdsprache aus. Das Schließen großer Lücken ist schwieriger, weil es neben dem fortschreitenden Unterricht gelingen soll und daher länger dauert.

Im Folgenden sollen die Bemühungen der Eltern eines Legasthenikers auf der Realschule und die Arbeitsdisziplin der Familie herausgehoben werden. Dieser Schüler wurde außer Haus professionell in Deutsch und Englisch betreut, sodass keine Zeit für die Französischförderung erübrigt werden konnte. Der Vater hatte sich in das Englische eingearbeitet, was ab der 7. Klasse aufwärts eine Herausforderung für ihn wurde, die er kontinuierlich meisterte. In der neunten Klasse erarbeiteten wir im Förderunterricht als Letztes die Zeitenfolge in der indirekten Rede, und in der folgenden Klassenarbeit fehlten dem Schüler nur zwei Punkte für die Note „befriedigend“! Ohne die ständige und zuverlässige häusliche Begleitung wäre das gute Ergebnis bei dem schwierigen Thema nicht möglich gewesen. Gelegentlich entstanden Spannungen bei der häuslichen Arbeit durch die Vermischung der Elternrolle mit der des Lehrers, aber die Reibungen wurden ausgehalten und Meinungsverschiedenheiten im Gespräch ausgetragen. Die Eltern haben gelernt, die Bedürfnisse des Kindes zu erfassen und sich darauf einzustellen. Die Mutter, die Französisch nicht beherrscht, schrieb in der 7. Klasse, um ihren Sohn in der Rechtschreibung zu unterstützen und Automatisierungen von Strukturen aus dem Französischanfangsunterricht zu festigen, einfache Vokabel- und Grammatikübersichten auf Karteikarten (Vokabeln, Konjugationen, unregelmäßige Verben, eine Zusammenstellung der bestimmten und unbestimmten Artikel) und überprüfte regelmäßig das Formenwissen ihres Sohnes. Da sie die französische Sprache nicht richtig aussprechen konnte, wurden alle Wörter nach deutscher Lautung buchstabengerecht artikuliert. Zwar war es für den Jungen etwas anstrengend, zwischen der häuslichen und der offiziellen französischen Aussprache in der Schule zu unterscheiden, doch dank der Bemühungen erreichte er in Vokabel- und Klassenarbeiten häufig die Note „befriedigend", sodass er Französisch mit Erfolg nach zwei Jahren abwählen konnte. Das war eine große Bestätigung für den gemeinsamen Fleiß und zeigt, dass Legasthenie punktuell „besiegt" werden kann, wenn in der Schule gleichzeitig der Notenschutz bei Rechtschreibfehlern gewährt wird. In Mathematik und in den Naturwissenschaften erreichte der Schüler gute bis befriedigende Leistungen, sodass die Realschule die richtige Schulart für ihn war. Tragisch wäre ein Scheitern an den Fremdsprachen gewesen, wie es leider bei vielen Schülern geschieht, die kein solches „Sicherheitsnetz" haben. Der Schüler wurde nicht entmutigt, sondern in seiner Selbststeuerung gestärkt, weil er erfahren hat, dass gezielt eingesetzte Anstrengungen erfolgreich sind. Dies motivierte ihn wiederum, mit Eifer einen guten Realschulabschluss anzustreben, um von dieser guten Ausgangsbasis seine praktische Begabung später im Beruf zu nutzen.

Viele Legastheniker haben Automatisierungsdefizite, da die Übungsmöglichkeiten in den meisten Lehrwerken beschränkt sind. Lehrer lassen nicht in allen Klassen zusätzliches Material bearbeiten oder stellen es für häusliche Übung zur Verfügung. Hinzu kommt, dass die Bedürfnisse nach Vertiefung individuell verschieden sind. Daher ist es besonders wichtig, dass Eltern mit ihren Kindern besprechen, wo Unsicherheiten bestehen und wo daher die Arbeitsschwerpunkte liegen sollten. Die Problemgebiete ergeben sich bei den Hausaufgaben und lassen sich anhand einer Fehleranalyse nach Klassenarbeiten erkennen. Einfache Fehleranalyseblätter für Französisch und Latein und ein umfangreiches für Englisch sind im Anhang beigefügt; sie können beliebig nach den persönlichen Bedürfnissen erweitert werden. Nicht nur Fehlerhäufungen, sondern auch Stärken lassen sich an der Zusammenstellung ablesen. Es ist wichtig, auch diese nach jeder Klassenarbeit herauszuheben, denn nur mit der Anerkennung von Bemühungen und mit Lob werden Legastheniker motiviert, trotz aller Widrigkeiten weiterzuarbeiten.

Zunächst wird Französisch als häufig erworbene Fremdsprache behandelt, darauf folgt Latein als seltener gewähltes Fach. An dieser Stelle kann keine „Hilfsgrammatik“ für Eltern entstehen, aber es gibt einige Hinweise und verschiedene, leicht umsetzbare Vorschläge zur sinnvollen Vorbereitung und Begleitung von Lernschritten beim Fremdsprachenerwerb. Da grammatische Zusammenhänge im Französischen auch hinsichtlich der Rechtschreibung wichtig sind, sollten wesentliche grammatische Grundbegriffe und Strukturen prinzipiell verstanden, ständig wiederholt und vertieft werden. Strukturwissen ist neben Vokabelkenntnis die zweite tragende Säule des Französischen.

Im Französischen gibt es sieben *Wortarten:* Nomen, Pronomen (Fürwörter), Determinanten (Artikel, Possessivpronomen/besitzanzeigende Fürwörter, Demonstrativpronomen/hinweisende Fürwörter), Präpositionen, Adjektive, Adverbien, Verben (Vollverben und Hilfsverben). Außer den Präpositionen, „sur (auf), devant (vor)“ ... und Adverbien, „hier (gestern), volontiers (gern)“ können alle anderen Wortarten durch zum Teil stumme Endungen verändert werden, abhängig von den Wörtern, auf die sie sich beziehen, und von ihrer Stellung im Satz.

Die für den Anfangsunterricht Französisch wichtigen Wortarten und ihre Besonderheiten sind:

Nomen werden im Allgemeinen klein geschrieben, ausgenommen Namen und einige andere Ausnahmen.

Bestimmter Artikel: Einzahl „le père, maskulinum; la mère“, femininum; Mehrzahl „les pères, les mères“.

Merke: Bei allen Wörtern, die mit Vokal anlauten, wird statt der Vokale in den Artikeln „la“ und „le“ ein Apostroph, ein Auslassungszeichen, gesetzt, sodass das Geschlecht des Wortes durch den Artikel nicht mehr kenntlich ist: „l’eau, femininum (Wasser), l’image, femininum (Bild), l’hôtel, maskulinum“. Der Genitiv „de le“ wird „du“, der Dativ „à le“ wird „au“.

Es gibt *vier Fälle,* die die verschiedenen Objekte kennzeichnen:

1. Fall/Nominativ – le livre, la femme, les chiens (das Buch, die Frau, die Hunde) – wer oder was?

2. Fall/Genitiv – du livre, de la femme, des chiens (des Buches, der Frau, der Hunde) – wessen?
3. Fall/Dativ – au livre, à la femme, aux chiens (dem Buch, der Frau, den Hunden) – wem?
4. Fall/Akkusativ – le livre, la femme, les chiens (das Buch, die Frau, die Hunde) – wen oder was?

Unbestimmter Artikel: Einzahl „un livre, un magazine, une revue".

Personalpronomen: Sie stehen für Nomen, daher auch für Personen im 1. Fall/Nominativ: „je, tu, il/elle, nous, vous, ils/elles", „le professeur = il; la femme = elle". *Personalpronomen* können Objektpronomen für den 3. und 4. Fall sein: „je le vois" (ich sehe ihn = den Mann – wen oder was?), „je la vois" (ich sehe sie = die Frau – wen oder was?), „nous lui aidons" (Wir helfen ihm/dem Mann; Wir helfen ihr/der Frau – wem?); „lui" wird gleichermaßen für männliche und weibliche Nomen verwendet.

Die Folge der *Pronomen* im Satz kann man sich gut merken, weil sie in Form einer Fahne angeordnet werden können, die nach rechts spitz zuläuft:

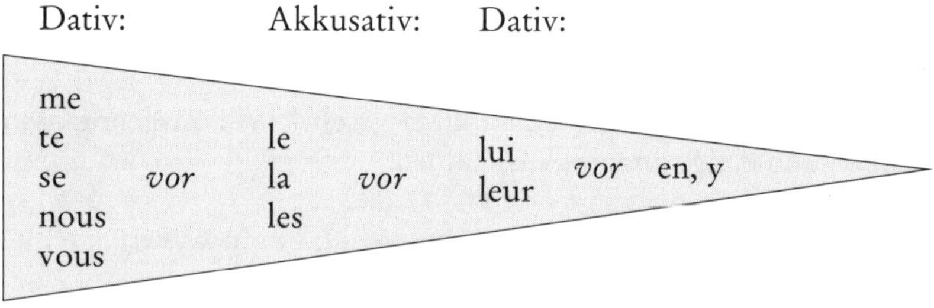

Beispielsätze: „Je les (photos) lui (Jean) montre (ich zeige sie ihm). Je lui en parlerai (ich werde ihm davon erzählen)". Merke: Die Beherrschung der Fälle ist unter anderem wichtig für die Stellung der Personalpronomen und für Einsatz und Stellung von „en" (für Genitiv) und „y" (für Dativ), wie es anhand der „Fahne" beschrieben wurde.

Possessivpronomen zeigen den Besitz an. Merke: die französischen Possessivpronomen richten sich in Geschlecht und Anzahl nach dem nachfolgenden Wort: „elle cherche *son* père, il cherche *sa* mère et ses frères/sie sucht *ihren* Vater, er sucht *seine* Mutter und seine Brüder". Im Deutschen richtet sich das Pronomen *nach dem Subjekt.*

Präpositionen sind Wörter in Ort- und Zeitangaben. Sollte ihre Anwendung schwierig sein, sind beispielsweise Zeichnungen hilfreich, die die Stellung in Raum und/oder Zeit verdeutlichen: „*dans* l'armoire, *sous* l'armoire, *sur* l'armoire, *devant* la porte, *après* le dîner" (im/unter dem/auf dem Schrank, vor der Tür, nach dem Essen).

Adjektive werden (meistens) Nomen beigestellt – „un texte facile, des textes faciles" – und richten sich in Geschlecht und Anzahl nach dem Nomen, zu dem sie gehören. Merke: die meisten Adjektive stehen nach dem Nomen, als Ausnahmen muss man die Adjektive auswendig lernen, die vor dem Nomen stehen, „bon/mauvais, grand/petit ... (s. Funktionskarten für Französisch im Anhang).

Adverbien stehen im Allgemeinen bei Verben; sie können auch Adjektive näher kennzeichnen: „ils marchent lente*ment*". Ein Adverb wird gebildet aus dem Adjektiv, dem die Endung „ment" hinzugefügt wird.

Vollverben, keine Hilfsverben; Verben werden *konjugiert,* das heißt, sie erhalten eine Endung, die sich auf das Subjekt bezieht, zu dem sie gehören – deutsch „ ich geh*e,* er geh*t*". Im Französischen gibt es drei Konjugationen, sie enden im Infinitiv (in der Grundform) auf den Endungen „er": „regard*er,* betrachten"; „re": „attend*re,* warten"; „ir": „fin*ir,* beenden". Fleiß beim Auswendiglernen der Endungen der drei Gruppen lohnt sich; die Schüler können dann bei Haus- und Klassenarbeiten auf erarbeitetes, automatisiertes Wissen zurückgreifen (s. Anhang, Kopiervorlagen für Merkkarten Französisch). Mehrere unregelmäßige Verben müssen wie die Entsprechungen im Englischen auswendig gelernt werden (s. Kapitel 10).

Hilfsverben wie „avoir" und „être" helfen bei der Bildung der Zeiten wie beim „passé composé": „j'ai porté" (ich habe getragen), „il est venu" (er ist gekommen). Eine Parallele bilden die englischen Hilfsverben „to have" und „to be", und die deutschen Hilfsverben „haben" und „sein". Merke: Im Deutschen werden alle Verben mit

„haben“ konjugiert, „ich habe geholt“, außer den Verben der Bewegung, bei denen die Formen von „sein“ verwendet werden: „ich bin gelaufen“. Im Französischen werden alle Verben mit „avoir“ konjugiert, bis auf einige Ausnahmen, die auswendig gelernt werden müssen: „j'*ai* couru“, aber „je *suis* allé“. Merke: beim Konjugieren mit „être“ verändern sich die Endungen des Partizips Perfekt/3. Form bei weiblichem Subjekt in Einzahl und Plural und bei einem männlichen Subjekt im Plural: „ el**le** est allé**e**, el**les** sont allé**es**, il**s** sont allé**s**“.

Es gibt *drei grundlegende Formen bei Verben,* die den Schülern bekannt sein müssen: Infinitiv (Grundform) „aller“, deutsch „gehen“, englisch „to go“; Partizip Präsens „allant, gehend, going“; Partizip Perfekt, „allé, gegangen, gone“. Im Englischen ist das Partizip Perfekt die 3. Form, im Deutschen wird es mit der Vorsilbe „ge“ gebildet. Das Partizip Perfekt hat im Französischen je nach Konjugation verschiedene Endungen „all*é*, descend*u*, fin*i*“, die durch das Anhängen von weiteren Endungen verändert werden können. Die Endungen hängen wiederum von den Wörtern ab, auf die sie sich beziehen: „**elle** est descendu**e**“.

Zum fortgeschrittenen Stadium des Erwerbs des Französischen gehören der *Gebrauch der Zeiten* und des *Konjunktivs* mit seinen unterschiedlichen Formen und Endungen, was im Rahmen dieser Basisinformationen nicht erörtert werden kann. Auch hier gilt, dass alle Unregelmäßigkeiten wie die unregelmäßigen Konjunktivformen systematisch gelernt werden müssen, wie es bei den Verbformen des Indikativs beschrieben wurde.

Die **Satzstellung** im Französischen ist nicht so streng festgelegt wie im Englischen, aber es gilt die Grundregel: „**S**ubjekt, **P**rädikat, **O**bjekt“,

„Jean avait invité toutes ses amies“: Voll- und Hilfsverb bleiben zusammen, das Akkusativobjekt „toutes ses amies“ folgt. Nach „qu'est-ce que“ als Frageformel entspricht die Satzstellung dem Aussagesatz: „qu'est-ce qu'il veut dire?“ (Was will er sagen?).

Eine gute, einfache Grammatik für den Anfangsunterricht, in verständlicher Sprache abgefasst, ist z. B. „Basis-Grammatik Deutsch plus“ mit Hinweisen auf das Englische. Die klare Darstellung vermittelt Ideen, wie häusliche Grammatikunterstützung für Laien aussehen kann, und ist auch auf Französisch übertragbar.

Im Folgenden werden Übungsvorschläge mit grundlegenden, einfachen Wörtern gemacht, um prinzipiell zu zeigen, was und wie geübt werden kann; es soll eine Ideenbörse sein. Bei häuslichen Übungen zur Vertiefung des Stoffes sollten nur bekannte Wörter verwendet werden; neue Vokabeln bedeuten eine unerwünschte Erschwernis. Gute Anregungen für den Aufbau neuen Materials geben die Übungen auf der Lernsoftware der Schulbuchverlage, die im Buchhandel erhältlichen Fördermaterialien oder die Aufgaben im Lehrbuch, die – angewandt mit anderen Wörtern – das richtige Niveau für die Einzelnen haben. Es kommt nicht darauf an, sich möglichst viele Übungen auszudenken, sondern herauszufinden, wo die Problembereiche liegen, und die dafür passende Aktivität herauszusuchen. Zumeist bleibt nach den Hausaufgaben nicht viel Zeit für zusätzliche Maßnahmen, daher müssen die Legastheniker eine Auswahl treffen, die ihnen individuell hilfreich erscheint. Gleiches gilt für unterstützende Spiele, wobei das Memoryspiel viele Bedürfnisse abdeckt.

Grundsätzlich betrachtet, sind Übersichten in schülergerechter Sprache über die in der Schule behandelten grammatischen Bereiche sinnvoll, so knapp wie möglich formuliert und mit dem Schüler abgestimmt: „Kannst du es so verstehen?“. Die Übersichten passen gut auf Karteikarten des Formates DIN A6, entweder in lesbarer Handschrift oder auf dem Computer verfasst. Denkbar sind Zusammenstellungen der Endungen von Verben der verschiedenen Konjugationen, beispielsweise alle Endungen der Verben auf „er“: Infinitiv/Grundform „regarder“, „**je** regard**e**, **tu** regard**es**, **il/elle** regard**e**, **nous** regard**ons**, **vous** regard**ez**, **ils** regard**ent**“, Formen der unregelmäßigen Verben und beispielsweise Ausnahmen bei der Mehrzahlbildung der Nomen, „animal/animaux, travail/travaux“. Auf diese Weise lässt sich fast jede Regel oder Besonderheit für sich bearbeiten und zur systematischen Wiederholung, präzise formuliert, auf Karten bereithalten. Die Schüler können auf den Karten Eselsbrücken oder Aussprachehinweise in Lautschrift eintragen, individuelle Probleme unterstreichen wie auch Informationen hinzufügen. Sie können die Karteikarten in einer Box aufbewahren, wo sie, geordnet, mit fortlaufenden Ziffern in der rechten oder linken oberen Ecke markiert und mit einem Inhaltsverzeichnis versehen, jederzeit zur Unterstützung bereit stehen.

Diese äußere Ordnung wirkt sich wohltuend strukturierend auf die Schüler aus. Der Vorteil der Karten ist, dass jedes Thema schnell und gezielt vom Schüler allein oder mit einem Helfer wiederholt werden kann. Ein Übungsziel ist, dass die Schüler alle Regeln selbstständig formulieren und die Formen auswendig aufsagen können. Beispielweise sollten die Endungen der Verben auf „er" abrufbar sein: Einzahl „e, es, e"; Mehrzahl „ons, ez, ent". Automatisierungen werden auf diese Weise durch Strategien unterstützt, sodass Regeln in der Schule oder während der Klassenarbeit im Langzeitgedächtnis verfügbar sind.

Eine Übung zur Festigung der Zuordnung von Nomen und Artikeln kann darin bestehen, aus den verschiedenen Lektionen Nomen herauszusuchen und die Artikel zuordnen zu lassen: „porte – la porte; magazine – le magazine; eau – l'eau (femininum); école – l'école (femininum)".

Nomen, deren Geschlecht leicht vergessen wird, kann man auf separate Karteikarten aufnehmen, diese oben als Karte zur Wiederholung beispielsweise mit einem „x" kennzeichnen, um die Problemwörter leichter zu erfassen.

Die Schüler müssen das Geschlecht der Wörter von Anfang an mitlernen, weil es beispielsweise beigefügte Adjektivformen beeinflusst, deren Geschlecht an die zugehörigen Nomen angeglichen wird: „l'eau froide, l'école intéressante, l'hôtel inconnu". Wie im vorangegangenen Text bereits erwähnt, heißt der Vorgang der Anpassung grammatisch zusammenhängender Wörter „akkordieren".

Bei Zuordnungsübungen ist es wichtig, dass nicht etwa Wörter aus zwei gegenüberliegenden Spalten mit Strichen verbunden werden – zu Beginn mit etwas Nachdenken, aber gegen Ende rein mechanisch, wenn nur noch wenige Wörter übrig sind.

l'eau	inconnu/e (unbekannt)
l'école	fameux, fameuse (berühmt)
l'hôtel	rond/ronde (rund)
le jardin	français/française (französisch)
la table	nouveau/nouvelle (neu)
l'homme	blond/blonde (blond)
le magazine	froid, froide (kalt)

Die Übung ist gewinnbringend, wenn Schüler das erste Nomen ins Heft schreiben, das Geschlecht des Nomens nennen, dann das passende Adjektiv auswählen, es handschriftlich hinzufügen, um das Schreibbewegungsgedächtnis anzuregen, und die Wortwahl begründen. Auf diese Weise werden die wichtigen Aspekte, nämlich das Geschlecht der Nomen und die unterschiedlichen Adjektivformen, noch einmal verbalisiert und es wird durch den mündlichen Kommentar die artikulatorische Schleife im Arbeitsgedächtnis stimuliert. Die Aktivität unterstützt den Schüler dabei, alle wichtigen Aspekte zu bedenken; er nimmt eine sprachliche Selbstinstruktion vor und kann auf diese Weise den grammatischen Zusammenhang in seine innere Sprache übernehmen und das Vorgehen automatisieren (s. Kapitel 1).

Auch ein Memoryspiel kann bei der Automatisierung der Zuordnung der Artikel zu den entsprechenden Nomen helfen. Die Förderkraft – Elternteil oder Therapeut – schreibt die Nomen ohne den Artikel auf Karten, dann notiert sie die entsprechenden Artikel auf ebenso vielen Karten. Wichtig ist, dass das Spiel anspruchsvoll genug ist, daher sollten auch Wörter mit apostrophierten Artikeln einbezogen werden, bei denen das Geschlecht nicht unmittelbar ersichtlich ist. Beispiele sind: 1. Karte „le“, 2. Karte „magazine“, 3. Karte „l’“, 4. Karte „école“ (femininum); „le“/„livre“; „la“/“femme“; „l’“/„eau“ (femininum); „le“/„garçon“; „l’“/„escalier“ (maskulinum); „la“/„table“.

Eltern können ebenfalls wirksam unterstützen, wenn sie die unregelmäßigen Verbformen abfragen; das kann beispielsweise mündlich geschehen, um den Klang zu festigen. Schriftlich können sie ihre Kinder beim Ausfüllen der Lücken in Konjugationstabellen unterstützen, wie beispielsweise in folgendem Übungsmuster. Das Beispiel zur Übung mit den unregelmäßigen Verben stammt aus einem Lehrbuch, 2. Jahr Französisch, Gymnasium; für die Übung wurden z. T. andere Wörter gewählt. Auf der linken Seite steht die Lösung, die Betreuer aus dem Buch entnehmen können, auf der rechten Seite befinden sich die geforderten Formen; den Lösungsteil können die Schüler nach hinten knicken und später mit ihren eigenen Ergebnissen vergleichen.

Dieser Übungstyp kann für alle Zeitformen, für den Imperativ/die Befehlsform sowie für Konjunktiv und Indikativ mit Hilfe des grammatischen Anhangs im Lehrbuch oder einer französischen Grammatik eingesetzt werden (s. Anhang: Übung zu Verbformen mit Selbstkontrolle).

Ein anderes Beispiel ist der Gebrauch und die Stellung der Adjektive, wie sie im 2. Jahr Französisch auf der Realschule gelehrt werden. Auf der rechten Seite werden Wörter angegeben; das Geschlecht der Wörter, die Adjektivform und die Stellung des Adjektivs steuert der Schüler bei; links auf der Seite steht die Lösung.

Lösung:	*Nomen/Adjektive*
la robe blanche	robe/blanc
la bonne femme	bon/femme
le texte facile	texte/facile
le petit chien	chien/petit

Dieses Übungsmuster kann auch mühelos zum Üben lateinischer Formen verwendet werden. Bitte keine Übungen mit fremdem Wortmaterial verwenden, weil es die Kinder erfahrungsgemäß irritiert; die Schulbücher enthalten genügend Wörter für die häusliche Unterstützung.

Fehler im Französischen wie im Lateinischen können in einem Heft in Rubriken oder auf Karteikarten notiert werden, um die Themen gezielt zu wiederholen. Vorschläge für die Einteilung für Französisch:

- Satzstellung: „je *le* trouve gentil/ich finde *ihn* nett, je *ne le* trouve pas gentil/ich finde *ihn nicht* nett“
- Stellung der meisten Adjektive nach dem Nomen: „la robe rouge, une femme fatale“ ...
- Verneinungen mit „pas ... de“, Stellung von „en“ und „y“: „il *n'y* a *pas* dc sucrc“, „cs *gibt hier* keinen Zucker“
- Endungen von Verben: „je prend*s*, ils pren*nent*“
- Gebrauch der Zeiten, Verwendung von Indikativ/Konjunktiv, Imperativ
- Präpositionen, Verben mit dazugehörigen Präpositionen
- grammatisches Basiswissen (Formen und Strukturen) automatisieren, z. B. Endungen von Verben, unregelmäßige Verben, Wortarten und Satzglieder ...

Den Vokabeln der Lektion entsprechend, können Zuordnungsübungen zwischen Possessivpronomen und Nomen nach folgendem Muster geschrieben werden, wobei vorzugsweise das Deutsche vorgegeben wird, um den abweichenden französischen Ausdruck zu erarbeiten:

mein Rock	–	ma jupe (la jupe)
sein Fenster	–	sa fenêtre (la fenêtre)
ihr Baby	–	son bébé (le bébé)
seine Zeitschrift	–	son magazine

Hilfreich für das Formenlernen ist das Ergänzen von Verbtabellen, etwa als Abfragespiel/Memory, beispielsweise 1. Karte – 3. Person Plural von „aller" (gehen), 2. Karte – „ils/elles vont" (sie gehen). Jeder geduldige Mensch, der Französisch annähernd richtig ausspricht, kann die Formen mit Legasthenikern üben. Die Schüler können die Verben beim Herumgehen im Zimmer rhythmisch aufsagen, sodass sich ihre Merkfähigkeit erhöht. Darüber hinaus können kurze Sätze in die verschiedenen Zeiten gesetzt werden.

Man unterscheidet zwischen **Wortarten** und **Satzgliedern.** Die verschiedenen Wortarten können Satzglieder werden, je nachdem, was ausgesagt werden soll. Die Wortarten können sich in der Rechtschreibung verändern, wenn sie als Satzglieder verwendet werden, weil sie sich in Geschlecht/Genus und Anzahl/Numerus nach dem Wort richten, zu dem sie gehören.

Zur Übung kann man einen Satz aus dem Französischbuch nehmen, beispielsweise den einfachen Satz „je vois ton chien", die entsprechenden Wortarten und Satzteile bestimmen und sie dann als Memory anlegen: 1. Karte – „je"/Personalpronomen, 2. Karte – Subjekt/wer oder was?, 3. Karte – „vois"/Verb, 4. Karte – Prädikat, 5. Karte – "ton"/Possessivpronomen, 6. Karte – „chien"/Nomen, 7. Karte – Akkusativobjekt/wen oder was? Die beiden verschiedenen Wortarten „ton" und „chien" ergeben als Satzteil das Akkusativobjekt.

Ein zweites Zuordnungsspiel zur Übung von Wortarten und Satzgliedern besteht darin, dass eine Gruppe von Karten für die Wortart steht (gekennzeichnet z. B. durch die Farbe blau), die andere Gruppe für die Satzglieder (gelb). Für das Gesamtverständnis müssen die Sätze, die sinnvollerweise stark an den Lektionstext angelehnt sind, zu Beginn des Spiels im Ganzen gelesen werden. Die Bezeichnungen für die Wortarten werden dann über die Wörter, die Bezeichnungen für die Satzteile daruntergelegt.

Weitere Übungsvorschläge sind in Kapitel 8 unter „schulische Förderung in Kleingruppen" zu finden.

Die meisten Laien erfassen den Sinn lateinischer Texte nicht durch spontanes Verständnis der geschriebenen Sprache, sondern erschließen ihn sich durch schrittweises Übersetzen. Da das Lateinische lautgetreu geschrieben wird, ist die Rechtschreibung unproblematisch, wohingegen der grammatische Bereich eine zentrale Rolle bei der Entschlüsselung einnimmt. Gleiches gilt für die Wortbedeutungen, d.h. die semantisch/lexikalische Ebene. Bei gutem Vokabelwissen werden die Schüler im lateinischen Anfangsunterricht umgehend erfolgreich sein, die grammatischen Begriffe und die Funktion der Formen im Satzzusammenhang erkennen. Schwierigkeiten können im Bereich der Wortbedeutungen auftreten, wenn eine Vokabel mehrere Bedeutungen hat und sich der Legastheniker für eine Zuordnung entscheiden muss, wie beispielsweise bei „petere", zu Deutsch: „erstreben, aufsuchen, eilig hingehen, angreifen, bedrohen, holen …". Für Fortgeschrittene ist dies besonders bei antiken Texten schwierig, wenn es um philosophische, politische oder kriegerische Detailprobleme geht und die im Einzelfall richtige Bedeutung erst aus dem erschlossenen Zusammenhang hervorgeht, sodass die Schüler ausprobieren müssen, welche Bedeutung im gegebenen Fall passt. Hierzu gehört ein gutes sprachliches Vorstellungsvermögen. Das Problem ähnelt dem der Lückentexte, die für manche Menschen erst dann ganz verständlich sind, wenn sie alle Wörter eingesetzt haben. Um die Wörter sinnvoll einfügen zu können, muss der Schüler eine mögliche Gesamtbedeutung vor Augen haben, das heißt, mit sprachlichen Vorstellungen kreativ und kritisch umgehen können.

Eine geduldige, stetige Begleitung der Schüler im Anfangsunterricht ist wichtig, um ihre Leistungsbereitschaft und Motivation zu erhalten.

Es folgen eine Zusammenstellung von Themenschwerpunkten und Vorschläge für die Konzeption von Übungen.

- Die **Betonung lateinischer Wörter:** Zweisilbige Wörter werden auf der ersten Silbe betont – „hábes" (ich habe) – drei- und mehrsilbige auf der vorletzten oder drittletzten Silbe – „habémus" (wir haben) und „interrogávit" (er fragte).
- Als **Deklinationen** bezeichnet man die Endungen der Nomen (die „Ausgänge" der Nomen heißt es in Lateinbüchern), die

kennzeichnend sind für die Ein- und Mehrzahl, die Fälle sowie das Geschlecht.

- Die **Konjugationen** sind die Formen der Verben und ihre Endungen, die die Personen in Ein- und Mehrzahl sowie die grammatischen Zeiten kennzeichnen.

  Vokabeln und Formenwissen sind das Rohmaterial, aus dem Sätze bestehen; sie sind das deklarative Wissen, das „Was". Die Schüler müssen üben, die Sätze zielgerichtet und konsequent vom Prädikat ausgehend zu übersetzen und diese Fertigkeit zu vervollkommnen; das ist das „Wie". Auf diesen beiden Säulen, dem „Was" und dem „Wie", ruht die gute Übersetzungspraxis.

- Eltern können helfen, grammatische Bezeichnungen und Zusammenhänge zu vertiefen. Beispielsweise gibt es im Lateinischen **sechs Fälle.** Zusätzlich zu den vier aus den modernen Sprachen bekannten Fällen gibt es den „Vokativ", um jemanden anzureden, und den „Ablativ", der im Satz zumeist die Funktion von adverbialen Bestimmungen hat. Der Ablativ wird mit bestimmten Präpositionen gebraucht, den Verhältniswörtern für räumliche und zeitliche Angaben.
- Im Lateinischen gibt es **keine Personalpronomen,** weil die Personen durch die Endungen der Verben ausgedrückt werden. Gleichermaßen finden sich auch **keine Artikel,** denn die sechs Fälle sind in den Endungen der Nomen repräsentiert, z.B.: „arbor**em** habe**o**" – „habe**o**, ich habe" (1. Person Singular, Präsens), „arbo**rem**, den Baum"(Akkusativ Singular).
- Das **Geschlecht** jedes Nomens **(männlich, weiblich, sächlich)** muss von Anfang an mitgelernt werden, wie auch im Französischen, weil bei der Verbindung von Nomen mit Adjektiven oder Nomen mit dem Partizip Perfekt die richtige Endung oder Form gewählt werden muss bzw. beide in ihren Endungen übereinstimmen müssen. Beispiel: „arbor, arboris – femininum, der Baum", „arbor**es** bell**ae** – schöne Bäume". Beim Übersetzen lateinischer Texte sind viel Aufmerksamkeit – für mehrere Details in einem Wort oder einem Ausdruck – und große Übung notwendig, damit die Schüler die Beziehungen und Übereinstimmungen zwischen den Wörtern, die Kongruenz, konsequent beachten und die Arbeitsstrategie des ständigen Überprüfens von Zusammenhängen verinnerlichen.

Legastheniker wie auch manch andere Schüler brauchen individuell zusätzliche Arbeitsmaterialien, um die erstrebenswerten neuronalen Vernetzungen im Gehirn hinsichtlich des Formenwissens und des strategischen Vorgehens auszubilden. Schlechte Ergebnisse bei Klassenarbeiten lassen Unwissenheit vermuten, sind aber oft lediglich durch Übungsdefizite oder mangelnde Automatisierungen bedingt, wie es für Englisch und Französisch dargestellt wurde. Es ist wichtig, keine neuen Vokabeln einzuführen, sondern streng bei den bekannten Wörtern zu bleiben, um keine zusätzlichen Schwierigkeiten zu schaffen.

Lesegenauigkeit muss, falls Schüler hastig und/oder ungenau lesen, mit individuell erarbeiteten und geübten Strategien verbessert werden, zumal die letzten zwei, drei oder vier Buchstaben eines Wortes über seine Bedeutung entscheiden. Das Wortbildgedächtnis ist in diesem Zusammenhang nicht hilfreich, weil sich die Wortbilder ihren Endungen entsprechend verändern und die Schüler diese Abweichungen wahrnehmen müssen. Um die Lesegenauigkeit zu fördern, eignet sich beispielsweise die Technik des allmählichen Abtastens der Wörter unter gleichzeitigem lauten oder leisen Mitsprechen. Dieses dient als Kontrolle und zur Verstärkung und Stabilisierung der Aufmerksamkeit.

In den Schulbüchern gibt es zahlreiche Übungen zur Bestimmung unterschiedlicher Formen von Nomen und Verben; es ist sinnvoll, diese Wörter in die Deklinationen und Konjugationsreihen einzuordnen, zu denen sie gehören. Auf diese Weise erscheinen die einzelnen Elemente im Gesamtzusammenhang und lassen sich leichter zuordnen und richtig übersetzen.

Es folgen Vorschläge für Übungen, die Eltern anhand des Buches oder einer Grammatik zusammenstellen und kontrollieren können. Auf den ersten Blick sehen sie vielleicht schwierig aus, doch für Betreuer, die einen Schüler ständig durch Vokabel- und Formenüberprüfung sowie bei den Hausaufgaben begleiten, sind die folgenden Ideen nicht schwer umzusetzen:

- Nenne zu dem Plural der Nomen der a-Deklination den Nominativ Singular, z. B.: „amicae, amica; insulae, …“.
- Bilde eine Verbformenreihe: „habes – du hast; venis – du kommst; petis – du gehst eilig hin/läufst/strebst nach …

- Nimm Verben der Lektion und bilde den Plural, 3. Person, Präsens (vocant/sie rufen) Singular, 1. Person (voco/ich rufe) Plural, 1. Person (vocamus/wir rufen) ...
- Setze die Singularformen in den Plural und umgekehrt; übersetze dann: „amicum audio, amici audimus – ich höre den Freund, wir hören die Freunde; senatores videmus, custos iit, in amphiteatrum venis“ ...
- Bestimme folgende Formen nach Numerus (Anzahl) und Genus (Geschlecht): „amphitheatra, amica, templa, agricola ...“.
- Suche den „Irrläufer“, die Form, die grammatisch betrachtet nicht in die Reihe passt – aber keine falsche Form ist! – Dies ist eine gute Übung zur Unterscheidung ähnlich anmutender, aber grammatisch unterschiedlicher Formen wie bei „amphitheatra – neutrum, Nominativ und Akkusativ Plural; amica – femininum, Nominativ und Ablativ Singular; monumenta – neutrum, Nominativ und Akkusativ Plural ...“.
- Vor welchen Wörtern kann die Präposition „sine“ stehen?
- Bilde den Nominativ Singular zu den folgenden Nomen und übersetze: „matre – mater, die Mutter; periculo – periculum, die Gefahr; agricolae – agricola, der Bauer ...“
- Bilde zu den folgenden Formen jeweils den Singular oder den Plural: „ancilla – ancillae, Nominativ Plural; deae – dea, Nominativ Singular ...
- Dative gesucht! „Agricola – agricolae; mulier – mulieri; homines – hominibus ...“.
- Setze die Verben in die Perfektformen und übersetze sie: „parant – paraverunt – sie haben vorbereitet; discis – didicisti – du hast gelernt“.
- Setze die Verbformen ins Imperfekt und übersetze sie: „debeo – debebam – ich soll – ich sollte“ ...
- Ergänze eine vorgegebene Reihe: „amica – Nominativ Singular, a–Deklination, domina, ancilla ...“.
- Ergänze die Tabelle durch die entsprechenden Verbformen:

Präsens	*Imperfekt*	*Perfekt*
dico	....	....
....	....	narravi
....	ambulabat	....

- Bilde ein lateinisches Wortfeld – Nomen und Verben – zum Thema „Haus und Wohnen“; sinnvoll ist jedes Wortfeld, das durch eine Lektion vorbereitet worden ist.
- Lege eine Zusammenstellung von „kleinen Wörtern“ an, meistens sind dies Präpositionen oder Adverbien, die leicht vergessen werden: „nunc – nun; saepe – oft; tamen – doch, dennoch ...“.
- Empfehlenswert ist eine Zusammenstellung von geläufigen Ausdrücken oder solchen, die der Schüler leicht vergisst, auf „Funktionskarten“. Ein Kartentext kann beispielsweise sein: „,ut-Sätze mit dem Konjunktiv sind Wunschsätze nach Verben des Wünschens, Befehlens und Aufforderns ...“. Die Zusammenstellung können die Schüler, ausgehend von dem wichtigsten Wort oder dem Thema der Karte, alphabetisch ordnen, im Karteikasten aufbewahren oder in einer Klarsichthülle bei den Hausaufgaben und Übungsphasen griffbereit haben, um Zeit und Fehler zu sparen.
- Einige Verben haben einen Wechsel im Wortstamm/Wortstock oder im Stammvokal, z. B. „agere, egi, actus“ (machen). Dies kann Verwirrung stiften, ohne dass sich die Schüler vergegenwärtigen, dass ein solcher Wechsel auch im Deutschen und Englischen vorkommt, wie z. B. bei „kommen, kam; nehmen, du nimmst, nahm, genommen“ oder bei unregelmäßigen Verben im Englischen: „to see, saw, seen; to lie, lay, lain“.
- Vokabeln können Schüler schrittweise in Gruppen von fünf oder zehn Wörtern pro Tag lernen. Es ist besser, jeden Tag wenige Wörter zu sichern, als sich an einige ungenau zu erinnen, denn Ungenauigkeiten sind im Lateinischen besonders gefährlich; außerdem gehen unpräzise Gedächtnisspuren wieder verloren.

Jeder Schüler sollte ein Grammatikheft führen, in das alle Regeln eingetragen werden, da die Lehr- und Übungsbücher wechseln. Ein anderer Vorschlag sind Grammatikübersichten, in deutlicher Handschrift oder auf dem Computer geschrieben und auf Karteikarten (z. B. im DIN-A6-Format) befestigt. Die Regelzusammenstellungen helfen bei Vorbereitungen für Klassenarbeiten und bei gezielter Wiederholung; außerdem eignen sie sich für das Abfragen durch lateinunkundige Menschen.

Das Wichtigste kurz zusammengefasst

Französisch

- *Fleiß beim Vokabellernen; das Geschlecht der Nomen einbeziehen;*
- *die drei Konjugationen mit ihren spezifischen Endungen und die unregelmäßigen Verben auswendig lernen;*
- *das Akkordieren/Angleichen der Wörter bedenken, die sich aufeinander beziehen;*
- *Merk- und Funktionskarten zum Arbeiten und Automatisieren nutzen.*

Latein

- *Vokabel- und Formenwissen vertiefen;*
- gute Übersetzungsstrategien bilden und sich streng daran halten;
- Merkkarten für Themenschwerpunkte und Formen verwenden;
- Funktionskarten für individuelles Vorgehen (wie z. B. Übersetzungsstrategien) nutzen;
- Zentrale Frage: wie heißt das Prädikat?
- Fragen nach den Satzteilen (wer, wen, wann …?);
- Übereinstimmung von Nomen und Adjektiven?
- auf Perfekt und Konjunktiv achten;
- die Vorzeitigkeit bedenken;
- Ablativus absolutus oder accusativus cum infinitivo (a.c.i.) vorhanden?
- „ut“ mit dem Konjunktiv?
- Nach dem Vorbild des Buches oder anderer Materialien selbst Übungen entwerfen, keine unbekannten Vokabeln wählen;
- die praktische Übersichtstabelle zu unregelmäßigen Verben nutzen, die im Literaturverzeichnis genannt ist.

10 Vokabeln lernen – Vorschläge für Schule und Elternhaus

Der Umfang des Vokabelwissens ist bedeutsam, denn „eine reichhaltige Vorwissensbasis stellt eine wesentliche Voraussetzung für den Erwerb neuen Wissens dar, weil sie geeignete Anknüpfungspunkte für neue Wissenselemente bietet“ (Büttner 2000, 18). Das Vorwissen muss ständig wiederholt werden und organisiert sein, beispielsweise nach Oberbegriffen. Durch Merkhilfen wird neues Wissen aufgebaut, durch Verknüpfungen mit dem Vorwissen sowie anderen Arbeitsstrategien gestützt und abrufbar gemacht. Legastheniker haben auf dem Gebiet des Erwerbs von neuem Wissen oft Schwierigkeiten (Klicpera 1998, 258). Weil die Voraussetzungen für den Strategiegebrauch ab dem Ende der Grundschulzeit zunehmend günstiger sind (Büttner 2000, 14), ist es sinnvoll, Vorgehensweisen für das Lernen von Vokabeln einzuüben. Im Folgenden werden bei den Vorschlägen zum Üben von Wörtern auch Anregungen zur Einübung eines Strategiegebrauchs zum Lernen gegeben.

Die erste wichtige Voraussetzung für das Vokabellernen sind klare Anweisungen des Lehrers zur gewünschten Arbeitsweise und zum Arbeitsumfang. „Seht euch für die nächste Stunde die Vokabeln von Lektion 5 an“, ist keine präzise gestellte Aufgabe für Schüler und keinesfalls für diejenigen mit Lernproblemen oder Lernbesonderheiten. Klar ist der Hinweis, dass ein bestimmter Teil der Vokabeln von Lektion 5 auf die Art, die die Schüler vorher in der Klasse besprochen und eingeübt haben, gelernt werden soll und die Schüler mit Lernbesonderheiten die Anzahl der Wörter individuell bestimmen können. Falls es für einige Schüler schwierig ist, zahlreiche Vokabeln zu behalten oder sich an die Rechtschreibung zu erinnern, sollte die täglich zu lernende Anzahl entsprechend den Möglichkeiten der Einzelnen begrenzt werden. Aus eigener Erfahrung wissen Eltern und Schüler, wie viele Wörter pro Tag erinnert werden können. Fünf gut im Gedächtnis verankerte Wörter sind mehr wert als zehn oberflächlich erworbene. Allerdings müssen die Eltern bei der Aufteilung der Vokabeln in kleinere Lerneinheiten sicherstellen, dass ihre Kinder alle Wörter bearbeiten und vielfach zu Hause wiederholen, damit diese ins sprachliche Langzeitgedächtnis überführt werden. Lehrer und Eltern können hinsichtlich dieses Vorgehens Absprachen treffen.

Beim Bearbeiten der Vokabeln sollte eine größtmögliche Vernetzung der Wörter mit bereits bekannten angestrebt werden, beispielsweise aus dem Kontext des Lehrbuches, da die Wörter leichter in Sinnzusammenhängen gespeichert werden als Einzelwörter (Bleyhl 2000, 17). *Sprachliche Verknüpfungen lassen sich* herstellen, indem die Wörter in Form eines Satzes oder in einem fest stehenden Ausdruck bearbeitet werden, wie es einige Lehrbücher vorschlagen. Hinzugezogen werden können Wörter gleicher Bedeutung, Synonyme, oder das Gegenteil eines Wortes, sein Antonym, falls das den Fähigkeiten des Schülers entspricht. Eine Erweiterung durch eine fremdsprachliche Erklärung ist dann sinnvoll, wenn die Schüler diesen Kontext als hilfreich empfinden. Oft enthalten die Erklärungen Sätze aus dem Buchtext, sind den Schülern vertraut und unterstützen das Erinnern der Wortbedeutungen. Ist dieses Vorgehen eine Überforderung, so sollte man es nicht unbedingt durchsetzen wollen. Falls das Lernen der Vokabeln mit der fremdsprachlichen Erklärung zu schwierig für Schüler ist, muss auf die Strategie früherer Jahre zurückgegriffen werden, das fremdsprachliche Wort zunächst zusammen mit der deutschen Bedeutung zu lernen. In erster Linie sollte sichergestellt werden, dass die Schüler die Wortbedeutung wissen, damit die fremdsprachliche Erklärung sie nicht verwirrt und es zu klaren Bedeutungszuordnungen kommt. Bei Nomen und Verben können kleine Zeichnungen die Worterklärungen unterstützen, allerdings müssen sie eindeutig sein, was bei Abstrakta schwierig ist. Nach Erwerb vermehrter Sicherheit im Sprachgebrauch kann die fremdsprachliche Erklärung ergänzend hinzugenommen werden.

Erfahrungsgemäß ist eine **Vokabelkartei** einem Vokabelheft vorzuziehen, denn die Karten können in verschiedenen Zusammenhängen wiederholt und für Aufgaben geordnet werden. Falls Schüler die Vokabeln in das Vokabelheft abschreiben, ist der Lerneffekt zweifelhaft, weil sie die Wörter unter Umständen mechanisch „abmalen“, ohne sie als sprachliche Einheiten zu erfassen und zu speichern (s. Kapitel 7). Karteikarten, auf der einen Seite mit der Vokabel, auf der anderen mit der fremdsprachlichen Bedeutung versehen, notfalls auch mit der deutschen Bedeutung, sind dem Vokabelheft weit überlegen. Die Wörter können nach gut und schlechter beherrschten geordnet werden, und pro Lektion oder auch lektionsübergreifend können beispielsweise Gruppen von Verben, Präpositionen oder Adjektiven zusammengestellt, mit Handlung verbunden und folglich einprägsamer abgespeichert werden. Man kann beispielsweise bei Adjektiven sagen: „Act in the manner of the word", und bei Verben Typisches zeichnen oder handelnd zeigen lassen. Die Präpositionen können veranschaulicht werden, indem man z. B. ein Haus in Form einer Schachtel und einen Spielstein als Männchen benützt, das „über, unter, neben, jenseits, …" durch Bewegung darstellt. Vom Handeln gelangt der Schüler zur sprachlichen Abstraktionsebene in der Fremdsprache. Handlungsphasen sind vorübergehend zeitraubend, aber längerfristig zeitsparend, da einprägsamere Gedächtnisspuren gelegt werden. Ebenso können Wortfamilien und Wortfelder für Texte zusammengestellt und als Grundlage für sprachliche Aufgaben verwendet werden. Als Beispiel sind die guten Erfahrungen mit dieser Arbeitsweise an dem Lübecker Gymnasium „Johanneum" eindrucksvoll: Englischlehrer erstellten mit dem Computer eine Vokabelkartei und nummerierte Arbeitsbögen für jede Lektion. Die Schüler der fünften Klassen erhielten einen Bogen, auf dem die Vokabeln im Kontext erschienen, beispielsweise:

weather
In summer the ____________ is nice and warm.
Im Sommer haben wir schönes warmes Wetter.

ice
In winter there is ____________ on Wakenitz (a river).
When it is cold water becomes ____________.
Im Winter gibt es Eis auf der Wakenitz.
Wenn es kalt ist, wird Wasser zu Eis.

snow
When there is enough ___________, we can go skiing.
In summer we have rain, but in winter there is ___________.
Wenn es genug Schnee gibt, können wir Ski fahren.
Im Sommer regnet es, aber im Winter gibt es Schnee.

Alle Schüler hatten einen Karteikasten mit Karten, die sie auf der einen Seite mit dem englischen Wort versahen, auf der anderen Seite mit der fremdsprachlichen Erklärung, die sie von den Arbeitsvorlagen abschrieben und/oder mit einer Zeichnung versahen. Notfalls fügten sie die deutsche Bedeutung hinzu. Auch die Gegenteile der betreffenden Wörter notierten sie und schufen folglich gute Verknüpfungen mit dem Vorwissen. Meine Erfahrung als Mutter von zwei auf diese Weise unterstützten Kindern ist sehr gut. Besonders mein schwer legasthenes Kind hatte Freude am Vokabellernen und konnte sich eine erstaunliche Anzahl an Wörtern merken.

Falls dieses Modell zu aufwendig erscheint, gibt es eine andere Vorgehensweise, die sich in der Praxis bewährt hat. *Vorschläge zum Üben von Vokabeln mit Unterstützung von Karteikarten sind:*

- Erwachsene schreiben die zu lernenden Wörter in deutlicher, angemessen großer Schrift in jede zweite Zeile auf die Karten.
- Der Problemschwerpunkt wird herausgehoben, indem die entsprechende Stelle farblich markiert, dicker geschrieben oder unterstrichen wird.
- Die fremdsprachliche Erklärung der Vokabel oder die deutsche Bedeutung werden auf die Rückseite der Karte geschrieben.
- Um eine gute Speicherung des Gelernten zu erreichen, *sollte der Schüler möglichst vielfältig aktiv sein.* Daher sollte das betreffende, auf der Karte notierte Wort dem Schüler vorgelesen werden, er schreibt es auf, vergleicht es anschließend mit der Schreibweise auf der Karte, um die richtige Schreibweise oder den Fehler herauszufinden. Das Wort kann zur besseren *Kontrolle* mit einem spitzen Gegenstand abgetastet werden. Das führt zu einem guten Einüben von Kontrollstrategien und zur Aufmerksamkeitssteuerung. Der Schüler sollte die Rechtschreibregel nennen, falls sie ihm bekannt ist, z. B.: „l“ wird bei Anhängung einer Endung immer verdoppelt: „He was compelled, they travelled“. Auch die Besonderheit, die ihm unter Umständen Schwierigkeiten macht, sollte er benennen, damit er das Problem allmählich überwinden kann. Danach sollte der Schüler die Karte abdecken, das Wort noch zweimal schreiben und beim Schreiben begleitend sagen, auf welche Besonderheit es ankommt. Diese Art des Schreibens mit begleitendem Sprechen vertieft die Gedächtnisspuren, die durch Sehen, Hören, Aktivierung des Schreibbewegungsgedächtnisses und der Strukturerfassung gelegt werden. Außerdem werden Strategien zur Fehlervermeidung bewusst angewandt.

Auf diese Weise sollte ein Legastheniker für ein zu speicherndes Wort *bei ausgeprägten Schwierigkeiten mindestens an drei verschiedenen Tagen in der Woche arbeiten,* wobei am besten ein Tag Pause zwischen den Übungsphasen liegen sollte. Diese Vorschläge sind auch ein Versuch, die aufmerksamkeitsgestörten und überhastet arbeitenden Schüler zu zügeln und ihnen gute Lernstrategien und Wege zur Fehlervermeidung zu vermitteln.

Vorbereitend für die Vokabelarbeit müssen Förderkräfte oder Eltern bei Bedarf sicherstellen, dass eine auf 120 % vergrößerte Kopie des Buches oder der Vokabeln vorliegt, damit das Lesen nicht zu anstrengend und der Überblick über die Lerneinheiten leichter ist. Zum Lesen der Vokabeln und der häufig klein gedruckten Erklärungen ist es hilfreich, die Ecke einer Karteikarte, einen Zahnstocher oder etwas anderes zum Zeilenhalten oder zum Abdecken der übrigen Wörter zu nehmen, damit die Augen nicht abschweifen können und beim Lesen geführt werden (s. Kapitel 7).

Für das Lernen der Vokabeln ist es sinnvoll, multisensorische, das heißt, mehrere Sinne ansprechende Strategien anzubieten, damit die Schüler die für sie geeigneten Vorgehensweisen ausprobieren und die individuell beste Arbeitsweise auswählen können, wie beispielsweise:

- In Vogelsand schreiben, weil das Fühlgedächtnis besonders einprägsame Gedächtnisspuren vermittelt. Einzelne Buchstaben, Wörter und Phrasen lassen sich auf diese Weise vertiefen.
- Die Wörter müssen so oft wie möglich geschrieben werden, weil das Schreibbewegungsgedächtnis eine gute Gedächtnisstütze ist.
- Es sollte immer das ganze Wort langsam in deutlicher Schrift geschrieben werden, da dieses Vorgehen Lernen und Erinnern erleichtert.
- Beim Schreiben stets leise oder laut mitsprechen.
- Die Formen der englischen unregelmäßigen Verben können so untereinander geschrieben werden, dass klangliche, orthografische und strukturelle Gemeinsamkeiten offensichtlich sind:

to think	to fight	klangliche und orthografische
thought	fought	Gemeinsamkeiten
thought	fought	
to go	to see	strukturelle Gemeinsamkeiten
went	saw	durch die Stammverwandtschaft
gone	seen	von Infinitiv und 3. Form

- Kann ein Schüler sich schlecht an die Orthografie und/oder den Klang eines Wortes erinnern, hilft es, über das schwierige Wort eines mit gleicher Schreibung und/oder gleicher Lautung zu notieren wie beispielsweise „to sh**ou**t [au] – schreien, rufen" verbunden mit „ab**ou**t, h**ou**se".
- Die rhythmischen Elemente in den Reihen der fremdsprachlichen Verben können die Schüler nutzen, um im Takt der gesprochenen Verben im Zimmer herumzugehen, mit dem Seil- oder auf dem Trampolin zu springen. Ein Legastheniker vertieft die Verbreihen, indem er einen Boxsack bearbeitet wie bei englisch „to go, went, gone, to see, saw, seen", lateinisch „currere, cucurri, cursum". Die starke Rückmeldung von Muskeln, Sehnen und Gelenken, die Stimulation des Gleichgewichtsinns und der Hautberührung schaffen zusammen mit dem rhythmischen Erleben eine erhöhte Aufmerksamkeit, die der Speicherung im Gedächtnis zugute kommt.
- Bei fehlender Übereinstimmung von Aussprache und Rechtschreibung kann als Hilfsstrategie die deutsche Lautung für fremdsprachliche Wörter verwendet werden wie bei englisch „sau-sa-ges" für „sausages" [sɔ:sɪdʒəz] und französisch „e-au" für „eau" [o:], Wasser.
- Die Aussprache kann unterstützt werden, indem die Schüler lernen, die wichtigsten Zeichen der Lautschrift zu lesen, die in einem Verzeichnis in ihren Büchern zu finden sind.
- Die zu lernenden Wörter können sie oder Helfer auf Kassette sprechen. Beim Abhören der Vokabeln können sie nach jedem Wort die Pausentaste drücken und die fremdsprachliche Erklärung oder die deutsche Bedeutung nennen.
- Bei der Arbeit mit den Lernprogrammen, die lehrbuchbegleitend zur Verfügung stehen und gute Sprachvorbilder darstellen, steht zumeist genügend Zeit zum Lauschen auf den Wortklang und zur individuellen Wiederholung der Artikulation zur Verfügung.
- Gruppen von orthografisch ähnlichen Wörtern können gebildet werden, wie z.B. Wörter mit „k" als erstem Buchstaben: „to knit, to knock, knife", wobei das „k" nicht gesprochen wird.
- Poster eignen sich für Zusammenfassungen von Rechtschreibregeln und für den Gebrauch der Präpositionen.
- Wortfamilien können zusammengestellt werden, sodass die Bedeutung der Vor- und Nachsilben erneut klar wird und Vernetzungen entstehen, wie beispielsweise bei der Wortfamilie „hap" in „**mis**hap, happ**y**, **un**happ**y**, (**un**)happi**ness**, to hap**pen**, happen**ing**.
- Wortfelder sind eine sehr gute Übung zur Wiederholung und Verknüpfung verschiedener Wörter, wie z.B. beim Thema „house": „room, roof, ceiling, window, stairs …".
- Problemwörter wie Verben oder Präpositionen, die der Schüler schlecht behalten kann, können markiert und häufiger geübt werden, was den auditiv-visuellen Bereich anspricht.

Die *Anzahl der täglich zu lernenden Wörter* richtet sich nach den individuellen Verknüpfungs- und Speichermöglichkeiten. Man sollte dabei nicht nach Vollständigkeit streben, da dies für Schüler eine große Entlastung bedeutet.

Das Wort „üben“ müssen wir überlegt gebrauchen. „Du musst mehr üben“, sollte man nur sagen, wenn nachweislich ein wirkliches Übungsdefizit vorhanden ist. „Du hast nicht genug geübt“ als Kommentar nach einer fehlerhaften Arbeit kann falsch und kränkend sein, wenn der Betreffende viel geübt hat, sein Wissen aber unter den gegebenen Umständen nicht umsetzen konnte. Schwankungen in Leistungen hängen oft von der Tagesform der Schüler ab. In jedem Fall kann man über den Problembereich des Übens nur dann kritische Bemerkungen machen, wenn die Vorgehensweisen gründlich besprochen worden sind und alle Beteiligten von einer klaren gemeinsamen Basis ausgehen. Kurzfristiges intensives Üben vor Klassenarbeiten oder Förderstunden ist auf die Dauer nicht erfolgreich, da die Gedächtnisinhalte nicht langfristig gespeichert werden und die punktuelle Arbeit dann vergeblich ist. Die Anzahl der nötigen Wiederholungen bis zum Beherrschen des Stoffes, der Wörter und der Regeln ist individuell unterschiedlich. Eltern und Lehrer sollten alle Bemühungen anerkennen. Selbstverständlich muss es angemessenes Lob bei Erfolgen geben.

Das Wichtigste kurz zusammengefasst

Legastheniker sollten die für sie geeigneten Vorgehensweisen zum Lernen von Vokabeln auswählen. Zahlreiche Vorschläge sind hierfür hilfreich, wie das Lernen mit fast allen Sinnen, die Strukturerfassung, die Strategieanwendung und die Vernetzung mit dem Vorwissen. Das Lernen von Vokabeln mit Karteikarten ist dem Lernen aus dem Vokabelheft vorzuziehen. Viel Üben führt (leider) nicht automatisch zu viel Vokabelwissen, was die Schule anerkennen muss, da der Wissensaufbau und die Automatisierung in der Anwendung individuell viel Zeit brauchen.

11 Benotung, Korrekturen und Erstellen von Klassenarbeiten

Bei der Bewertung von Leistungen im Unterricht sollte die Unterscheidung zwischen einer Lern- und einer Leistungssituation offensichtlich sein, da sonst manche Legastheniker und andere in der Kommunikation zurückhaltende Schüler keinen Mut haben, sich aktiv am mündlichen Unterricht zu beteiligen. In vielen Bundesländern wird die mündliche Mitarbeit und Leistung mit 60 %, das Ergebnis der schriftlichen Arbeiten mit 40 % gewichtet. Schüler mit auditiven Verarbeitungs- und Wahrnehmungsstörungen, kommunikativ wenig aktive sowie langsam arbeitende Schüler treten im mündlichen Unterricht nicht positiv hervor und können daher schlechte schriftliche Leistungen nicht durch das Mündliche verbessern. Andere Schüler wiederum sind im Mündlichen viel besser als im Schriftlichen, sodass sie bei Klassenarbeiten schlechter abschneiden als erwartet. Es ist wichtig, dass Lehrer die persönlichen Eigenarten und Probleme ihrer Schüler kennen und auch anerkennen, damit sie ihre Schüler unter Umständen durch Ermutigung zu Unterrichtsbeiträgen anregen können. Die Einstellung des Lehrers, dass er glaube, ein Schüler wisse etwas zum bearbeiteten Thema, kann positive Reaktionen auslösen. Manche Schüler reagieren auch mit guten Antworten, wenn eine zusätzliche Frage zum Thema an sie gestellt wird, und können zeigen, dass sie innerlich aktiv beteiligt sind.

Im Zusammenhang mit der Note für die mündliche Leistung ist die *Form* und das *Zensieren der Vokabeltests* ein Problem. Diese schriftlich erbrachte Leistung zählt zur Beurteilung des Mündlichen, obwohl hierbei neben dem Wissen von Wortbedeutungen auch die Rechtschreibung überprüft wird. Daher sollte vornehmlich auf die Wiedergabe der Wortbedeutung abgezielt, die Rechtschreibung differenziert betrachtet und nicht mitbewertet werden. Es kann beispielsweise vier Formen der Vokabelüberprüfung geben:

- Das deutsche Wort wird genannt oder ist auf einer Arbeitsvorlage notiert worden und die Schüler müssen das fremdsprachliche Wort schreiben.
- Die fremdsprachliche Erklärung wird genannt oder ist auf einer Arbeitsvorlage niedergeschrieben, die Schüler müssen die fremdsprachliche Vokabel schreiben.
- Die fremdsprachliche Vokabel wird genannt oder ist auf einer Kopie vermerkt und die Schüler müssen die fremdsprachliche Erklärung formulieren.
- Der Lehrer nennt eine Form eines unregelmäßigen Verbs und der Schüler muss die fehlenden Formen hinzufügen.

Weiß der Schüler ein Wort nicht, ist das ein Fehler, beispielsweise „barn“ statt „cow“; „oven“ statt „kitchen“; „école“ statt „cahier“; „aujourd'hui“ statt „hier“ – auch bei Kindern mit Legasthenie. Bei förmlich anerkannter Legasthenie mit gewährtem Notenschutz sowie bei Schülern mit erkennbaren Rechtschreibschwierigkeiten sollte jedoch ein Wort nicht als falsch geschrieben betrachtet werden, wenn die Rechtschreibung die Aussprache wiedergibt, auch wenn das Ergebnis nicht den Regeln der fremdsprachlichen Rechtschreibung entspricht. Beispiele sind im Englischen: „di**hs**es“ statt „dishes“; „ri**t**ch“ statt „rich“; „of corse“ statt „of course“; „wa**tz** your hobby“ statt „what's your hobby“; „on**c**e own“ statt „one's own“. Im Französischen : „aujourd ui“ statt „aujourd'hui“; „écol_“ oder „ecole“ statt „école“.

Im angelsächsischen Raum wird großzügig mit der Rechtschreibung verfahren. Dort werden die genannten orthografisch falschen Wörter nicht als Fehler gewertet. Erfolgt die Vokabelüberprüfung mündlich, so gibt es keine derartigen Beanstandungen, da der Lautklang der Wörter erhalten ist. Schwierig ist es für Schüler mit auditiven Problemen, wenn beispielsweise eine Verbform vom Lehrer genannt wird wie „to ride“ und die Stammformen ergänzt werden sollen. Falls der Schüler zwischen „to ri**d**e“ und „to wri**t**e“ die Lautunterscheidung nicht vornehmen kann, kommt es zu der falschen Zuordnung der Verbformen, statt „rode, ridden“ schreibt der Schüler unter Umständen „wrote, written“, was selbstverständlich ein falsches, aber unter den Gegebenheiten der auditiven Problematik nachvollziehbares Ergebnis ist; die unrichtige Zuordnung zu „to read [ri:], read [red], read [red]“ wäre ebenfalls denkbar. Diese Probleme sollten bei der Auswahl des Wortmaterials und bei der

Vorgehensweise bei Vokabelarbeiten bedacht werden hinsichtlich möglicher lautlicher Verwechslungen der fremdsprachlichen Wörter, die auch bei „to **th**ink“ und „to sink“; „to hi**t**, hi**t**, hit“ und „to hide, hi**d**, hidden“; „to saw, sawed, sawed (sägen)“ und „to sow, sowed, sown (säen)“ denkbar sind.

Bei manchen Vokabel- und Klassenarbeiten gibt es Zweifel bei der Beurteilung der Fehler, wenn bei der Niederschrift zufällig ein anderes Wort wie etwa „f**o**r“ statt „f**ou**r“ entsteht, das Wort aber klanglich richtig ist. Im Deutschen kommen ebenfalls Rechtschreibfehler vor, die zufällig die Bedeutung des Wortes verändern. In dem Fall würde niemand einen Wortfehler annehmen; wenn Schüler „leihen“ statt „Laien“ schrieben, wäre die Klanggestalt des Wortes erhalten, zufällig aber eine abweichende Bedeutung entstanden. Man würde sofort erkennen, dass der Rechtschreibfehler unabsichtlich ein anderes Wort ergeben hat. Muss in den Fremdsprachen eine Fehlerkategorie für dieses Problem ausgewählt werden, so sollte es der Rechtschreib- und nicht der schwerer wiegende Wortfehler sein. Durch Vertauschung der Reihenfolge der Buchstaben (Reversion) kann ebenfalls ungewollt ein anderes Wort entstehen, wie „tr**i**al“ statt „tra**i**l“; „ea**t**“ statt „**t**ea“, was als Rechtschreib- und nicht als Wortfehler gewertet werden sollte. Auch im Deutschen werten wir Reversionen nicht, da aus dem Kontext die beabsichtigte Bedeutung hervorgeht. Beim Vokabeltest können die fremdsprachliche Erklärung oder die deutsche Bedeutung als Anhaltspunkte für die gelungene Sinnentnahme des Schülers vorliegen.

Die Beurteilung von Wörtern wird als schwierig betrachtet, wenn die Klanggestalt des Wortes lediglich annähernd erfasst, aber nicht genau rekonstruiert wurde, da Auslassungen oder Hinzufügungen aufgetreten sind, beispielsweise englisch „signal“, das als „signal**l**“ oder „si_gal“ wiedergegeben wurde. „Signal**l**“ enthält zwar einen Rechtschreibfehler, aber die Klanggestalt wurde erhalten. Bei „si_gal“ wurde das „n“ ausgelassen und somit die Klanggestalt verändert. Weitere Beispiele für Buchstabenauslassungen oder Hinzufügungen sind englisch „ga_den“ statt „garden“; „pos_er“ statt „poster“; to cons**ch**truct“ statt „to construct“. Im Französischen „ma_cher“ statt „marcher“; „concier_e“ statt concierge“; „ca_“ statt „cas“ (der Fall). Buchstabenauslassungen oder Hinzufügungen unterlaufen Legasthenikern aller Altersstufen auch im Deutschen, unabhängig vom Niveau der Rehabilitation, da sie bei dieser Gruppe ein verbreitetes Problem darstellen. In der Rechtschreibung deutscher Wörter würde eine Buchstabenauslassung oder Hinzufügung als Rechtschreibfehler gewertet, daher sollte es in den Fremdsprachen in gleicher Weise geschehen, da nicht nachvollziehbar ist, dass in den Fremdsprachen engere Grenzen gezogen werden als in der Muttersprache. Bei gewährtem Notenschutz geht der Rechtschreibfehler nicht in die Benotung ein, der Wortfehler dagegen hat sehr wohl Einfluss auf die Notengebung.

Um die Einordnung von Fehlern im Einzelnen zu erörtern und eine Gesamtbeurteilung vorzuschlagen, wird im Folgenden eine Klassenarbeit aus der sechsten Klasse eines Gymnasiums wiedergegeben. Es handelt sich um einen Aufsatz, ausgehend von einer Bilderfolge im Lehrbuch „English G" von Cornelsen (sie ist auch in der Version für Realschulen enthalten). Die Bildgeschichte war im Unterricht vorbereitet worden, bevor sie für die Klassenarbeit verwendet wurde.

The Halstenbek Junior Championship: Philip, Michael and f**o**r other boy are going to r**a**n a 100 metre race. It's the Halstenbek Junio**u**r Champion**c**hip. David is in **lain** two. The boys are r**e**dy to start. The starter is giv**e**ing the sig_all. Philip in la**i**n t_ree is l**i**ding. David is sec**a**nd but he is in good form today. Jack **was** a strong runner but he is in bad form today. Can David **Philip overtake**? It is neck and neck. Then he overtakes him.

„Fo_r" statt „four" ist ein Rechtschreibfehler trotz der Bedeutungsänderung; „boy_" statt „boys" kann ein Rechtschreibfehler sein wie die Auslassung des „u" bei „four", andererseits könnte es als Grammatikfehler betrachtet werden, was nicht sinnvoll erscheint, denn das Plural „s" bleibt von Schülern bei der Niederschrift selten unbeachtet, da es gesprochen wird; folglich liegt der Rechtschreibfehler nahe; bei „to r**a**n" wäre die Signierung als Grammatikfehler verständlich, obwohl die deutsche Laut- und Buchstaben-Zuordnung „a" für den englischen Laut bei „run" [ran] auch nachvollziehbar ist; „junio**u**r" enthält ein zusätzliches „u", was die Unsicherheit in der Rechtschreibung kennzeichnet, denn in der Überschrift war das Wort richtig geschrieben worden, allerdings fehlte wie bei „four" das „u"; „champion**c**hip" statt „championship“ ist als Rechtschreibfehler zu betrachten; bei „la**i**n_“ (gelegt) statt „lane“ (Weg, Fahrspur) liegen Homophone vor (gleichklingende Wörter), was als Rechtschreibfehler zu betrachten ist (wie im Deutschen „Lärche“ und „Lerche“). „Re_dy“ ist nach deutscher Laut- und Buchstaben-Zuordnung geschrieben und als Rechtschreibfehler zu bewerten; bei „giv**e**ing“ statt „giving“, wurde nicht bedacht, dass bei Anhängung einer Endung das stumme „End-e“ des Infinitivs wegfällt; „si_ga**ll**“ wurde bereits erörtert; bei „t_ree“ statt „three“ ist unbeabsichtigt ein anderes Wort entstanden, sodass die Zuordnung als Rechtschreibfehler angemessen ist; bei „l**i**ding“ statt „leading“ ist die Problematik der Laut-Buchstaben-Zuordnung von langem [i:] offensichtlich, hier wurde vermutlich nach Erfahrungen aus dem Deutschen vorgegangen; die Signierung als Rechtschreibfehler ist naheliegend. „Sec**a**nd“ legt die Vermutung nahe, dass wiederum eine Gewohnheit aus der Laut-Buchstaben-Zuordnung des Deutschen verwendet wurde und das abgeschwächte „o“, das sich wie [ə] anhört, [sekənd], annähernd nach deutscher Lautung geschrieben wurde; „Jack **was** a strong runner“: „was“ ist eine Form des Past von „to be“; da die Erzählzeit Präsens ist, sollte „was“ in der sechsten Klasse nicht als Grammatikfehler betrachtet werden. „Can David **Philip overtake**?“ ist ein Problem der Satzstellung, die wiederum aus dem Deutschen entlehnt wurde und einen Grammatikfehler bedeutet. Aus meiner Sicht könnten in die Gesamtzensur „to ran“ und der letzt genannte Satzstellungsfehler eingehen; alle anderen sollten als Rechtschreibfehler betrachtet werden. Selbstverständlich muss sich jeder Lehrer nach seinen Vorstellungen und nach den im Unterricht vorrangig bearbeiteten Schwerpunkten richten. Oberste Richtlinie sollte sein, nicht kleinlich bei der Fehlerbeurteilung vorzugehen, da beim Fremdsprachenerwerb vorrangig kommunikative Fertigkeiten erworben, der Wortschatz vergrößert und grammatische Beziehungen automatisiert werden sollen. Ein Legastheniker, der so gut wie im Textbeispiel arbeitet, sollte ermutigt werden, indem die Rechtschreibfehler nicht in die Gesamtnote eingehen. „Sprach- und Sachrichtigkeit bei schriftlichen Arbeiten und mündlichen Leistungen bestimmen die Gesamtzensur“ (Erlass des Landes Schleswig-Holstein vom 20. 9. 1985, veröffentlicht im Nachrichtenblatt Nr. 20/1985, Ziffern 2.4.3.). Die Bearbeitung der oben besprochenen Bildgeschichte wurde in diesem Sinne mit „gut“ bewertet.

Beim *Zusammenstellen von Aufgaben für Klassenarbeiten* ist es empfehlenswert, Kopiervorlagen mit einem ausreichend großen Zeilen- und Buchstabenabstand einzusetzen sowie große Schriftgrade und Buchstabentypen ohne Serifen – kleine Striche an den Buchstabenenden – zu wählen, damit die Vorlagen ohne zusätzliche Anstrengung gelesen und bearbeitet werden können. Zum Beispiel ist „Arial“ eine serifenlose Computerschrift. Sie ist besonders gut lesbar, wenn sie mit mindestens Schriftgrad 12, besser mit Schriftgrad 14, und anderthalbfachem Zeilenabstand geschrieben wird.

Lehrerhandschriften, sollte der Einzelne sie selbst noch so klar finden, können von manchen Schülern nicht mühelos gelesen und sollten daher für Klassenarbeiten nicht verwendet werden.

Vorlagen für Klassenarbeiten, die Lehrer selbst entwerfen oder die Lehrbuchverlage zur Verfügung stellen, haben oft kleine Schriftgrade oder enthalten zahlreiche Informationen und Aufgaben auf engem Raum. Sie verwirren Schüler mit visuellen Verarbeitungsproblemen und andere Schüler, die die gedrängt dargebotene Fülle von Details nicht angemessen bearbeiten können. Für diese Schüler sind Vergrößerungen eine wesentliche Erleichterung und schaffen Übersichtlichkeit, die die Denkarbeit unterstützt. Es ist nicht sinnvoll, Unterlagen beim Kopieren zu verkleinern. Das ist zwar eine Papierersparnis, aber es wird am falschen Ende gespart und geschieht auf Kosten von Betroffenen. Befindet sich eine Aufgabenstellung auf einer Seite und müssen die Schüler zur Bearbeitung umblättern, ist dies für Menschen mit visuellen Orientierungsschwierigkeiten ein Arbeitshindernis. Das Umblättern schafft während der Arbeit zusätzliche Unruhe (s. Kapitel 7).

Häufig sind die Zeilenabstände, wie oben erwähnt, zu gering, sodass Schüler mit großer Handschrift oder mit grafomotorischen Problemen Schwierigkeiten haben, ihre Antworten angemessen klar lesbar unterzubringen. Bei geringem Abstand zwischen den Zeilen und großer oder „schlechter“ Schrift wird zusätzlich eine genaue Kontrolle des Geschriebenen erschwert, da die Wörter fast ineinander „fließen“.

Problematisch ist das Abschreiben von Aufgaben von der Tafel, da auf diese Weise Fehler gemacht werden können, die Schüler unter Umständen daran hindern, mit richtigen Informationen weiterzuarbeiten. Abschreiben kann auch entsprechend der Arbeitsweise des Schülers lange dauern, sodass weniger Zeit zur Bearbeitung der entsprechenden Aufgabe in der Klassenarbeit bleibt (s. Kapitel 7).

Diktate können Lehrern, Schülern und Eltern Einblicke in den Entwicklungsstand der auditiven Verarbeitung und Wahrnehmung sowie der Verknüpfung mit den Wortbildern (geschriebenen Wörtern) im Textzusammenhang geben. Sie sollten korrigiert werden und Anregung zu weiterer Arbeit sein, aber nicht zensiert werden, da sie nur einen, unter Umständen schlecht beherrschten, Sektor der gesamten sprachlichen Fertigkeiten und Fähigkeiten eines Menschen darstellen. Sind Diktate Teil einer umfangreicheren Klassenarbeit und werden sie bei einem Schüler mit schwerer Legasthenie bewertet, kann die Fehlerzahl in der Rechtschreibung die gesamte Arbeit mangelhaft oder ungenügend machen. Kompetenzen in der sprachlichen Kommunikation und Wissen um grammatische Formen wären folglich nicht mehr ausschlaggebend, obwohl sie zu den wichtigeren Bereichen des Fremdsprachenerwerbs gehören. Diktate, verbal beurteilt und an den Leistungen in den vorangegangenen Niederschriften gemessen, können eine gute Anregung zu systematischer Fehlerbearbeitung sein, wie sie mithilfe eines Fehleranalyseblattes empfohlen wird.

Im Rahmen von *Klassenarbeiten* sind manche Aufgaben für Schüler mit ausgeprägten morphologischen und semantischen Problemen (Probleme bei Wortform und Wortbedeutung) schwer zu lösen. Ein Beispiel sind *Lückentexte,* wobei das Gesamtverständnis des Textes erst nach dem vollständigen Einsetzen der gegebenen Wörter möglich ist. Besteht der Lückentext aus inhaltlich bekannten Sätzen, gelingt die Rekonstruktion leichter. Wenn der Text ganz unbekannt ist, kann die Bearbeitung für manche Betroffene ein unüberwindliches Hindernis sein. Im Folgenden wird als Beispiel ein englischer Lückentext aus einer Klassenarbeit einer achten Klasse eines Gymnasiums wiedergegeben; der Text hat inhaltlich keine Verbindung zu einer „Unit" des Lehrbuchs Grammar; Conditional Sentences II:

“Zoe and Sue, two girls from Jenny’s class at Woolford School, have heard of Jenny’s problems. Complete their dialogue with conditional sentences (all types):

Sue: Have you heard what Jenny wants to do, Zoe?

Zoe: Yes, I have. Do you think she ____________ (stay) here if we ____________ (talk) to her?

Sue: I don’t really know. I’ve never spoken to her about it. But I think if she really ____________ (want) to talk to us, she ____________ (not spend) the whole day alone in her room.

Zoe: I’m sure she’s homesick. Perhaps she ____________ (feel) better if we ____________ (try) to help her.

Sue: Hm. Perhaps. Do you think she ____________ (come) to my birthday party next week if I ____________ (ask) her?

Zoe: I’m not sure. But if it ____________ (be) my party, I ____________ (invite) her …”

Der betreffende Schüler hatte Schwierigkeiten, die wenigen Informationen zu einem sinnvollen Zusammenhang zu ordnen. Jeder Satz hängt hinsichtlich des Textverständnisses vom vorherigen ab. Es soll eine Grammatikarbeit sein, ist aber eine Aufgabenstellung für Grammatikzusammenhänge, vermischt mit Verknüpfungen von Wortbedeutungen. Wer Schwierigkeiten hat, sich die Bedeutung aus den Satzfragmenten zu erschließen, kann sein Grammatikwissen nicht umsetzen. Lehrer sollten solche Schwierigkeiten bei der Konzeption von Klassenarbeiten bedenken.

Nicht nur Lückentexte sind schwierig, sondern auch vorgegebene Antworten, zu denen die richtigen Fragen formuliert werden müssen. Ein Beispiel aus dem Französischen sind folgende Antworten, zu denen die richtige Frage gefunden werden muss (Französisch zweite Fremdsprache, achte Klasse Realschule, aus „Ça va bien“, Französisches Unterrichtswerk). Vorgegebene Antwort: „Non, je suis Patrick“, Frage: „Tu es Lionel, toi?“; Antwort: „Nous venons de Grenoble“. Frage: „Vous venez de quelle ville?“ Hier können sich einige Schüler den Sinn der Frage nicht vorstellen, folglich machen sie Fehler trotz ausreichenden Grammatikwissens, in diesem Falle einige unregelmäßige Verben betreffend.

Sehr schwierig sind auch Aufgaben, die das Einsetzen bedeutungsähnlicher Wörter erfordern, weil manche Schüler durch die Ähnlichkeitshemmung große Schwierigkeiten haben. Beispiele sind: „to carry/Gegenstände tragen", „to wear/Kleidung tragen"; „to borrow/an jemanden verleihen", „to lend/von jemandem ausleihen"; „to take/wegbringen", „to bring/herbringen".

Ein weiterer Problemschwerpunkt sind deutsche Sätze; meistens betreffen sie alltägliche Situationen, die die Schüler in einer Fremdsprache formulieren sollen, beispielsweise im Englischunterricht der fünften oder sechsten Klasse: „Was sagst du, wenn du gern ein zweites Mal vom Salat nehmen möchtest; ... wenn du nicht mit spazieren gehen willst?"

Ausgehend von den erwähnten Problemen, ist es sinnvoll, die Schüler anzuleiten, selbst herauszufinden, welche Aufgaben sie gut lösen können; mit der für sie leichtesten Aufgabe sollten sie die Arbeit beginnen. Wenn eine Aufgabe gut gelingt, sind sie motiviert und die weitere Arbeit geht leichter von der Hand. Möglicherweise gibt es bei einer schriftlichen Arbeit für einen Lückentext viele Punkte; wenn ein Schüler aber wegen Schwierigkeiten bei dieser Aufgabe zu lange bei ihr verweilt und sie unter Umständen schlecht löst, erhält er wenige Punkte und gerät zudem in Verzug bei der Bearbeitung von Aufgaben, die er besser hätte lösen können. Das mindert die erreichbare Gesamtpunktzahl.

Es ist sinnvoll, bei Klassenarbeiten verschiedene Aufgabentypen zu verwenden, damit alle Schüler die Chance haben, einige Bereiche erfolgreich zu bearbeiten und zur Weiterarbeit motiviert zu werden.

Wenn *Arbeitsanweisungen* in der Fremdsprache gegeben werden, verstehen manche Schüler sie nicht oder nur teilweise, da die Fremdsprache nicht ihre Arbeitssprache ist. Die Aufregung während der Klassenarbeit kann bewirken, dass die Umsetzung der Anweisungen problematisch ist, auch wenn sie im vorangegangenen Unterricht nach Meinung des Lehrers ausreichend geübt worden war. Daher wäre es sinnvoll, leises Nachfragen während der Arbeit zuzulassen oder schriftlich angefertigte Poster mit den Arbeitsanweisungen in der Fremdsprache vor der Arbeit noch einmal durchzusprechen und sie zusammen mit der deutschen Übersetzung aufzuhängen.

Ein vorgegebener Beispielsatz würde Schülern in der besonderen Situation der Klassenarbeit helfen, da er Sicherheit verleiht. Der Beispielsatz hilft nicht, wenn Schüler den Stoff nicht wirklich beherrschen. Manche Betroffene sind zum Beispiel nicht sicher in der Anwendung der Grammatik, wenn es heißt: „Put in the personal and possessive pronouns". Eine Starthilfe ist es für diese Schüler, wenn die deutsche Übersetzung ebenfalls gegeben ist, wie etwa: „Setze die Personal- und die Possessivpronomen ein". Diese Pronomen kommen im englischen Anfangsunterricht vor, ohne dass sie allen Schülern von der Grundschule her geläufig sind und eine ausreichende Festigung dieser grammatischen Kategorien in der fünften Klasse erfolgen konnte.

Einige Schüler profitieren von Organisationsvorschlägen für die Klassenarbeit. Denkbar ist ein Poster mit ähnlichen Inhalten:

- langsam die Arbeitsanweisung durchlesen,
- die Anweisung mit eigenen Worten wiederholen,
- zuerst das Leichteste bearbeiten,
- Punktzahlen beachten und überlegen, wo angefangen werden soll,
- bei Problemen den Lehrer fragen, nicht einfach losarbeiten.

Spezielle Hinweise für Arbeiten können sein:

- Denke an die Signalwörter für den Gebrauch der Zeiten,
- Wann muss man „to do" verwenden?
- Welche Formen des „future tense" muss man auswählen?
- Achte auf die Stellung der unbetonten Adverbien.
- Überprüfe die Formen der Steigerung.

Schüler finden es hilfreich, wenn die Lehrer vor der Arbeit mitteilen, welche Schwerpunkte in der Arbeit zu erwarten sind. Eine klare Darstellung der Bewertung der einzelnen Aufgaben mit Punkten macht die Benotung nachvollziehbar. In höheren Klassen entsteht Klarheit durch die Unterteilung der Bewertung nach „Inhalt, Ausdruck und Sprachrichtigkeit".

Es ist wichtig, dass der Ermessensspielraum der Lehrer entsprechend ihrem Wissen um die Problematik der Rechtschreibfehler zugunsten der teilleistungsgestörten Schüler ausgeschöpft wird. *Besteht in einem Bundesland Notenschutz und liegt eine förmliche Anerkennung der Legasthenie vor, so gehen keine Rechtschreib-*

fehler in die Note ein, Sprach- und Sachrichtigkeit bestimmen die Gesamtzensur. Rechtschreib-, Grammatik- und Ausdrucksfehler werden angestrichen, wobei mit Einfühlungsvermögen rote Tinte diskret oder unter Umständen auch grüne verwendet werden kann. Legastheniker und andere Schüler mit den genannten Teilleistungsstörungen müssen mehr arbeiten als Nicht-Betroffene, um ihre Defizite auszugleichen, daher schmerzt Benachteiligung. Großzügigkeit bei der Beurteilung von Arbeiten und bei der Vergabe von Zeugnisnoten tut jedem Schüler gut und motiviert zur Weiterarbeit. Ein entsprechendes Gespräch kann die erteilte Zensur erklären.

Enthält eine Arbeit viele Fehler, so ist eine *Berichtigung* von einem oder zwei Fehlerschwerpunkten sinnvoll sowie zusätzliche Hinweise zur ausführlicheren häuslichen Bearbeitung derselben. Wenn es einen Grammatik- oder Themenordner, vielleicht auch Merkkarten gibt, könnten Lehrer auf diese Materialien oder auf Übungen in Werken hinweisen, die sie zur außerschulischen Arbeit empfehlen. Auf diese Weise vorzugehen, erscheint sinnvoller, als lange Berichtigungen anfertigen zu lassen, die bekanntlich nicht zu Leistungssteigerungen führen.

Nach Klassenarbeiten sollten Lehrer oder Eltern zur Unterstützung der Schüler in regelmäßigen Abständen eine *Fehleranalyse* machen. Entsprechend dem Ergebnis können die häusliche Arbeit oder der außerschulische Förderunterricht gestaltet werden. Fehleranalysen zeigen auch Lehrern, welche Bereiche sie zum Nutzen aller wiederholen könnten und wo die Stärken der Schüler liegen.

Da Legastheniker bekanntlich alle denkbaren Rechtschreibfehler länger und in größerer Zahl machen als andere Schüler und jeder Betroffene ein Bündel von Ursachen für die Entstehung seiner Fehler hat, kann ein Außenstehender keinesfalls beurteilen, was die Fehlerquelle in einem gegebenen Fall ist; dies gelingt selbst Betroffenen in den meisten Fällen nicht. Es ist nicht richtig, wenn Lehrer Rechtschreibfehler in von ihnen geschaffene Gruppen einordnen, z. B. „schlecht gelernte Lernwörter“ und Letztere dann nicht als Rechtschreibfehler, sondern als Wortfehler werten und bei der Benotung berücksichtigen. Es ist bekannt, dass Legastheniker, auch wenn sie sich auf eine Arbeit gut vorbereitet haben, aus nicht einsichtigen Gründen unter der Anspannung in der gegebenen Situation vermeintlich sicher Beherrschtes falsch machen. Vermutungen über „Hörfehler“ können Außenstehende nur vorsichtig anstellen und sollten sie nicht als Wortfehler zum Nachteil des Schülers in die Beurteilung einfließen lassen. Die Identifikation von „Hörfehlern“ ist für Vorschläge zur Kompensation, für Kommentare unter Klassenarbeiten oder für eine Lernberatung hilfreich. Wenn Notenschutz besteht, ist der mögliche Ursprung von Fehlern für die Benotung unerheblich.

Für Außenstehende ist die Art der *Bewertung von Klassenarbeiten* gelegentlich schwer nachvollziehbar, da nicht bekannt ist, was im Unterricht schwerpunktmäßig durchgenommen wurde und was Schüler beherrschen müssten.

Manchmal gibt es auch Zweifel daran, was ein Rechtschreib-, ein Wort- oder ein Grammatikfehler ist. Beispiele sind etwa „tra**i**l (Pfad), „tr**i**al“ (Gerichtsverhandlung); „ho**w**“ (wie), „**w**ho“ (wer), „where“ (wo); „**he**’s“ (er ist), „h**i**s“ (sein). Hierbei handelt es sich vermutlich um zufällige Verwechslungen, wie an anderer Stelle ausgeführt wurde. Der Lehrer sollte entsprechend seinem Wissen über das Legasthenieproblem entscheiden und seinen Ermessensspielraum, wenn es sachlich gerechtfertigt ist, zugunsten der Schüler ausschöpfen. Ermutigung hat oft größere Wirkung als eine vermeintlich „gerechte“ Fehlerbeurteilung im Sinne einer „Gleichbehandlung“ aller Schüler, die Teilleistungsstörungen außer Acht lässt. *Lehrerkommentare haben für Schüler eine große Bedeutung.* Da jede Arbeit etwas Gutes enthält, sei sie noch so fehlerhaft, *ist es für Betroffene ermutigend, wenn Lehrer die positiven Aspekte der Arbeit nennen.*

Das Wichtigste kurz zusammengefasst

Lernsituationen müssen klar von Leistungssituationen getrennt werden, um trotz individueller sprachlicher Unsicherheiten Raum für die Mitarbeit zögernder und teilleistungsgestörter Schüler im Unterricht zu geben.

Die Zensur für die mündlichen Leistungen schließt auch die schriftlich durchgeführten Vokabeltests mit ein, sodass Rechtschreibfehler, falls sie bewertet oder falsch bewertet werden, paradoxerweise die Benotung des Mündlichen beeinflussen. Die Einordnung der Fehler hinsichtlich des Rechtschreib-, Grammatik- und Wortbedeutungswissens sollten Lehrer kritisch überdenken. Transparenz ist bei der Benotung erwünscht.

Diktate sind bei Legasthenikern zur Leistungsmessung ungeeignet, jedoch hilfreich bei der Feststellung von Lernfortschritten im Bereich der Rechtschreibung.

Arbeitsvorlagen und verschiedene Aufgaben für Klassenarbeiten sollten hinsichtlich der besonderen Bedürfnisse von Legasthenikern und anderen Schülern mit Teilleistungsstörungen gestaltet sein. Anregungen für gute Arbeitsstrategien sollten vermittelt und visuelle Orientierungshilfen zur Selbstorganisation bei Arbeiten angeboten werden.

Denkbar ist, nicht lange Berichtigungen anfertigen zu lassen, sondern die Bearbeitung von einigen Fehlerschwerpunkten unter Berücksichtigung zusätzlichen Materials nahezulegen. Regelmäßig angefertigte Fehleranalysen können auf Stärken und Schwächen der Schüler hinweisen und Anlass zu gezielter Arbeit zu Hause sein.

Ermutigende Lehrerkommentare und Zensuren, bei denen in Zweifelsfällen die bessere erteilt wird, sind motivierend und wirken Misserfolgserwartung und Mutlosigkeit entgegen.

12 Spiele zum Erwerb von Fremdsprachen

Spiele dienen dem Lernen und sind daher unverzichtbar. Es entstehen stärkere Gedächtnisspuren, wenn Aktivitäten Freude machen; Verknüpfungen und Speicherungen im Gehirn werden unterstützt. Auch für den Fremdsprachenerwerb sind Spiele nützlich.

Es kommt nicht auf die Vielzahl der Spiele oder Materialien an, sondern auf die Art, wie Lehrer, Therapeuten oder Eltern sie einsetzen. Vor Spielbeginn klären die Beteiligten, was sie erreichen möchten. Lehrer und Betreuer müssen sich bewusst sein, wann ein Schüler Ermutigung braucht. Dann sollten die Betreuer ein Spiel wählen, das dem Schüler besondere Freude macht, da er darin vermutlich geschickt ist, gut abschneiden oder gewinnen wird. In der Klasse lässt sich das nicht so gezielt steuern wie im Förderunterricht in Kleingruppen, in der außerschulischen Förderung oder zu Hause. Dennoch kann man versuchen, solche Spiele anzubieten, die verschiedene Fähigkeiten beim Fremdsprachenerwerb unterstützen. Vor einem Spiel sollte man mit den Schülern besprechen, *welche Strategien sie erwerben können, damit sie* bestmöglich von dem Spiel profitieren.

Es gibt zahlreiche Spiele, die zum Fremdsprachenerwerb verwendet werden können. Hier sollen nur die wichtigsten, allgemein bekannten Spiele erwähnt werden, die die Bearbeitung unterschiedlicher Bereiche ermöglichen. Ein *Spiel zur Festigung der Rechtschreibung,* der Wortdurchgliederung und der Wortbedeutung sind das „Galgenspiel" und „das Haus vom Nikolaus".

Beim Galgenspiel denken sich ein Schüler oder der Lehrer ein Wort aus, dessen Buchstabenanzahl sie durch Striche an der Tafel oder auf dem Papier darstellen, zum Beispiel _ _ _ _ _ _ für „Monday". Die Frager nennen nun nacheinander verschiedene Buchstaben, die im Wort vorkommen könnten, z. B. „Is there an „a" in your word?" Der Lehrer schreibt – wenn enthalten – das „a" auf den entsprechenden Strich, _ _ _ _ a _; „Is there an „e“ in the word?“ Da kein „e“ in „Monday“ vorkommt, beginnt der „Galgen“ bzw. das „Haus vom Nikolaus“ mit einem senkrechten Strich. „Is there a „y“ in the word?“ Das „y“ wird an der entsprechenden Stelle eingetragen, _ _ _ _ a y. Manche Schüler vermuten jetzt schon, dass „day“ der zweite Wortbestandteil sein könnte und fragen gezielt nach den restlichen Buchstaben. So werden sie gewinnen. Falls das Wort nicht erraten wird, „wächst“ der Galgen oder das „Haus vom Nikolaus“, bis es fertig ist, und die Spieler verlieren. Der Lehrer kann vorher sagen, ob das Wort im Unterricht dieses Tages vorgekommen ist, oder er kann Wörter zu bestimmten Themen nehmen.

„Bingo“ lässt sich nutzbringend im Anfangsunterricht einsetzen, wenn *Schreiben und Lesen,* Zahlen, Farben, Nahrungsmittel … geübt werden sollen (siehe Bingovorlage). Man kann auch ein DIN-A4-Blatt vielfach falten und erhält auf diese Weise schnell eine Vorlage. Bei „Bingo“ werden eine Reihe ausgewählter Wörter diktiert, welche die Schüler in ein von ihnen ausgewähltes Feld schreiben.

Man muss kontrollieren, ob die Wörter richtig geschrieben sind. Anschließend liest man alle Wörter in beliebiger Reihenfolge wieder vor, die Schüler müssen sie auf der Vorlage suchen und lesen; wurde ein Wort vorgelesen, markieren die Schüler das entsprechende Feld. Sind alle Felder in einer senkrechten oder waagerechten Reihe markiert, erhält der Spieler ein „Bingo", wozu man ein lachendes Gesicht malen lassen kann. Auf diese Weise hat jeder Erfolg. Bingo dauert, je nach Schreib- und Lesetempo der Teilnehmer, 10 bis 20 Minuten.

Eine sehr gute Aktivität, um Wörter im *Gedächtnis zu speichern,* ist das Spiel „Memory". Man kann es zum Sprachenlernen verwenden, wenn man Karten mit bestimmten Vokabeln oder grammatischen Inhalten herstellt. Nach meiner Erfahrung sind 24 Karten eine gute Anzahl für drei bis vier Spieler, auch bei zwei Personen sind es nicht zu viele Karten. Die Karten sollten ausreichend groß sein, etwa 5 x 8 cm. Man kann zwei Karten mit dem gleichen Wort beschreiben: „apple/apple", „apple/Apfel" oder „la pomme/Apfel". Auch kann ein Wort einer Zeichnung des Gegenstandes gegenübergestellt werden.

Vorschläge für den Spielverlauf: Die Karten werden gut gemischt und in gleichmäßig langen Reihen auf den Tisch gelegt. Der erste Spieler dreht eine Karte um, liest langsam und deutlich vor, was darauf steht; dann dreht er die nächste Karte um und liest wiederum das Wort. Passen die Karten zusammen, darf er sie nehmen und offen an seinen Platz legen. Hat er zwei verschiedene Karten aufgedeckt, lässt er sie für den nächsten Spieler liegen, der sie herumdreht. Auf diese Weise wirkt man überhastetem Handeln entgegen und verlängert die Zeit, in der sich die Wörter einprägen können. Die Lage der Karten auf dem Tisch wird nicht verändert, auch wenn sich die Anzahl verringert, weil einzelne Karten sonst schwer wiederzufinden sind. Leider schneiden Kinder mit einem schlechten Gedächtnis für die Lage der Karten und die entsprechenden Wörter nicht gut ab.

Weitere Themen für dieses Gedächtnisspiel sind die Gegenüberstellung der Personal- und Possessivpronomen, die Bildung der „progressive form", wobei auf einer Karte „I" stehen kann, auf der passenden Karte „am eating" und darunter „'m eating", um die Zuordnung klarzumachen von Person und Verbform und die Verbindung von Kurzformen „'m eating" sowie Langformen „am eating". Der Gebrauch der „simple- und progressive form" im Präsens kann mit den begleitenden „Signalwörtern“ geübt werden. Signalwörter sind typische Adverbien, die die Verwendung einer bestimmten Zeitform verlangen. Die „simple form“ im Präsens bezeichnet Gewohnheiten und Naturgesetze. Sie wird gekennzeichnet durch die Adverbien „always“, alle Zusammensetzungen mit „every“ wie „every day, every night“, „usually, never“. Die „continuous-“ oder „progressive form“ hat als typische Signalwörter „now, presently, at the moment“ und „look“. Für das Kartenspiel kann auf eine Karte das Signalwort und auf die andere Karte die passende Verbform geschrieben werden. Entsprechen sich Signalwort und Verbform, kann der Schüler sich das Paar nehmen, wie bei „always“ und „it snows in winter“; „look“ und „it is snowing“. Gut eignen sich Gegensatzpaare wie „loud/quiet, long/short“; Synonyme wie „to fetch/to get; to look at/to gaze“. Auch Frageanhängsel (tag answers) wie „you go to school/don't you?“; „I haven't met you before/have I?“.

Es lassen sich viele andere Übungsmöglichkeiten für Grammatik, Vokabeln sowie unregelmäßige Verben auf diese Weise finden. Die Spieldauer hängt von den Teilnehmern ab; bei gutem Gedächtnis und Konzentrationsvermögen können es 15 bis 20 Minuten, bei schlechterem 10 Minuten sein.

Um Wortfelder, Reihenfolgen und die Frageform mit den passenden „tag answers“ zu üben, eignen sich Quartettspiele gut. Man wählt ein Thema aus, zu dem das Lehrbuch viele Wörter enthält wie „food“/“choses á manger“, „school“/“l'école“ oder „house“/“la maison“. Nun schreibt man vier Karten mit jeweils vier untereinander stehenden Wörtern, zum Beispiel „roof, wall, chimney, window“. Man unterstreicht auf jeder Karte ein anderes Wort. Es gibt also vier verschiedene Wörter mit Unterstreichungen. Auf diese Weise schreibt man etwa acht Quartette. Die Karten werden gemischt und an die Spieler ausgeteilt. Jeder ordnet die Karten so, dass zusammenpassende Karten in der Hand nebeneinander sind. Man besitzt jeweils die Karte, auf der ein Wort markiert ist. Ist aus der Reihe „roof, wall, chimney, window“ das Wort „wall“ unterstrichen, besitzt der Spieler diese Karte. Nun kann er die anderen Mitspieler nach den weiteren Karten fragen, die er bekommen muss, um ein Quartett zu vervollständigen. Die Frageformen und Antworten im Englischen können so geübt werden: „Do you have …?“ „Yes, I do/No, I don't“. „Have you got …?“ „Yes I have“. „Can I have …?“ „No, you can’t“. Auf diese Weise kann in allen Sprachen geübt werden, was umso wirkungsvoller ist, wenn vorher die Frage- und Antwortstrukturen noch einmal theoretisch erklärt oder an der Tafel notiert wurden. Das Spiel ist eine ideale Verknüpfung von Theorie und Sprachpraxis mit dem großen Vorteil, dass es Freude macht. Geübte Quartettspieler brauchen etwa 15 Minuten bei etwa 7 bis 8 Quartetten. „Trio“ kann man auf „Quartettweise“ mit den drei Formen der unregelmäßigen Verben spielen: englisch „to see/saw/seen“.

Nach dem Prinzip des Spiels *„Schiffe versenken“* lassen sich ebenfalls sinnvolle Übungen gestalten. Der Anspruch des Spiels „Schiffe versenken“ geht über „Bingo“ hinaus, da hierbei auch Verb- oder Zeitformen geübt werden können. Die Spieldauer beträgt etwa 10 Minuten. Die Satzstellung, die Anwendung der Zeiten, „if-Sätze“… können unterstützt werden, wenn Würfel mit Nomen, Pronomen, Verben, Objekten, Signalwörtern oder Verben beschrieben werden. Die Schüler würfeln und müssen aus den Wörtern richtige Sätze zusammenstellen. Ein Beispiel für ein Würfelergebnis ist: „he“, „now“, „eat“, „apple“; der Satz lautet: „he is eating an apple now“. Bei dem Würfelergebnis „Jack“, „go“, „London“, „yesterday“ lautet der Satz: „Jack went to London yesterday“, wobei das Signalwort „yesterday“ auf Verwendung des „past tense“ hinweist und die Reihenfolge „Ort vor Zeit“ beachtet werden muss.

Das freie *Sprechen* kann mit einem Spiel mit „Ereigniskarten“ geübt werden. Es sind selbst gemachte Karten mit Zeichnungen, aufgeklebten Bildern oder mit kurzen Texten, die Sprechanlässe darstellen. Man nimmt einen beliebigen Spielplan, jeder Mitspieler bekommt einen Spielstein und man braucht einen Würfel. Auf dem Spielplan markiert man etwa jedes vierte Feld; wer auf ein markiertes Feld kommt, muss eine Karte nehmen und die gestellte sprachliche Aufgabe so erfüllen, dass die Mitspieler damit zufrieden sind. Auf einer Karte kann stehen: „How was it when you had tea with the Queen?“; „What did you say to the burglar in your cellar?“; „Where have you ridden a camel?“ (weitere Beispiele im Anhang). Die „Ereigniskarten“ kann man auch ohne Spielplan als Sprechanlässe verwenden.

Das Spiel „Ratefüchse aufgepasst!“ ist gut geeignet, Formulierungen und kleine Sätze zu üben. Das Spiel enthält für jeden Teilnehmer vier farbige Spielsteine, ein Kästchen mit einem Farb- und einem normalen Würfel und zwei Spielpläne mit je 36 Feldern. Rechts und links am Spielplan sind die Würfelaugen von 1–6 aufgezeichnet, oben und unten sind sechs Farbmarkierungen aufgemalt. Es wird mit einem Farbwürfel, der die sechs Farben des Planes enthält, und mit einem Zahlenwürfel gewürfelt. Man würfelt verdeckt, damit die Mitspieler nicht sehen, welche Augen/Farbkombination der Spieler geworfen hat. Während der Spieler auf dem Spielbrett sucht, was er gewürfelt hat, zum Beispiel „blau" und eine „sechs", müssen die Mitspieler in eine andere Richtung sehen. Die Abbildung des richtigen Feldes zeigt vielleicht einen Elefanten. Der Schüler beschreibt für die Mitspieler in zwei kurzen Sätzen den Gegenstand, wobei er nur Richtiges darüber sagen, aber auch nicht zu viel verraten darf. Wer als Erster den Gegenstand richtig erraten hat, stellt einen seiner Spielsteine auf das Feld. Der Erste, der alle Steine verwendet hat, ist Sieger. Das Spiel macht Schülern viel Spaß; erstaunliche Stärken kommen bei treffenden Formulierungen zutage, und Schüler ernten Lob, die etwa bei der Rechtschreibung Misserfolge haben. Vokabeln können auf diese Weise mündlich wiederholt, angeschrieben und in der nächsten Stunde wieder aufgegriffen werden. Das ereignisbetonte Lernen im Spiel – Erlebtes wird gut erinnert – entspricht der kindlichen Arbeitsweise.

Zur Sprachproduktion regt auch das Spiel „Tick…Tack… Bumm! Junior" an, das zahlreiche bebilderte Karten enthält; das abgebildete Thema wird in Deutsch, Englisch und Französisch genannt, wie „around a baby; autour de bébé; rund um's Baby". Man kann nun reihum Gegenstände oder Personen benennen, die abgebildet sind, oder, was unterhaltsam sowie sprachproduzierend ist und auch Älteren Spaß macht, Dinge nennen lassen, die zum Thema passen, aber nicht abgebildet sind. Es wird auf diese Weise eine gute Wortfeldübung angeboten. Vor Spielbeginn wird eine „Bombe" aktiviert, die beiliegt, und deren Explosionsabstände – ein lautes Surren – unregelmäßig sind. Die „Bombe" geht von Hand zu Hand, während die Spieler ihre Begriffe nennen. Die Karte bleibt als Minuspunkt bei demjenigen, bei dem die Bombe explodiert. Folglich bemühen sich alle, möglichst schnell einen passenden Begriff zu finden.

Das bekannte Spiel „Tabu" in der Juniorfassung ist ebenfalls gut zur präzisen Wortfeldarbeit und zum Erarbeiten von Synonymen geeignet. Man muss allerdings zuerst eine englische oder französische Fassung schreiben.

Wer die Satzstellung vertiefen möchte, kann Karten mit verschiedenen Wörtern beschreiben, die einen Satz ergeben, wenn sie in der richtigen Reihenfolge gelegt werden, beispielsweise: „I/in the kitchen/to be/yesterday/all day. I was in the kitchen all day yesterday". Überlegungen zur Grammatik können sich anschließen, falls es passt.

Zur Erweiterung der Vokabelkenntnisse und zur Wiederholung kann auch das Spiel „Denk Fix Quiz!" eingesetzt werden. Hierbei wird eine runde Scheibe mit einer markierten Spitze über einer Vorlage mit den Buchstaben des Alphabetes gedreht, Karten mit Fragen sind beigefügt. Ein Spieler dreht die Scheibe, zieht eine Karte und muss den auf der Karte genannten Begriff oder die Antwort geben, die mit dem auf der alphabetischen Vorlage erscheinenden Buchstaben beginnt, beispielsweise „a town with ‚w': Worchester, Wien, Warschau". „Three English verbs with ‚b': to bend, to beat, to build". Hierbei kann man auch vereinbaren, dass Helfer mitmachen, die bei richtiger Hilfe einen halben Punkt bekommen.

13 Häufige Elternfragen zum Fremdsprachenerwerb bei Legasthenie

1. Welche Schwierigkeiten kann es legastheniebedingt in den Sprachen geben?

Je nach Schwerpunkt der Schwierigkeiten sind die gesprochenen Fremdsprachen betroffen. Hierbei können unter anderem Probleme bei der Hörverarbeitung und beim Erfassen und Automatisieren von grammatischen Inhalten eine Rolle spielen. Gedächtnisprobleme können hinzukommen. Beim Erwerb des Lateinischen können Schwierigkeiten bei der Umsetzung von Grammatikwissen und bei systematischem Arbeiten eintreten.

2. Was muss man bei der Wahl der 1., 2. und 3. Fremdsprache bedenken?

Man muss sich über die Stärken und Schwächen des Schülers und die charakteristischen Anforderungen der jeweiligen Fächer klarwerden.

3. Ist bilingualer Sachunterricht vielleicht eine Überforderung für Legastheniker?

„Den Legastheniker" gibt es nicht, wie aus den Darstellungen zu den Themenschwerpunkten hervorging, daher kann die Überforderungsfrage auch nicht allgemein beantwortet werden. Alle Schüler, die im Sprachverständnis und beim selbstständigen Sprechen keine besonderen Schwierigkeiten haben, sollten den bilingualen Unterricht versuchen. Probleme mit Grammatik und Rechtschreibung sollten von untergeordneter Bedeutung sein. Wenn die Schüler den ausgeweiteten Spracherwerb als förderlich betrachten und ihre Zensuren für das Sachwissen befriedigend sind, ist der bilinguale Unterricht förderlich und kann motivierend wirken.

4. *Was sollte bei der Benotung beachtet werden? Wie sollte der Notenschutz umgesetzt werden?*

Eltern brauchen Informationen, um Benotungen nachvollziehen zu können. Lehrer benötigen Fachwissen und ein gewisses Maß an Großzügigkeit gegenüber teilleistungsgestörten Schülern. Sie sollten die Schüler motivierend unterstützen.

5. *Wie können Eltern mit Lehrern sprechen?*

Eltern sollten gut informiert, möglichst freundlich und keinesfalls aggressiv sein. In Konfliktfällen wird zu der Begleitung durch einen ausgleichenden Dritten geraten.

6. *Ist für Legastheniker der Besuch einer Hauptschule dem einer Realschule oder der Besuch einer Realschule dem des Gymnasiums vorzuziehen?*

Es kommt auf das Verhältnis von Begabung zu Störungsbild und auf die örtlichen schulischen Verhältnisse an. Hat ein Schüler eine schulartangemessene oder hohe Begabung und eine schwere Legasthenie, kann er bei verständnisvollen Lehrern und mit Notenschutz die Schullaufbahn seiner Begabung entsprechend auf dem Gymnasium gestalten. In der Realschule würden sich seine Defizite ebenso negativ auswirken wie auf dem Gymnasium. Auf der Hauptschule würde er vielleicht unterfordert sein, was negative Auswirkungen auf Lernen und Verhalten haben kann. Erscheint die intellektuelle Begabung dem Unterricht auf der Realschule angemessen, so ist das der geeignete Schultyp. Stellt sich eine Verbesserung der Leistungen und Arbeitsstrategien heraus, so ist später der Besuch eines Gymnasiums oder eines Fachgymnasiums möglich. In vielen Fällen verläuft die Entwicklung in dieser Weise. Gleiches kann vom Besuch der Hauptschule gesagt werden.

7. *Ist Schüleraustausch sinnvoll und ab welcher Klasse sollte er erfolgen?*

Ab der 8. Klasse erscheint Schüleraustausch sinnvoll, da die Schüler sich in dem Stadium schon gut in Alltagssituationen verständigen können. Der Austausch, der mindestens 14 Tage, vorzugsweise drei Wochen dauern sollte, wird nicht direkt zu einer besseren Zensur, wohl aber zu erweitertem Hörverstehen und zu sprachlichen Automatisierungen führen, ganz abgesehen von der wünschenswerten Horizonterweiterung.

8. Gibt es Möglichkeiten für Internatsaufenthalte im englischsprachigen Ausland speziell für Legastheniker?

Dies ist beim „Bundesverband Legasthenie und Dyskalkulie e. V." zu erfahren.

9. Ist gleichzeitige Förderung in Deutsch und in einer Fremdsprache sinnvoll?

Im Anfangsunterricht sollte bei großen Problemen die Förderung der 1. Fremdsprache erwogen werden. Nur bei sehr großen Schwierigkeiten und starker häuslicher Belastung durch umfangreiche Hausaufgaben sollte auf gleichzeitigen Deutschförderunterricht verzichtet werden, falls eine gute Förderung für den Schüler bereits besteht oder falls sich eine gute Möglichkeit für den Schüler bietet. Fehler sollen sich nicht verfestigen und gute Lernstrategien sollen erworben werden. Schüler erleben den zusätzlichen, fremdsprachlichen Unterricht vielfach nicht als Belastung, sondern ihre Leistungsverbesserungen als motivierend, was sich insgesamt positiv auf die Problembewältigung auswirkt. Setzt der Deutschförderunterricht zu spät ein, lehnen die Schüler vielfach das Erarbeiten von Lerninhalten ab, die ihrem niedrigen Rechtschreibniveau entsprechen würden. In jedem Fall muss eine individuelle Entscheidung getroffen werden.

10. Wie können Eltern ihre Kinder beim Vokabellernen unterstützen?

Eltern können mit ihren Kindern die individuell wirksamsten Vorgehensweisen herausfinden und sie konsequent anwenden, wozu ausführliche Hinweise in Kapitel 9 zu finden sind. Die Eltern sollten geduldig und ermutigend unterstützen.

11. Was kann man gegen das Vergessen von Vokabeln und anderen Lerninhalten tun?

Die Einzelnen müssen angeregt werden, aktiv zu sein und eigene Wege zum besseren Erinnern zu finden. Versuche zu Systematisierungen beim Spracherwerb sind ebenfalls sinnvoll in Form von Übersichten, die Gleiches zusammenfassen und Typisches herausheben. Die ausreichende Aufmerksamkeit zum Lernen muss im Vorfeld bedacht und unter Umständen müssen Aktivierungsübungen gemacht werden, wie sie unter „Aktivitäten“ beschrieben werden.

12. Soll man zu Hause nur in der Fremdsprache üben oder soll man auch Deutsch der Klarheit wegen benutzen?

Alles ist gut, was hilft und praktisch umsetzbar ist.

13. Sollte man Diktate üben, wie man es im Deutschen vielfach macht?

Das Diktatschreiben ist im Deutschen als Erfolgskontrolle nach intensiven, gezielten Arbeitsphasen sinnvoll. Bei den Fremdsprachen gibt es bessere Wege zur Überprüfung der Rechtschreibung als Diktate, da bei ihnen Hörverarbeitungsprobleme und Automatisierungsdefizite in den Laut-Buchstaben-Zuordnungen und das Diktiertempo zusätzlich erschwerend wirken können.

14. Warum soll man zu Hause überhaupt schreiben, reichen mündliche Arbeit und Wiederholungen nicht aus?

Beim Schreiben entstehen nützliche Gedächtnisspuren, die die Verknüpfung mit anderen Bereichen unterstützen. Zusätzlich kann das Schreiben überhastet arbeitender Schüler durch das Kontrollieren des Geschriebenen zu besseren Arbeitsstrategien anregen.

15. Warum ist Spielen so wichtig?

Spielen ist besonders wichtig, da sich bei freudig gestalteter Arbeit gute Gedächtnisspuren bilden, Automatisierungen unterstützt sowie verschiedene Bereiche geübt und Erfolge erlebt werden können. Einfache Spiele sind leicht herzustellen und können zwischendurch oder in Schlussphasen der Arbeit zu Hause oder im Förderunterricht eingesetzt werden.

Anhang

Aktivitäten zur Schulung der Aufmerksamkeit

1. Einen Ball hin und her werfen zwischen Stoffstücken, bei denen oben und unten ein Gummiband und rechts und links ein Stock eingearbeitet ist.
2. Flummis oder andere kleine Bälle mit Hilfe von zwei großen Joghurtbechern hin und her werfen.
3. Einen schweren Ball hin und her werfen.
4. Bohnensäckchen hin und her werfen, überkreuz werfen und dabei das Bein der Gegenseite heben; versuchen, den eigenen Rücken zu treffen. In ein Gefäß, das weiter entfernt steht, zu treffen versuchen. Einer wirft alle Säckchen aus einem Behälter heraus, ein anderer wirft sie so schnell wie möglich zurück.
5. Versuchen, Luftballons so lange wie möglich in der Luft zu halten, indem man sie mit dem Finger, der Hand, dem Ellbogen, dem Knie, dem Fuß anstößt.
6. Teebeutelweitwurf versuchen.

Übungen zur Schulung des Berührungsempfindens und des Gleichgewichtes

1. Sich zu zweit auf einen großen Ball Rücken an Rücken setzen, Arme einhaken, langsam in alle Richtungen bewegen.
2. Zwei Personen stellen sich gegenüber auf zwei Balancierscheiben und rangeln miteinander, bis einer herunterfällt.
3. Über Balancierscheiben gehen, große und kleine Schritte machen, hüpfen.
4. Seilspringen allein oder zu dritt.
5. Barfuß über ein dickes Seil balancieren, dabei einen mit Wasser gefüllten Joghurtbecher tragen, ohne etwas zu verschütten.
6. Auf einem Traktorschlauch herumhüpfen oder auf einem Trampolin springen.
7. Eine Doppelseite einer Zeitung von guter Papierqualität aufgefaltet von zwei Personen halten lassen, Schüler rennt auf die Zeitung zu und versucht sie zu zerteilen.
8. Zeitungsdoppelseite vor die Brust legen und so schnell rennen, sodass sie „kleben“ bleibt.
9. Mehrere große Zeitungsseiten zusammenrollen und mit Klebeband zusammenhalten. Mit den Rollen sind zahlreiche Aktivitäten möglich, Schüler experimentieren lassen.

Fehleranalyseblatt Englisch
(einfache Fehleranalyse, kann individuell erweitert werden)

Name: ______________________ Datum: ____________

Rechtschreibfehler, lautgetreue Wörter:

____

Rechtschreibfehler, nicht lautgetreue Wörter:

____

Verwechslung gleich klingender Wörter:

____

Konsonantenverdopplung:

____

Kurzformen, Apostrophsetzungen:

____

Plural „s", Genitiv „s":

____

Unregelmäßige Verben:

____

Konjunktionen:

____

Gebrauch der Zeiten:

____

Zeitenfolge „if-Sätze", indir. Rede:

____

Satzstellung:

____

Präpositionale Ausdrücke:

____

Stellung der Adverbien:

____

Idiomatische Ausdrücke:

____

Fehleranalyseblatt Französisch
(einfache Fehleranalyse, kann individuell erweitert werden)

Name: ______________________ Datum: ___________

Rechtschreibfehler, lautgetreue Wörter:

____

Rechtschreibfehler, nicht lautgetreue Wörter:

____

Akzentsetzungen:

____

Geschlecht der Nomen:

____

Frageformel:

____

Verneinung:

____

Konjugationsendungen:

____

Unregelmäßige Verben:

____

Konjunktiv:

____

Akkordieren:

____

Stellung der Pronomen:

____

Stellung/Gebrauch der Adverbien:

____

Präpositionale Ausdrücke:

____

Idiomatische Ausdrücke:

____

Fehleranalyseblatt Latein
(einfache Fehleranalyse, kann individuell erweitert werden)

Name: ______________________ Datum: ____________

Lesegenauigkeit:

____

Deklinationen/Nomen:

____

Deklinationen/Adjektive:

____

Geschlecht der Nomen:

____

Konjugationen, Indikativ:

____

Konjugationen, Konjunktiv:

____

Präpositionen:

____

Präpositionale Ausdrücke:

____

Gebrauch der Konjunktionen:

____

ACI:

____

Gerundium:

____

Strategiegebrauch beim Übersetzen:

____

Es empfiehlt sich, nicht nur die Fehlerkategorien festzustellen, sondern auch die verschiedenen Fehlertypen mit Sprachbeispielen in einer Kartei zu sammeln, sodass sie gezielt wieder bearbeitet werden können.

Vorschläge für eine Lautschriftübersicht

Es ist sinnvoll, für ein Plakat in der Klasse oder für ein individuelles Merkheft alle problematischen Laute auszuwählen. Im Folgenden werden einige Vorschläge gemacht:

[ʌ]	wie deutsch „matt" *mother, brother, does, other, to come;* **aber:** *but, cup, to run, much, cut, hundred*
[a:]	deutsch „Zahn" *class, glass, father, rather, large*
[au]	deutsch „Stau" *how, now, about, cloud, house, mouse*
[ai]	deutsch „Mai" *by, my, fly, to cry, pipe, ripe*
[e/i]	*name, day, lazy, to say, late, paper, station*
[i:]	deutsch „Fliege" *to see, bee, tea, meat* (Fleisch), *chief, people*
[ou]	*old, only, to know, boat*
[u:]	deutsch „Duden" *soon, moon, spoon, groom*
[ə]	in der Endung wie deutsch „möchte" *foreigner, theatre;* unbestimmter Artikel *„a"*
[ju:]	wie deutsch „Jugend" *new, pupil*
[ø]	Zunge die Zähne berühren lassen: *to think, thing, thick, thumb, theatre*

Vorschläge für die Gestaltung von Grammatikübersichten

Diese Blätter können in einem Ordner gesammelt werden.

1. Long and Short Forms

Beispiel: to have	
Einzahl / Singular	**Mehrzahl / Plural**
I have oder *I've:* ich habe	*we have* oder *we've:* wir haben
you have oder *you've:* du hast	*you have* oder *you've:* ihr habt
he has oder *he's:* er hat *she has* oder *she's:* sie hat *it has* oder *it's:* es hat	*they have* oder *they've:* sie haben

Beispiel: „to be"	
Einzahl / Singular	**Mehrzahl / Plural**
I am oder *I'm:* ich bin	*we are* oder *we're:* wir sind
you are oder *you're:* du bist	*you are* oder *you're:* ihr seid
he is oder *he's:* er ist *she is* oder *she's:* sie ist *it is* oder *it's:* es ist	*they are* oder *they're:* sie sind

2. „Personal and Possessive Pronouns" – Personalpronomen und besitzanzeigende Pronomen

Einzahl / Singular	
I have a dog. **Ich** habe einen Hund.	*I have **my** dog.* **Ich** habe **meinen** Hund.
You have a dog. **Du** hast einen Hund.	*You have **your** dog.* **Du** hast **deinen** Hund.
He has a dog. *She has a dog.* *It has a dog.* **Er, sie, es** hat einen Hund.	*He has **his** dog.* *She has **her** dog.* *It has **its** dog.* **Er, sie, es** hat **seinen, ihren, seinen** Hund.

Mehrzahl / Plural	
We have a dog. **Wir** haben einen Hund.	*We have **our** dog.* **Wir** haben **unseren** Hund.
You have a dog. **Ihr** habt einen Hund.	*You have **your** dog.* **Ihr** habt **euren** Hund.
They have a dog. **Sie** haben einen Hund.	*They have **their** dog.* **Sie** haben **ihren** Hund.

3. „The English Tenses" – die englischen Zeiten

Im Englischen gibt es zwei verschiedene Möglichkeiten, Handlungen grammatisch in Form der „Zeiten" auszudrücken. Die „simple form", die einfache Form, wird zur Kennzeichnung von Tatsachen und Gewohnheiten verwendet, die „progressive form" (Verlaufsform) zur Betonung von Abläufen eingesetzt. Die Übersetzung der „simple" und der „progressive form" ist prinzipiell gleich; bei der „progressive form" kann hinzugefügt werden, dass etwas „gerade" geschieht.

Eine Übersicht in Englisch und Deutsch	
simple form **einfache Form**	**progressive form** **Verlaufsform**
present / Präsens „he, she, it, das ‚s' muss mit" – *I walk,* ich laufe – *he sleeps,* er schläft	present / Präsens Bauregel: Präsens von „to be" und „ing" - Form – *I'm walking,* ich laufe – *he's sleeping,* er schläft
present perfect / Perfekt Bauregel: have + 3. Form des Verbs – *I have walked,* ich bin gelaufen – *he has slept,* er hat geschlafen	present perfect / Perfekt Bauregel: have, 3. Form von to be + ing Form – *I have been walking* – *he has been sleeping*
past / Präteritum „ed" Form oder 2. Form des Verbs – *I walked,* ich lief – *he slept,* er schlief	past / Präteritum past von to be + ing Form – *I was walking* – *he was sleeping*
past perfect / Plusquamperfekt had + 3. Form des Verbs – *I had walked,* ich war gelaufen – *he had slept,* er hatte geschlafen	past perfect / Plusquamperfekt had, 3. Form von to be + ing Form – *I had been walking* – *he had been sleeping*
future I / Futur I will / to be going to + Infinitiv – *I will walk,* – *I'm going to walk,* ich werde laufen – *he will sleep /* – *he's going to sleep,* er wird schlafen	future I / Futur I will/to be going to + to be + ing Form – *I will be walking* – *I'm going to be walking* – *he will be sleeping* – *he's going to be sleeping*
future II / Futur II will / to be going to + have + 3. Form – *I will have walked,* – *I'm going to have walked,* ich werde gelaufen sein – *he will have slept,* – *he's going to have slept,* er wird geschlafen haben	future II / Futur II will + have + been + ing Form – *I will have been walking* – *he will have been sleeping*

conditional I / Konditional I would + Infinitiv – *I would walk,* ich würde laufen – *he would sleep,* er würde schlafen	conditional I / Konditional I would + to be + ing Form – *I would be walking* – *he would be sleeping*
conditional II / Konditional II would + have + 3. Form – *I would have walked,* ich würde gelaufen sein – *he would have slept,* er würde geschlafen haben	conditional II / Konditional II would + have + been + ing Form – *I would have been walking* – *he would have been sleeping*

4. „The Passive" – Das Passiv

Das Passiv wird gebildet mit der Form von „to be" und der 3. Form des Verbs, dem Partizip Perfekt. „To be" wird nach den Regeln der Zeitenbildung behandelt. Die „progressive form" (Verlaufsform) wird verwendet, wenn der Ablauf einer Handlung betont werden soll. Das ist vor allem sinnvoll im „present" und im „past", prinzipiell ist es in allen Zeiten möglich.

simple present tense:

– *The book is written.* Das Buch wird geschrieben.
– *The parcel is carried.* Das Paket wird getragen.

present tense progressive:

– *The book is being written.* Das Buch wird gerade geschrieben.
– *The parcel is being carried.*

present perfect:

– *The book has been written.* Das Buch ist geschrieben worden.
– *The parcel has been carried.*

simple past tense:

– *The book was written.* Das Buch wurde geschrieben.
– *The parcel was carried.*

past tense progressive:

- *The book was being written.* Das Buch wurde gerade geschrieben.
- *The parcel was being carried.*

past perfect:

- *The book had been written.* Das Buch war geschrieben worden.
- *The parcel had been carried.*

future I:

- *The book will be written.* Das Buch wird geschrieben werden.
- *The parcel will be carried.*
- *The parcel is going to be carried.*

future II:

- *The book will have been written.* Das Buch wird geschrieben worden sein.
- *The parcel will have been carried.*

conditional I:

- *The book would be written.* Das Buch würde geschrieben werden.
- *The parcel would be carried.*

conditional II:

- *The book would have been written.* Das Buch würde geschrieben worden sein.
- *The parcel would have been carried.*

Aufgaben mit Kontrollmöglichkeit*

Diese Aktivitäten sind als Partnerübungen möglich, können aber auch von einem Schüler allein gelöst werden. Die Seite wird in der Mitte geknickt, sodass auf einer Seite das Wortmaterial steht, aus dem ein Satz gebildet werden soll, und auf der anderen Seite die richtige Lösung. Übt ein Schüler allein, können beispielsweise zuerst alle Sätze mit ungeraden, danach die mit geraden Zahlen bearbeitet werden. Er kann die Lösungen mit den Regeln vergleichen.

1. Die Umschreibung mit „to do"

Die Umschreibung mit „to do" wird nur im „simple present" und im „simple past" gebraucht. Umschreibung mit „to do" in Fragesätzen und in Verneinungen: „What does he see?", „He doesn't see a dog", „When did she come?", „She didn't come before 10 o'clock".

Keine Umschreibung mit „to do", wenn ein Hilfsverb im Satz ist: „He isn't here", „Can you help?", „What has he got?", „They are not coming".

Keine Umschreibung mit „to do", wenn nach dem Subjekt gefragt wird: „Who sees the dog?", „Who comes in?"

2. Signalwörter für „Simple Present" (einfaches Präsens) und „Present Progressive" (Verlaufsform)

Das „simple present" (die einfache Form des Präsens) steht bei Handlungen, die Gewohnheiten und Naturgesetze ausdrücken. Einige Signalwörter sind: *always, often, usually, sometimes,* Ausdrücke mit *„every", every day, rarely, never, then.*

Beispiele: He has tea every morning. Girls and boys usually go to school. We sometimes go to the seaside. The sun always rises.

Das „present progressive" (Verlaufsform) steht bei Handlungen, die gerade ablaufen. Einige Signalwörter sind: Look!, at the moment, now, just now.

Beispiele: John is talking to Harry Potter now. Look! The snow is falling. We are learning English at the moment. Just now we are getting better.

---

* Die Arbeitsblätter auf den folgenden Seiten finden Sie als Kopiervorlage im DIN-A 4-Format auf der Homepage des Reinhardt Verlages: www.reinhardt-verlag.de

Arbeitsblatt zum Gebrauch von „to do“

1. He / come? ____________________	**1.** Does he come?
2. Does she write?	**2.** She / to write? ____________________
3. They / not to come ____________________	**3.** They do not come. They don't come.
4. I do not sleep. I don't sleep.	**4.** I / not to sleep ____________________
5. You / can / to eat? ____________________	**5.** Can you eat?
6. Does John go to school?	**6.** John / to go to school? ____________________
7. Who / to come in? ____________________	**7.** Who comes in?
8. Last night Jane didn't come.	**8.** Last night / Jane / not to come ____________________
9. You / to be / old? ____________________	**9.** Are you old?
10. John did not help.	**10.** John / not to help ____________________
11. Who / to get / a cold yesterday? ____________________	**11.** Who got a cold yesterday?

12. Does the sun shine?	12. The sun / to shine?
13. Who / to go to school / today?	13. Who goes to school today?
14. Harry Potter is not here.	14. Harry Potter / not to be / here
15. The rain / not to stop	15. The rain does not stop.
16. Does the cat catch a mouse?	16. The cat / to catch a mouse?
17. In 1900 / I / not to live	17. In 1900 I did not live.
18. Harry does not laugh at the dragon.	18. Harry / not to laugh / at the dragon
19. You / can / to help / me?	19. Can you help me?
20. She did not / didn't sing last night.	20. She / not to sing / last night
21. You / to have got / a dog?	21. Have you got a dog?
22. They are not here.	22. They / not to be here
23. It / to sound / nice?	23. Does it sound nice?

Arbeitsblatt zum Gebrauch des „Simple Present“ und „Present Progressive“

1. She / to brush / her teeth / at the moment. ____________________	**1.** She is brushing her teeth at the moment.
2. He is washing his car at the moment.	**2.** He / to wash his car / at the moment ____________________
3. They / to go / to school / every day. ____________________	**3.** They go to school every day
4. I always have tea in the morning.	**4.** I / always / to have tea / in the morning ____________________
5. Look! he / to paint / a picture ____________________	**5.** Look! He is painting a picture.
6. Listen! They are singing.	**6.** Listen! They / to sing ____________________
7. We / always / to love / the sun ____________________	**7.** We always love the sun.

8. Just now he is calling me.	**8.** Just now / he / to call / me. ________________
9. She / usually / to love / cats ________________	**9.** She usually loves cats.
10. Germany lies south of Denmark.	**10.** Germany / to lie / south of Denmark ________________
11. The baker / to make / bread / at the moment ________________	**11.** The baker is making bread at the moment.
12. They always go to Italy on holiday.	**12.** They / always / to go / to Italy / on holiday ________________
13. We / not / to read / French now ________________	**13.** We are not reading French now.
14. She is not eating herrings at school now.	**14.** She / not to eat / herrings / at school / now. ________________

3. „Simple Past“ (Präteritum / einfache Vergangenheit) und „Present Perfect Simple“ (einfaches Perfekt)

Das einfache „past“ wird gebraucht bei Handlungen, die in der Vergangenheit liegen und vollkommen abgeschlossen sind. Es wird meistens von einer Zeitbestimmung begleitet. Einige Signalwörter sind: yesterday, Daten wie 1777, Ausdrücke mit *last* wie *last night, last year,* Ausdrücke mit *ago* wie *two days ago,* Nebensätze mit *when, when I was a baby.*

Beispiele: Yesterday I met a popstar. In 1777 Cook landed in Australia. Last night a ghost came in. There was no TV 100 years ago. When I was a baby, I slept a lot.

Das einfache „present perfect“ (Perfekt) wird bei Handlungen gebraucht, die in der Vergangenheit begonnen haben, aber noch nicht abgeschlossen sind, meistens wird kein bestimmter Zeitpunkt der Handlungen genannt. Es ist auch möglich, dass die Handlungen abgeschlossen sind, ihre Wirkung aber noch spürbar ist, wobei die Signalwörter die andauernde Wirkung ausdrücken. Einige Signalwörter sind: *ever / never, already, just, yet, not yet, since* bei Nennung eines Datums, for im Sinne von „lang“ bei Nennung einer Zeitspanne, *so far, up to now.*

Beispiele: Have you ever met a crocodile? I have never met such an animal. The cat has already stolen the cake. The dog has just barked. Have you bought „Harry Potter“ yet? It has rained since Monday. It has rained for six days. So far it has rained enough. Up to now the rain has made many puddles.

4. „Past Perfect“

Das „past perfect“ wird abhängig vom „past tense“ gebraucht. Es drückt in einem Bericht oder einer Erzählung, die in der Vergangenheit geschah oder als vergangen berichtet wird, das aus, was vor diesen Ereignissen gewesen ist. Einige Signalwörter sind: after, before, ein Satz, der eine Handlung in der Vergangenheit beschreibt, vor der etwas anderes geschehen ist.

Beispiele: After I had done my homework, I went out. Before the car left, John had closed the doors. He went to America because he had heard good things about it.

Arbeitsblatt zum Gebrauch des „Simple Past“ und „Present Perfect Simple“

1. Last night / man / to come here ____________________	1. Last night a man came here.
2. A day ago the rain started.	2. A day ago / the rain / to start ____________________
3. It / to rain / for 6 days ____________________	3. It has rained for 6 days.
4. It has not rained since Monday.	4. It / not to rain / since Monday ____________________
5. Up to now / dog / not to steal / the cake ____________________	5. Up to now the dog has not stolen the cake.
6. When I was small, I did not walk much.	6. When I was small / I / not to walk much ____________________
7. Yesterday / Dad / to give / me / a present ____________________	7. Yesterday Dad gave me a present.

8. Last winter it was cold.	**8.** Last winter / it / to be / cold
9. It has been cold since March.	**9.** It / to be cold / since March
10. I / not to eat / an ice / for a month	**10.** I have not eaten an ice for a month.
11. Have you ever played the trumpet?	**11.** You / ever / to play / the trumpet?
12. He / not to play / the trumpet / last night	**12.** He did not play the trumpet last night.
13. She has already left.	**13.** She / already / to leave
14. They / not to leave / a day ago	**14.** They did not leave a day ago.

Arbeitsblatt zum Gebrauch des „Past Perfect“

1. After / he / to come / to us / to enjoy himself ____________________	**1.** After he had come to us, he enjoyed himself.
2. Before we started, we had made a plan.	**2.** Before / we / to start / we / to make a plan ____________________
3. We / to go to Paris / because we / to hear / good things about it ____________________	**3.** We went to Paris because we had heard good things about it.
4. Before I learnt English, I had not had problems with words.	**4.** Before / I / to learn English / I / not to have / problems with words ____________________
5. They / to talk / to the Queen / because they / to be introduced to her ____________________	**5.** They talked to the Queen because they had been introduced to her.
6. I bought a dog after I had heard about his character.	**6.** I / to buy a dog / after to hear / about his character ____________________

Lernkartei

Das Rohmaterial für den Satz steht auf der einen Seite einer Karteikarte, die Auflösung auf der anderen:

1a) Jack, the cat / to eat / rat / at the moment	**1b)** Jack, the cat, is eating the rat at the moment.
2a) Jack / to eat / rat / last Monday	**2b)** Jack ate the rat last Monday.
3a) Jack / to help / dog / since their childhood	**3b)** Jack has helped the dog since their childhood.
4a) Jack / help / his friend / in the future	**4b)** Jack is going to / will help his friend in the future.
5a) The cat / to eat / ever / a flower?	**5b)** Has the cat ever eaten a flower?
6a) The mouse / to hide / in a teapot / last night?	**6b)** Did the mouse hide in a teapot last night?

7a)
The dog / to steal / a big bone / when it / to be hungry?

7b)
Does the dog steal a big bone when it is hungry?

8a)
Elephant / never / to meet / a queen?

8b)
Has the elephant never met a queen?

9a)
The Beatles / many years ago / to sing / in Hamburg?

9b)
Did the Beatles sing in Hamburg many years ago?

10a)
You / to enjoy / the sentences / up to now?

10b)
Have you enjoyed the sentences up to now?

11a)
The train / to leave / at ten o'clock

11b)
The train left at ten o'clock.
oder: The train is leaving at ten o'clock.

12a)
He / not to read / „Harry Potter" / yet

12b)
He has not read „Harry Potter" yet.

Vorschläge zur Erstellung von Ereigniskarten

Die folgenden Vorschläge für Ereigniskarten sollen Ideen vermitteln, wie man Karten gestalten kann. Wichtig ist, dass die Aufforderungen zum Sprechen anregend genug sind. Witzige und überraschende Fragen sind immer hilfreich. Man kann auch nach Informationen fragen; Wissensfragen sind nicht geeignet, weil das Spiel Spaß machen und nicht Wissen überprüfen soll. Man kann darauf hinweisen, dass Fragen nicht wahrheitsgemäß beantwortet werden müssen, sondern dass pfiffige oder witzige Antworten willkommen sind. Beim Spielen müssen die Mitspieler sagen, ob sie mit den Antworten sprachlich und inhaltlich zufrieden sind. Es ist nicht gut, wenn zu viel sprachlich verbessert wird. Wenn der Lehrer Fehler hört, könnte er kurz eingreifen; besser erscheint es, die betreffenden Fehler zu notieren und sie gemeinsam im Anschluss an die Spielphase an der Tafel zu bearbeiten. Es ist sinnvoll, wenn die Klasse Fragen entwirft, die einen Bezug zu ihnen selbst, ihren Lektionen und Vorlieben haben. Die Fragen können auf „Ereigniskarten“ geschrieben werden. Zuerst werden Fragen für die 5. und 6. Klasse genannt, anschließend werden Sprechanlässe für die Mittelstufe vorgeschlagen.

1. Anfangsunterricht

Bitte bilde mindestens zwei Sätze!
(Please build at least two sentences!)

- Would you like to have a pet?
- What is your favourite animal?
- What is your favourite sport?
- How do you cook your favourite meal?
- Tell us about your room.
- Tell us about two kinds of food you like?
- What do you do after school?
- What are your plans for the holidays?
- Tell us something about a thing in your class?
- Say what you like about your town.
- Which teachers do you like?

- Which animals live on a farm?
- Which animals live in the zoo?
- Which animals are in the wood, the garden, ...?
- What do you do when you swim?
- What are your wishes for Christmas?
- Which games will you play at your next birthday-party?
- What is your favourite book and why?
- Who is nice?
- What is nice?
- What do you like about your best friend?
- Would you like to fly like a bird and why?
- Would you like to be very strong and why?
- Would you like to be very small and why?
- Tell us about your hobbies.
- What kind of music do you like?
- When do you go to bed at night and why?
- What do you need to make a tomato sauce?
- What do you need to make a salad?
- What can an umbrella be used for?
- Why do you like to go by car?
- Cleaning windows is not nice, because ...
- Cleaning shoes is boring because ...
- Eating spaghetti is messy because ...

Bitte bilde wenigstens drei Sätze! Du kannst auch unwahre Dinge sagen. *(Please build at least three sentences, you may invent things.)*

I prefer a bike to a car because …

- Tomorrow my cat is going to …
- Would you like to live in Las Vegas? Give reasons.
- Would you like to go to a jungle? Give reasons.
- Why do you love Elvis Presley, the Beatles …?
- How was it when you had tea with the Queen?
- Watching football is boring. Why?
- I love funny movies, because …
- What do you do when you come home and find out that you have forgotten your key?
- Please explain to us why you always have caviar for breakfast.
- Last night I woke up and …
- What is your favourite dish?
- What do you prefer, cats or dogs? Give reasons.
- What is your favourite book? Give reasons.
- Why do you love rain?
- How was it when you rode a camel?
- When I met this smashing bear, I…
- Please tell us a secret.
- What's wrong about teachers?
- What's wrong about students?
- Why is a bike a good invention? Give reasons.
- Explain why boys and men should know how to sew (nähen) or knit (stricken).
- Explain why girls should know how to mend a puncture.
- What is special about a dessert (Nachtisch)?
- What would you say if you met Madonna?
- Who is your favourite star and why?
- Why is skiing a dangerous sport? Give reasons.
- What is special about your home town?
- Which competition (Wettbewerb) would you like to be in?
- What would you say to our president of state?
- Which famous person would you like to meet? Why?

Kriterien für die Fremdsprachenwahl

Lesen	**Deutsch**	**Englisch**
Lesegenauigkeit		
Lesetempo		
Sinnentnahme		
Wortschatz		
mündlich		
schriftlich		
Grammatik		
Fachbegriffe		
Analysefähigkeit		
Zeiten		
Zeichensetzungen		
Lernverhalten		
impulsiv		
bedächtig analysierend		
Strategiegebrauch		
Fleiß		
Motivation		

Reime als Gedächtnisstützen für Englisch

Rechtschreibung:

„O“ und „s“ sich gar nicht lieben,
darum ein „e“ dazwischen schieben,
„Tomato**e**s, potato**e**s, he, she, it do**e**s“.

Kommt eine Endung an das Wort,
geht „y“ am Ende fort,
„**i**“ tritt dann an seinen Ort,
„silly – sill**i**er, happy – happ**i**ly.
Geh’n „**a**, **e**, **o**, **u**“ dem „y“ voran,
es an der Stelle bleiben kann,
„d**a**ys, k**e**ys, b**u**ys, b**o**ys“.

Für „es“ am Ende von Wörtern nach Zischlauten:
„Wenn’s am Ende zischt, wird „es“ aufgetischt“,
„dish**es**, match**es** quizz**es**“.

(Legasthenie in der Sekundarstufe, 178)

Geschieht es *immer,* Tag für Tag, „*simple present*“ ich dann mag. Geschieht es *gerade, läuft* es *ab,* „*present progressive*“ ich dann hab’.
„*Yesterday, ago*“ und „*last*“ immer mit dem „*simple past*“.
„Simple past“ ist gar nicht möglich, „present perfect“ dann verträglich.
„Simple past“ hat nicht gepasst, „present perfect“, aufgepasst.
„*Up to now, till, yet, not yet,* „*present perfect*“, sei so nett. Nach „*since*“ und „*for*“ wie „*ever, never*“, „*present perfect*“, sei so clever.

Kopiervorlagen für Merkkarten, Englisch

Die Übersichten können kopiert und auf DIN-A6-Karten befestigt werden, s. Kapitel 9.

to be – sein

Langformen		Kurzformen
I am	ich bin	I' m
you are	du bist	you' re
he is	er ist	he' s
she is	sie ist	she' s
it is	es ist	it' s
we are	wir sind	we're
you are	ihr seid	you're
they are	sie sind	they're

Fragen mit „to do“

Wenn keine Form von „to be“ oder ein Hilfsverb im Satz ist, muss „do/does“ stehen: When are you here? Can he come?“ Aber: „When do you come home? Where does Santa Claus work? What do the children play in the garden? Why does it snow?
Für Anfänger: Wenn „who“, niemals „do“: „Who comes home from school?“
Für Fortgeschrittene: Wenn „who“ nach dem Akkusativ fragt, dann „do“: „Who do you see?“

Fragen und Kurzantworten mit have got/has got

Have you got a new dog?	Yes, I have.
Has Jack got a small mouse?	Yes, he has.
Have you got cats, John and Jack?	Yes, we have.
Have you got a tiger?	No, I haven't.
Has the teacher got a rat?	No, he/she has**n't**.
Have Bushs got a new cat?	No, they haven't.

Fragen und Kurzantworten mit „to be"/sein

In der Kurzantwort immer eine Form von „to be":

Are you from Lübeck?	Yes, I am. No, I'm not.
Is Sue a girl?	Yes, she is. No, she isn't.
Is it cold?	Yes, it is. No, it isn't.
Are we nice?	Yes, we are. No, we aren't.
Are you in school?	Yes, you are. No, you aren't.
Are they in the garden?	Yes, they are. No, they aren't.

Progressive Form = Verlaufsform

Sie besteht aus **2 Teilen, die zusammengehören,** wie der linke und der rechte Schuh **als Paar** zusammengehören.

Form von **„to be"** und **ing-Form**

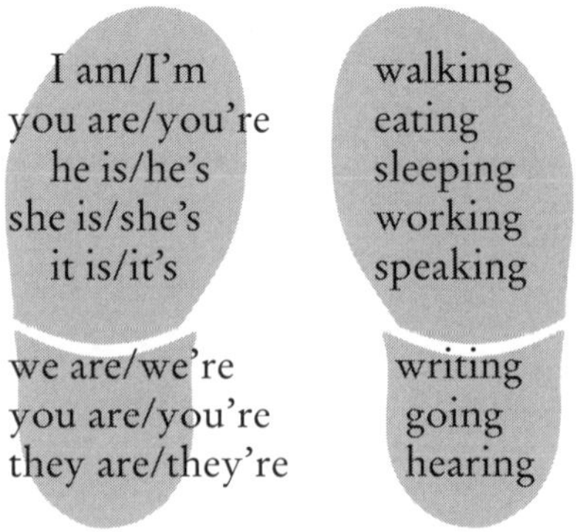

The use of „some“ and „any“

Aussagesatz +, Fragesatz ?, Verneinung

+	?	not
some someone something somewhere	any anyone anything anywhere	any anyone anything anywhere
„He sees some dogs in the street. He doesn’t see any dogs in the street. Does he see any dogs in the street?“		

Fragewort „whose“ / the question word „whose“

„Whose“ – „wessen“ fragt danach, wem etwas gehört:

Whose cat is this?	Wessen Katze ist dies?	It’s Sue’s.
Whose books are these?	Wessen Bücher sind dies, wem gehören diese Bücher?	They’re Dad’s.
These magazines. Whose are they?	Wem gehören sie?	They are the girls’.

Der s-Genitiv

Gehört Personen oder Tieren etwas, nimm den s-Genitiv:

Einzahl, singular

Sue’**s** handwriting is good. Sues Handschrift …
She is Philip’s sister. Sie ist Philips Schwester.
The cat’**s** nose is black. Die Nase der Katze …

Mehrzahl, plural

Hat die Pluralform ein „s“,
mache einen Apostroph dahinter:
The pupil**s’** words are correct.
Die Wörter der Schüler sind richtig.

Gleicher Klang, aber
unterschiedliche Bedeutung und **Schreibung**:

you’re = you are	du bist
your cat	deine Katze
his cat	seine Katze
he’s here = he is here	er ist hier
they’re = they are	sie sind
their cats	ihre Katzen
there is a cat	dort ist/es gibt eine Katze
it’s = it is	es ist
its	sein

Funktionskarten für Englisch, Beispiele

He, she it – das „s“ muss mit.	Going-to future – linker und rechter Schuh und der Wanderstock: Form von „to be“, „going“, Infinitiv mit „to“ („she is going to work“).
„Yesterday, ago“ und „last“ immer mit dem „simple past“.	Der „Bauplan“ der Zeiten: „present perfect“ wird gebildet mit dem Präsens von „to have“ und der 3. Form“ („he has seen/worked“).
Present progressive – linker und rechter Schuh: Form von „to be“ und ing-Form („she is working“).	Beispielsatz für Problembereiche notieren.

Kopiervorlagen für Merkkarten, Französisch

Die Verben auf „**er**“;	Beispiel:	regard**er**
je regard**e**		nous regard**ons**
tu regard**es**		vous regard**ez**
il, elle regard**e**		ils, elles regard**ent**
Die Verben auf „**re**“;	Beispiel:	attend**re**
j’attend**s**		nous attend**ons**
tu attend**s**		vous attend**ez**
il, elle atten**d**		ils, elles attend**ent**
Die Verben auf „**ir**“;	Beispiel:	fin**ir**
je fini**s**		nous fini**ssons**
tu fini**s**		vous fini**ssez**
il, elle fini**t**		ils, elles fini**ssent**

Funktionskarten für Französisch, Beispiele

Die „stummen" Endkonsonanten, denen kein „e" folgt, wie bei „nous, le chat".	Unbetonte, stumme Verbendungen: „je port**e**, tu port**es**, il/elle port**e**, il**s**/elles port**ent**".
Übereinstimmung von Subjekt und Verb: „tu porte**s**, il**s** portai**ent**".	Übereinstimmung von Artikel und Nomen: „le garçon, le**s** garçon**s**".
Übereinstimmung von Nomen und Adjektiv: „un**e** robe **blanche**, le**s** garçon**s** brave**s**".	„En" und „y" haben einen bestimmten Platz: „j'y vais, il en a assez".
Den Bauplan für die Zeiten auswendig können.	Satzstellung bei der Verneinung...
Beispielsatz für persönliche Schwierigkeiten.	Anpassung der Partizipien des Perfekt, wenn das Verb mit „être" konjugiert wird: „il**s** sont venu**s**, elle**s** étai**ent** arrivé**es**".

Anpassung der Formen, die von einem vorangestellten Akkusativ des Personalpronomens beeinflusst werden – „elle **les** (les amies) a rencontré**es**" – oder von einem Relativpronomen abhängen – „**les** histoire**s** que j'ai lu**es**".

„Fahne“ mit der Folge der Objektpronomen und „en“ und „y“

Dativ:		Akkusativ:		Dativ:		
me						
te		le		lui		
se	*vor*	la	*vor*	leur	*vor*	en, y
nous		les				
vous						

Übung zu Verbformen mit Selbstkontrolle

	infinitif *formes*
faire je fais nous faisons ils font	*machen* ______ je ______ nous ______ ils______
vouloir je veux vous voulez ils veulent	*wollen* ______ je ______ vous ______ ils ______
appeler tu appelles nous appelons ils appellent	*rufen* ______ tu ______ nous ______ ils ______
aller je vais tu vas nous allons ils vont	*gehen* ______ je _____ tu ____ nous ____ ils ____

Funktionskarten für Latein

Die Auflösung eines Satzes bei dem Prädikat beginnen.	Mit „wer" oder „was" nach dem Subjekt fragen.
Nach den Objekten und den Adjektiven fragen.	Die letzten vier Buchstaben der Wörter besonders sorgfältig lesen.
Ein Beispiel für die verschiedenen Konjugationen und Deklinationen merken …	Die Konjunktionen mit Indikativ und Konjunktiv zusammenstellen.
Die Präpositionen notieren, die den Akkusativ oder den Ablativ verlangen …	

Glossar

Arbeitsgedächtnis: Kurzzeitgedächtnis, das zur Bearbeitung einer kurzen Aufgabe aktiviert wird

auditiv: a) das Gehör betreffend, zum Gehörsinn gehörend; b) fähig, Geräusche, Töne, Stimmen und Sprachlaute wahrzunehmen und zu analysieren, wie „a, o, u", „d, t"...

auditiv – sprachlich rezeptiv: Sprache verstehen

auditiv – sprachlich expressiv: sich sprachlich äußern

auditives Gedächtnis: Menge der sprachlichen Informationen, die in richtiger Reihenfolge behalten und bei Bedarf erinnert werden können

auditive Differenzierungs- und Verarbeitungsschwäche: Laute, Lautfolgen, Wörter werden nicht deutlich aufgenommen oder nicht zu klaren Wahrnehmungen verarbeitet

automatisierte Lernprozesse: flüssiges Lesen ist ein automatisierter Lernprozess, wenn nicht mehr lautiert oder buchstabiert oder in Silben gegliedert, sondern vorausschauend sinnerfassend gelesen wird

deklaratives Wissen: Wissen von Formen und Fakten

Graphem: Schriftzeichen

Graphomotorik: Schreibbewegung

haptisch: über den Haut- und Muskelsinn wahrnehmbar

Hörmerkspanne: Zeitspanne, in der Gehörtes behalten werden kann

kinästhetisch: Bewegung über den Muskelsinn wahrnehmen

Morphem: kleinste bedeutungstragende sprachliche Einheit

Phonem: Laut

phonologische Bewusstheit: ein wissenschaftliches Konstrukt, um die Lautdifferenzierung, Analyse, Reimfähigkeiten und Silbengliederungen zu bezeichnen

prozedurales Wissen: Wissen von Vorgängen, beispielsweise von sprachlicher Kommunikation

Raumlageorientierung: Feststellung der Lage im Raum von Dingen vom Betrachter aus gesehen, wie z. B. oben, unten, rechts, links, p, b etc.

Reversionen: Verdrehungen von Buchstabenfolgen, wie „Brike" statt „Birke" sowie von Silben

Sensomotorik: Zusammenspiel von Wahrnehmungsreizen und der Reaktion darauf in Form von Bewegung

sensorische Integration: sinnvolle Ordnung und Nutzung von Sinneseindrücken beim Handeln

Sequenz: Aufeinanderfolge z. B. von Lauten, Wörtern, Wortreihen

Sequenzstörung: Unfähigkeit, Reihungen, zum Beispiel sinnvolle Aufzählungen, in Verbindung mit Sprache zu bringen, wie die Reihenfolge der Monate, des 1 x 1, der unregelmäßigen Verben

taktil: den Berührungssinn betreffend

taktile Wahrnehmung: Information, die uns über die Hautberührung erreicht. Taktile Reize werden besonders gut erinnert

Teilleistungsstörung/Teilleistungsschwäche: beispielsweise können Teilleistungen der Wahrnehmung gestört sein, die für Lesen und Schreiben wichtig sind, aber nicht die gesamte Intelligenz

unimodal: einen Sinn betreffend; eine bimodale Leistung beruht auf dem Zusammenspiel von zwei Sinnen, eine multimodale auf dem mehrerer Sinne

visuell: den Gesichtssinn betreffend

visuelle Verarbeitungsschwäche: Schwäche, Probleme beim genauen Aufnehmen oder Verarbeiten von Gesehenem

Visuomotorik: Zusammenarbeit von Auge und Hand, wie beim Schreiben oder Ballwerfen, wobei das Auge die Hand führt

Bücher für Eltern

Buda, Ch. (2005): Englisch richtig schreiben, leichter lesen. Schritt für Schritt. Felicitas Hübner Verlag, Lehrte

Firnhaber, M. (1996): Legasthenie und andere Wahrnehmungsstörungen. Wie Eltern helfen können. 2. Aufl. Fischer, Frankfurt

Klein, J.; Träbert, D. (2001): Wenn es mit dem Lernen nicht klappt. Schluss mit Schulproblemen und Familienstress. Rowohlt, Reinbek bei Hamburg

Ramacher-Faasen, N. (1998): Elternratgeber LRS. Dieck, Heinsberg

Schulte-Körne, G. (2004): Elternratgeber Legasthenie. Knaur, München

Warnke, A.; Hemminger, U.; Roth, E.; Schneck, S. (2002): Legasthenie. Leitfaden für die Praxis. Hogrefe, Göttingen/Bern/Toronto/Seattle

Lernhilfen für Schüler

Englisch

Ahlborn, K. (1994): Valcos, Vokale Ordner. Eine Arbeitsanleitung zum Lernen der englischen Vokabeln zusammengestellt nach ihren verschiedenen Vokalisationen (Vertrieb: M. Bonavia, Fischerweg 1/1, 76307 Karlsbad)

Atzesberger, M.; Paulsen, I. (1989): Hilfen beim Englisch-Lernen, eine Praxishilfe. Hrsg. Landesverband Legasthenie Schleswig-Holstein

Auwera van, K.; Braunert, M. (2001): Play English! 2, Spiele für 10- bis 12-Jährige. 5. Aufl. Mentor, München

Baer-Engel, J. et al. (2007): Sicher ins Abitur. Arbeitsheft mit CD-Rom. Klett, Stuttgart

Clarke, D. et al. (2003): Besser in Englisch. (Bände: 5.–8. Klasse) Cornelsen, Oxford University Press, Berlin

Duden (2008): Prüfungstraining Englisch Realschulabschluss. Bibliographisches Institut, Mannheim

Duden (2006): Einfach klasse in – Englisch 5. Klasse. Wissen – Üben – Testen. Bibliographisches Institut, Mannheim (weitere Bände: 6. Klasse; 9. Klasse; 10. Klasse)

Fleischhack, E.; Schwarz, H. ((2001): Cornelsen English Grammar. Große Ausgabe. Cornelsen, Berlin

Kath, J.; Oldham, P. (2007a): Basiswissen Englisch. AOL Verlag, Lichtenau

– ; – (2007b): Aufbauwissen Englisch. AOL Verlag, Lichtenau

Langenscheidt (2002): Power Dictionary Englisch und Französisch. München
Manz Lernhilfen (2006): Lernhilfen für alle Klassen. Klett, Stuttgart
Mentor Lernhilfe (2001): Übungsmaterialien für alle Klassen. Mentor, München
Saccaro, A.; Mayer, A.; Hewitt, P. (2002): Das große Trainingsbuch Englisch. 9. + 10. Schuljahr. Klett, Stuttgart

Französisch

Berichtigungen. In: Der Fremdsprachliche Unterricht, Französisch. Klett, Heft 78, Dezember 2005

Übungsmaterialien (Auswahl)

Bartl, M. (2008): Lustige Sprachrätsel Latein. Ab dem ersten Lernjahr. Hueber Verlag, Ismaning
Beyer, M.; Lück-Hildebrandt, S. (2003): Besser in Französisch. 3./4. Lernjahr – Grammatik. Übungsbuch mit separatem Lösungsheft. Cornelsen Scriptor, Berlin
Duden (2004): Französisch 7. Klasse. Für das 1. Lernjahr in Französisch. Bibliographisches Institut, Mannheim
Kohnert, M.; Mahnert, D.; Spengler, W. (2007): Ça alors! 1 – Grammatik verstehen, üben, beherrschen. Mentor, München
Chassard, J. N.; Poloni, B. (1999): Langenscheidt Grundwortschatz Französisch. Langenscheidt, München
Langenscheidt Power Wörterbuch Französisch (2007). Langenscheidt, München
Funke, M. (2008): Langenscheidt Selbstlernkurs „Französisch in 30 Tagen“. Buch, Audio-CD, Verb-Fix. Der kompakte Sprachkurs. Langenscheidt, München

Fachliteratur

Ahlborn, K. (1994): Valcos, Vokale Ordner. Eine Arbeitsanleitung zum Lernen der englischen Vokabeln zusammengestellt nach ihren verschiedenen Vokalisationen (Vertrieb: M. Bonavia, Fischerweg 1/1, 76307 Karlsbad)

Alig, F.; Alig, M. (1993): Materialschau „Kinder begegnen Sprachen“. Grundschule 12, 12–19

Angermeier, M. J. W. (1977): Psycholinguistischer Entwicklungstest (PET). 2. Aufl. Hogrefe, Göttingen

Bleyhl, W. (Hrsg.) (2000): Fremdsprachen in der Grundschule. Grundlagen und Praxisbeispiele. Schroedel, Hannover

Bohn, O.-S. (1998): Wahrnehmung fremdsprachlicher Laute: Wo ist das Problem? In: Wegener, H. (Hrsg.): Eine zweite Sprache lernen. Empirische Untersuchungen zum Zweitspracherwerb. Narr, Tübingen

Breitenbach, E.; Lernhard, W. (2001): Aktuelle Forschung auf der Suche nach neurobiologischen Korrelaten der Lese-Rechtschreib-Störung. In: Zeitschrift für Kinder- und Jugendpsychiatrie 29, 167–177

Brezing, H. (1999): Besondere Schwierigkeiten im Rechtschreiben – auch in den Fremdsprachen? In: Ministerium für Kultus, Jugend und Sport Baden-Württemberg (Hrsg.): Schwierigkeiten im Lesen und/oder Rechtschreiben. Ein Thema auch in weiterführenden Schularten. Stuttgart

– (2002): Fremdsprachen lernen: Unbelasteter Neubeginn oder altvertraute Schwierigkeiten? In: Schulte-Körne, G. (Hrsg.) in Zusammenarbeit mit dem Bundesverband Legasthenie: Legasthenie: Zum aktuellen Stand der Ursachenforschung, der diagnostischen Methoden und der Förderkonzepte. Winkler, Bochum , 191–200

Brown, B.; Preller, R.-D.: The Pleasure Principle. Optical Delights. Motivierende Ideen und Vorlagen für den Spaß am Lernen im Englischunterricht (Zu bestellen bei Preller, R.-D., Poetschnerstr. 6, D-80634 München)

Buda, Ch. (2005): Englisch richtig schreiben, leichter lesen. Schritt für Schritt. Felicitas Hübner Verlag, Lehrte

Büttner, G. (2000): Gedächtnisleistungen unauffälliger und beeinträchtigter Kinder und Jugendlicher – Entwicklungsdeterminanten, Entwicklungsverläufe, Entwicklungsförderung. In: Das menschliche Gedächtnis – Grundlegende Funktion für das Lernen. Jahrestagung. Eigenverlag der Internationalen Frostig-Gesellschaft, Würzburg

Doernberg, G. (1978): Die Betreuung von Legasthenikern in der Sekundarstufe I in der Schulpraxis. Aufbau der Kurse – Diagnose – Therapie. Diesterweg, Wien

Dummer-Smoch, L.; Breuer, H.; Weuffen., M. (2001): Der Neue Ratgeber, Legasthenie (Alleinvertrieb durch die Buchhandlung A. Pagenstecher, Beethovenweg 5, D-23795 Bad-Segeberg)

Fawcett, A. (Hrsg.) (2001): Dyslexia. Theory & good Practice. Whurr, London, Philadelphia

Firnhaber, M. (1996): Legasthenie und andere Wahrnehmungsstörungen. Wie Lehrer und Eltern helfen können. 2. Aufl. Fischer, Frankfurt

Gantner, E. (2003): Legastheniker im Englischunterricht. In: Ganser, B.; Richter, W. (Hrsg.): Was tun bei Legasthenie in der Sekundarstufe? Auer, Donauwörth, 162–187

Ganschow, L.; Sparks, R. (1995): Effects of direct instruction in phonology on the native skills and foreign aptitude of at-risk foreign language learners. In: Journal of Learning Disabilities 28, 199–202

–; –; Schneider, E. (1995): Learning a foreign language: challenges for students with language learning difficulties. Dyslexia. International Journal of the British Dyslexia Association 1, 75–95

Gloede, P. (1999): Materialsammlung, Lese-Rechtschreibschwäche – ein Thema auch für den Fremdsprachenunterricht, Pforzheim (e-mail: peter.gloede@s-direktnet.de)

Graichen, J. (1990): Störungen von Gedächtnisprozessen aus neuropsychologischer Sicht. In: Frühwirth, I.; Meixner, M. (Hrsg.): Sprache und Lernen – Lernen und Sprache. Jugend und Volk, Wien

– (1973): Teilleistungsschwächen, dargestellt an Beispielen aus dem Bereich der Sprachbenützung. In: Zeitschrift für Kinder- und Jugendpsychiatrie 1, 113–143

Glück, Ch. (2001): Semantisch-lexikalische Störungen als Teilsymptomatik von Sprachentwicklungsstörungen. In: Grohnfeldt, M. (Hrsg.): Lehrbuch der Sprachheilpädagogik und Logopädie Bd. 2: Erscheinungsformen und Störungsbilder. Kohlhammer, Stuttgart/Berlin/Köln, 75–87

Haase, P. (Hrsg.) (2003): Schreiben und Lesen sicher lehren und lernen. borgmann, Dortmund

Hasselhorn, M. (2002): Das Arbeitsgedächtnis. Funktionsweise, Entwicklungsveränderungen und Störungsbilder. In: Das menschliche Gedächtnis – Grundlegende Funktion für das Lernen. Jahrestagung. Eigenverlag der Frostig-Gesellschaft, Würzburg

Hasselhorn, M.; Gold, A. (2005): Pädagogische Psychologie. Erfolgreiches Lernen und Lehren. Kohlhammer, Stuttgart

Hornsby, B.; Shear, F. (1989): Alpha to Omega, the A–Z of Teaching Reading, Writing and Spelling. 4. Aufl. Oxford,

Hulme, Ch.; Snowling, M. (Hrsg.) (1997): Dyslexia. Biology, Cognition and Intervention. Whurr, London

Jungmann, M. (1998): Kreatives Schreiben in der LRS-Förderung im Englischen. In: Sprachrohr 1, Schwerpunkt: Lerntherapie und Fremdsprache. Zeitschrift des Fachverbandes für Integrative Lerntherapie e.V. Beer Druck, Wunsiedel

Kiphard, E. J. (2000): Wer fröhlich ist, lernt besser. Über die Bedeutung emotionaler Begleitprozesse beim Speichern von Informationen im Gedächtnis. In: Das menschliche Gedächtnis – Grundlegende Funktion für das Lernen. Jahrestagung (Eigenverlag der Internationalen Frostig-Gesellschaft e. V., Würzburg)

Klicpera, Ch.; Gasteiger-Klicpera, B. (1998): Psychologie der Lese- und Schreibschwierigkeiten. Entwicklung, Ursache und Förderung. Beltz, Weinheim

Landerl, K. (1996): Legasthenie in Deutsch und Englisch. Lang, Frankfurt/Berlin/Bern/New York/Paris/Wien

Lauer, N. (2001): Zentral-auditive Verarbeitungsstörungen im Kindesalter. Grundlagen – Klinik – Diagnostik – Therapie. 2. Aufl. Thieme, Stuttgart/New York

Landesverband Legasthenie Baden-Württemberg e. V. (Hrsg.) (2002): Legasthenie und Fremdsprachen. Handreichung für Grundschullehrer.

Milne, A. A. (1926): Winnie-The-Pooh. 85. Aufl. Mammoth, London

Nieberle, G. (2005): Englische Rechtschreibung. Probleme deutschsprachiger Schüler. Verlag für kognitive Lernförderung, Regensburg

Nührig, A. (1998): Lerntherapie und Fremdsprache. Schwierigkeiten beim Fremdsprachenerwerb – eine kurze Einführung. In: Sprachrohr 1, Zeitschrift des Fachverbandes für Integrative Lerntherapie. Beer Verlag, Wunsiedel, 16–22

Paulsen, I. (1986): Legasthenieproblem im Fremdsprachenunterricht. In: Dummer-Smoch, L. (Hrsg.): Legasthenie. Bericht über den Fachkongress des Bundesverbandes Legasthenie in Hannover, 244–254

Peer, L.; Reid, G. (Hrsg.) (2000): Multilingualism, Literacy and Dyslexia. A Challenge for Educators. The Cromwell Press, Trowbridge, Wilts.

Pickenhain, L. (2000): Die neurowissenschaftlichen Grundlagen und der Zeitverlauf des menschlichen Gedächtnisses. In: Das menschliche Gedächtnis – Grundlegende Funktion für das Lernen. Jahrestagung. Eigenverlag der Internationalen Frostig-Gesellschaft e. V. Würzburg, 68–85

Pollak, D. (2005): Dsylexia, the Self and Higher Education, Learning Life Histories of Students Identified as Dyslexic. Trentham Books, London

Pollock, J. (1983): Singposts to Spelling. 4. Aufl., The Chaucer Press, Bungay, Suffolk

Reid, G. (2005): Learning Styles and Inclusion. Sage Publications, Los Angeles/London

– (2007): Motivating Learners in the Classroom. Ideas and Strategies. Sage Publications, Los Angeles/London

Sambanis, M. (2000): Neue Perspektiven für den Fremdsprachenfrühbeginn? In: französisch heute 31, 344–359

– (2002): Fremdsprachenfrühbeginn bei LRS-Kindern. In: Schulte-Körne, G. (Hrsg.) in Zusammenarbeit mit dem Bundesverband Legasthenie e.V.: Legasthenie: Zum aktuellen Stand der Ursachenforschung, der diagnostischen Methoden und der Förderkonzepte. Winkler, Bochum, 209–221

Samu, Z. (1998): Einfluss des Fremdsprachenerwerbs auf die muttersprachliche Kompetenz bei legasthenischen Kindern. Dissertation, Friedrich-Schiller-Universität Jena

Sassenroth, M. (2002): Was bedeutet das Erlernen einer Fremdsprache für LRS-Kinder? In: Schulte-Körne, G. (Hrsg.) in Zusammenarbeit mit dem Bundesverband Legasthenie e.V.: Legasthenie: Zum aktuellen Stand der Ursachenforschung, der diagnostischen Methoden und der Förderkonzepte. Winkler, Bochum, 201–208

Schenk-Danzinger, L. (1991): Legasthenie. Zerebral-funktionelle Interpretation, Diagnose und Therapie. 2. Aufl. Ernst Reinhardt, München/Basel

Schneider, E. (1999): Multisensory Structured Metacognitive Instruction. An Approach to Teaching a Foreign Language to At-Risk Students. Lang, Frankfurt/Berlin/Bern/New York/Paris/Wien

Schulte-Körne, G. (2002): Neurobiologie und Genetik der Lese-Rechtschreibstörung (Legasthenie). In: Schulte-Körne, G. (Hrsg.) in Zusammenarbeit mit dem Bundesverband Legasthenie e. V.: Legasthenie: Zum aktuellen Stand der Ursachenforschung, der diagnostischen Methoden und der Förderkonzepte. Winkler, Bochum, 13–42

– (Hrsg.) (2007): Legasthenie und Dyskalkulie: Aktuelle Entwicklungen in Wissenschaft und Forschung. Winkler, Bochum

– (2001): Lese-Rechtschreibstörung und Sprachwahrnehmung. Waxmann, Münster/New York/München/Berlin

Schweinsthal, B. (2000): Neuropsychologie und Gedächtnisleistungen. In: Das menschliche Gedächtnis – Grundlegende Funktion für das Lernen. Jahrestagung (Eigenverlag der Internationalen Frostig-Gesellschaft e.V., Würzburg, 29–38)

Sellin, K. (1993): Auswirkungen legasthenischer Schwächen beim Erlernen einer Fremdsprache. Beobachtungen und Hilfen. In: Dummer-Smoch, L. (Hrsg.): Bericht über den Fachkongress des Bundesverbandes Legasthenie in Berlin, 329–338

– (2003): Legasthenie und Fremdsprachen. In: Ganser, B., Richter, W. (Hrsg.): Was tun bei Legasthenie in der Sekundarstufe? Auer, Donauwörth, 141–161

Spitzer, M. (2002): Lernen. Gehirnforschung und die Schule des Lebens. Spektrum Akademischer Verlag, Heidelberg/Berlin

– (2006): Nervensachen. Geschichten vom Gehirn. Suhrkamp, Stuttgart

Suchodoletz, W. von (Hrsg.) (2003): Therapie der Lese-Rechtschreibstörung, Traditionelle und alternative Behandlungsmethoden im Überblick. Kohlhammer, Stuttgart

– (2005) (Hrsg.): Früherkennung von Entwicklungsstörungen. Hogrefe, Göttingen

Warnke, A. (1990): Legasthenie und Hirnfunktion. Neuropsychologische Befunde zur visuellen Informationsverarbeitung. Huber, Bern/Stuttgart/Toronto

–; Hemminger, U.; Roth, E.; Schneck, S. (2002): Legasthenie. Leitfaden für die Praxis. Hogrefe, Göttingen/Bern/Toronto/Seattle

Will, G. (2003): Legastheniebedingte Probleme beim Erlernen der englischen Sprache. In: Ganser, B.; Richter, W. (Hrsg.): Was tun bei Legasthenie in der Sekundarstufe? Auer, Donauwörth, 188–191

Zander, G. (2002a): Was ist LRS-Förderung im Englischunterricht? Verlag an der Ruhr, Mülheim

– (2002b): Besser Englisch lernen trotz Lese-Rechtschreib-Schwäche. Verlag an der Ruhr, Mülheim

Internetadressen

Organisationen

Bundesverband Legasthenie und Dyskalkulie e.V.
E-Mail: info@bvl-legasthenie.de
www.bvl-legasthenie.de

European Dyslexia Association
www.europeandyslexiaassociation.com
www.dyslexia.eu.com

Informationshilfen

www.brainhe.com, Beratung bei Legasthenie und Studium
www.dyslexia-college.com
www.dyslexia.com, Hilfsmittelversand

Fachliche Hilfen

www.kico4u.de/englisch/grammatik/grammatik.html

Sachregister

Karlheinz Barth

Lernschwächen früh erkennen im Vorschul- und Grundschulalter

5. Aufl. 2006. 256 Seiten.
(978-3-497-01881-9) kt

Eine beträchtliche Anzahl von Kindern entwickelt nach der Einschulung – oftmals trotz guter Intelligenz – besondere Schwierigkeiten im Erwerb des Lesens, Rechtschreibens und/oder Rechnens. Kann man diese Kinder mit ihren Lernproblemen frühzeitig erkennen? Unter Umständen sogar bereits in ihrer Kindergartenzeit?
Lernstörungen ziehen weitreichende emotionale und soziale Folgestörungen nach sich. Frühzeitiges Erkennen von Lern- und Entwicklungsauffälligkeiten ist daher von fundamentaler Bedeutung, will man die negativen Auswirkungen von Leistungsversagen auf die Persönlichkeitsentwicklung von Kindern verhindern oder mildern. Das Buch gibt einen Überblick über den derzeitigen Forschungsstand, zeigt anschaulich und praxisbezogen konkrete Möglichkeiten der Früherkennung auf und will besonders Lehrern, Erziehern und Eltern helfen, die Lernstörungen ihrer Kinder besser zu verstehen.

reinhardt
www.reinhardt-verlag.de